自得教育论丛

丛书主编 伍平伟

自得教育
论稿

伍平伟 ◎著

华东师范大学出版社·上海

图书在版编目(CIP)数据

自得教育论稿/伍平伟著. —上海:华东师范大学出版社,2024
(自得教育论丛)
ISBN 978-7-5760-4700-4

Ⅰ.①自… Ⅱ.①伍… Ⅲ.①中小学教育－研究 Ⅳ.①G63

中国国家版本馆 CIP 数据核字(2024)第 055537 号

自得教育论丛
自得教育论稿

著　　者	伍平伟
责任编辑	彭呈军
特约审读	刘靖宜
责任校对	江小华
装帧设计	卢晓红

出版发行	华东师范大学出版社
社　　址	上海市中山北路 3663 号　邮编 200062
网　　址	www.ecnupress.com.cn
电　　话	021-60821666　行政传真 021-62572105
客服电话	021-62865537　门市(邮购)电话 021-62869887
地　　址	上海市中山北路 3663 号华东师范大学校内先锋路口
网　　店	http://hdsdcbs.tmall.com

印 刷 者	上海商务联西印刷有限公司
开　　本	787 毫米×1092 毫米　1/16
印　　张	18.75
字　　数	330 千字
版　　次	2024 年 8 月第 1 版
印　　次	2024 年 8 月第 1 次
书　　号	ISBN 978-7-5760-4700-4
定　　价	78.00 元

出 版 人　王　焰

(如发现本版图书有印订质量问题,请寄回本社客服中心调换或电话 021-62865537 联系)

丛书总序：以办学思想创新引领学校发展

奚洁人

伍平伟同志主编的《自得教育论丛》，从历史渊源、理论基础、学生德育、课程体系、教学改革、教育评价、教师专业等多个维度对"自得教育"办学思想的提出背景、创立历程、实践探索、辐射影响等进行了全面的剖析和梳理，是一套理论与实践相结合、指导性和可操作性较强的学校改革研究丛书。

"自得教育"理念，是2015年时任重庆市第三十七中学校校长伍平伟提出的创新性办学思想。"自得"一词最早源自《孟子·离娄下》："君子深造之以道，欲其自得之也。自得之，则居之安；居之安，则资之深；资之深，则取之左右逢其原，故君子欲其自得之也。"孟子的"自得"思想，强调学习的自觉性和自主性，这是一种人格境界和价值情怀，也是深化学习、拓展视野和增强知识积累的重要方法。"自得"理念的教育思想旨在强调学习是一个内心不断进行深入的、多层次的思考总结和知识不断积累的过程，从而达到左右逢源、精深博大、运用自如的境界。一位"自得"的教育者，才能更好地对学生进行深入浅出、简约而博大的教育，这就是孟子所述的"博学而详说之，将以反说约也"的境界。所以，"自得教育"理念是价值取向、学习方法和教育方式的统一，具有深厚的中国传统文化底蕴，是坚持以人为本的自主学习理念，高质量教育的价值追求，主张自我的主体性，张扬个体的创造性，强调知识积累的重要性，加深造诣的规律性，以求教育方法进入厚积薄发、简约高效的艺术境界。

苏联著名教育家苏霍姆林斯基说过，"领导学校，首先是教育思想上的领导，其次才是行政上的领导"。一所学校的教育思想，首先是校长的办学思想，是校长对教育和办学的独立思考和个人见解，校长的教育思想往往是一所学校的灵魂，是引领学校教育思想形成的关键。正是因为有了校长正确的办学思想引领,学校才能实现办学站位更加高远、办学方向更加明确、办学意志更加坚定、办学行为更加自觉,其办学的优质性和特色性也将自然生成和更加鲜明。

校长的办学思想不是凭空产生的。首先,马克思主义教育思想同中华优秀传统文化教育理念的结合是其思想渊源。其次,往往离不开地区性的历史文化、学校本身的历史传统和办学实践。当然,最关键的是校长自己的理论自觉和结合办学实践的融合创新和总结提炼能力。重庆市第三十七中学校位于重庆市大渡口区。据史料记载,在清朝道光年间,长江北岸设有义渡,该渡口为沿江数十里渡口之首,大渡口由此得名,"义渡"美名也人人皆知。大渡口区也是原重庆钢铁公司所在地,是近代史上最大的钢铁生产基地。另外,重庆市第三十七中学校也是由三所学校合并而成的学校。伍平伟同志在任重庆市第三十七中学校校长时,基于"义渡精神""钢城文化""三校合一"的文化基因,同时秉承"尚自得,展个性"的校训,守正创新地提出了"自得教育"的办学构想。

伍平伟同志自2019年2月担任中共重庆市大渡口区委教育工委书记、大渡口区教育委员会主任后,以教育领导者的角色自觉和责任担当,站在区域教育发展的层面上,对"自得教育"办学思想作了进一步的战略思考和拓展凝练,提出了"多维一体,教育大渡"的教育理念,形成了"努力办有品质、有内涵、有情怀的大渡教育"的发展愿景,建构了"党建工作、人才培养、教师发展、教育评价、终身教育"等更加具有系统性和系列化、制度化的"自得教育"办学思想和教育工作实践的前瞻性谋划,以凝聚区域教育观念共识,优化区域教育资源配置,推动区域教育高质量发展,塑造区域教育特色品牌,成为丛书研究的坚实基础。

党的二十大报告提出:"我们要坚持教育优先发展、科技自立自强、人才引领驱动,加快建设教育强国、科技强国、人才强国,坚持为党育人、为国育才。""办好人民满意的教育""坚持以人民为中心发展教育,加快建设高质量教育体系,发展素质教育,促进教育公平"等重要任务和战略部署,为新时代基础教育的发展指明了方向,为深化"自得教育"思想提出了新的时代要求。

我们期待"自得教育"办学思想在理论研究上不断创新突破,在实践探索中不断健全完善。期待教育工作者更加强化各级学校"为党育人、为国育才"的政治意识和时代责任;更加注重学校队伍建设的人才强校战略;更加突出立德树人的价值观教育、情怀教育,加强学生的志向教育,增强青年学生自信自立自强精神。期待继续积极探索,走出一条适应新时代要求、符合学校实际的教育改革创新之路,全面推进新时代基础教育高质量发展,努力为培养大批堪当民族复兴时代重任的建设者和接班人贡献力量。

我相信,《自得教育论丛》的出版,对于更多地方的区域教育治理和学校教育发展,具有较好的借鉴和启示意义,期待她能早日面世。

是为序!

2022年12月17日于上海

(作者系中国浦东干部学院首任常务副院长,中国领导科学研究会原副会长,上海市领导科学学会首任会长、名誉会长,教授、博士生导师)

目 录

第一章 自得教育的基本概况 1
 第一节 自得教育的时代背景 1
  一、五育融合：以全面培养体系推动学生全面发展 1
  二、尊重个性：以学生发展指导推动个性化的培养 5
  三、育人为本：以新型评价理念贯彻落实立德树人 8
  四、平等互动：以和谐师生关系凸显学生主体地位 11
 第二节 自得教育的实践土壤 14
  一、自得教育办学理念的提出 14
  二、重庆三十七中的实践探索 17
  三、自得教育的拓展与深化 20

第二章 自得教育的历史渊源 26
 第一节 中国自得教育的历史渊源 26
  一、自得思想的肇始与根基 27
  二、自得思想的形成与释义 29
  三、自得思想的传承与阐扬 33
 第二节 外国教育史中的自得教育及相关论述 41
  一、以儿童为中心：国外生本教育原则的确立 42
  二、人的全面发展：国外和谐教育理念的演进 46

第三章　自得教育的理论基础　51
第一节　自得教育培养目标相关的理论基础　51
一、多元智能理论　51
二、人的全面发展　55
三、"生命·实践"教育学　57
四、理论指导下的自得教育之培养目标　60
第二节　自得教育学生学习相关的理论基础　63
一、建构主义学习理论　63
二、人本主义学习理论　64
三、认知主义学习理论　67
四、理论指导下的自得教育之学生学习　68
第三节　自得教育教师教学相关的理论基础　70
一、教学做合一　70
二、掌握教学理论　74
三、发展性教学法　76
四、理论指导下的自得教育之教师教学　77

第四章　自得教育下的党建工作　82
第一节　守正与出新的党建工作体系的背景　82
一、响应党对教育事业全面领导的总体号召　83
二、确保社会主义教育办学方向的必然选择　84
三、严格区党员干部管理与培训的现实需求　85
四、推进区教育事业创新机制发展的重要保障　85
第二节　守正与出新的党建工作体系的构想　86
一、大渡口区党建工作的基本情况　87
二、守正与出新的党建工作体系的基本内涵　87
第三节　守正与出新的党建工作体系的探索　88
一、明确方向，开展区域调研　89
二、夯基垒石，创设工作品牌　89
三、长效管理，创新信息平台　128

第五章　自得教育下的人才培养　　131

第一节　人才培养体系的背景　　131
一、落实"立德树人"根本任务的时代要求　　132
二、构建更高水平人才培养体系的重要任务　　132
三、区域独特的地域优势和深厚的文化底蕴　　133
四、实现区域"大渡教育"育人理念的重要抓手　　135

第二节　人才培养体系的构想　　135
一、人才培养体系的指导思想　　136
二、人才培养体系的内容与理念　　136
三、人才培养体系的指导工作领域　　137

第三节　人才培养体系的探索　　139
一、生涯指导：预约未来，精彩人生　　139
二、学业指导：激发动机，高效学习　　151
三、生活指导：榜样示范，优雅生活　　159
四、心理指导：主动调控，健康心理　　171
五、理想指导：立德树人，知行合一　　179

第六章　自得教育下的终身教育　　189

第一节　终身教育体系构建的背景　　191
一、"立德树人"下大渡教育对时代的响应　　191
二、"双减"下大渡教育对素质发展的要求　　191
三、科学技术的直接推动　　192

第二节　终身教育体系的构想　　193
一、学前教育优质普惠发展　　193
二、义务教育统筹均衡发展　　195
三、普通高中高质特色发展　　196
四、高等教育产学研合作发展　　197
五、职业教育高效科学发展　　199
六、继续教育开放协作发展　　200

  第三节 终身教育体系的探索 200
    一、大渡口区终身教育体系及其探索 201
    二、大渡口区终身教育体系建设的成效 206
  第四节 终身教育体系中的案例 207
    一、终身教育体系横向上的整合："6＋N"家庭教育成长计划 207
    二、终身教育体系纵向上的发展个案分析 209
    三、终身教育体系中的典型学校——重庆市第三十七中学 210

第七章 自得教育下的教师发展 213

  第一节 师德师能同步提升的教师发展体系的背景 214
    一、聚焦大渡口区教育高质发展的必然要求 214
    二、建成师德师风"大渡"范式的重要途径 215
    三、培养高素质专业化教师队伍的重要载体 216
    四、区域教育科研工作转型发展的不竭动力 216
    五、实现学生综合素质全面发展的根本保障 217
  第二节 师德师能同步提升的教师发展体系的构想 218
    一、师德师能同步提升的教师发展体系的指导思想 218
    二、师德师能同步提升的教师发展体系的主要内容 219
    三、师德师能同步提升的教师发展体系的实施要点 221
  第三节 师德师能同步提升的教师发展体系的探索 222
    一、深化师德师风建设，提升教师职业道德素养 222
    二、加强理想信念教育，提升教师政治思想素质 230
    三、加强思政课教师队伍建设，发挥立德树人关键作用 237
    四、完善研训一体培养机制，提升教师专业素质能力 239
    五、拓展专业发展途径，促进教师全方位专业成长 242
    六、构建多元化培养体系，建立教师专业发展梯队 247
    七、加强教研员队伍建设，提升指导服务师生能力 250
    八、完善考核评价保障机制，提高教育教学质量 255

第八章 自得教育下的教育评价 　　258
第一节 人本与科学的教育评价体系的背景 　　258
一、教育评价是大渡教育改革的发展方向 　　258
二、教育评价是教师教学能力提升的重要指引 　　261
三、教育评价是学生综合素质发展的内在要求 　　262
第二节 人本与科学教育评价体系的构想 　　263
一、坚持以立德树人作为教育评价活动的根本目的 　　263
二、建立科学有效的教育评价体系 　　264
三、构建面向多元主体的评价体系 　　266
第三节 人本与科学的教育评价体系的探索 　　267
一、完善政府履行教育职责评价 　　267
二、改进学校办学质量评价 　　267
三、实行校长办学星级评价 　　267
四、推进教师评价改革 　　267
五、创新学生发展评价 　　269
六、探索教育智能评价 　　269

第九章 自得教育的成效与展望 　　270
第一节 自得教育的辐射影响 　　270
一、自得教育的学术研究成果 　　271
二、自得教育中的典型案例展示 　　272
第二节 自得教育的未来展望 　　274
一、构建充满活力的自得教育体系 　　275
二、提供可借鉴的自得教育模式 　　278

主要参考文献 　　281

第一章 自得教育的基本概况

"君子深造之以道,欲其自得之也。自得之,则居之安;居之安,则资之深;资之深,则取之左右逢其原,故君子欲其自得之也。"[①]自得教育在新时代教育理念的引领下,根植于重庆三十七中的办学实践,历经60余年,建构了涵盖学校办学理念、课程、教学、学校环境建设等完备的"自得教育体系",并在区域内取得了卓越的示范效果。

第一节 自得教育的时代背景

自得教育思想是重庆三十七中办学多年实践探索与理论思考的结晶,强调对学生自我体验性、主体性与个性的培养,具有鲜明的时代性特征。具体表现为顺应时代要求,贯彻落实立德树人根本任务,重视学生的全面发展,聚焦学生个性、主动性与创造性的培养。

一、五育融合:以全面培养体系推动学生全面发展

当前我国教育改革的重心已从以往追求规模转向质量提升阶段,教育改革的根本是促进内涵式发展、培养全面发展的人,有效促进五育融合、以全面培养体系推动学生全面发展,既是提升教育质量的关键,也是实现创新型国家战略的实际需要。

(一)构建全面培养体系是育人方式变革的主基调

从宏观环境来看,国际局势与国内社会、政治、经济与文化等领域的发展对人才培养提出了新的要求。从全球局势来看,多极化的世界格局已经形成,国家与地区之间

---

① 杨伯峻.孟子译注[M].北京:中华书局,1960:189.

的纠纷日益增多,在经济全球化的背景下,需要加强人才培养,尤其是创新型人才的培养,增强国家的人力资本,提升国家的核心竞争能力。另外,在建设"人类命运共同体"的背景下,教育应该培养的是具有全球素养的世界公民,充分发挥个人的潜能,培养具有个性化和差异化的人才。

从国内环境来看,我国需要通过教育现代化支撑国家现代化。党的十九大报告明确指出,要全面贯彻党的教育方针,落实立德树人根本任务,发展素质教育,推进教育公平,培养德智体美劳全面发展的社会主义建设者和接班人。立德树人是教育教学的根本任务,对学生关键能力与必备品格的培养具有重要的作用。2018年9月10日,习近平总书记在全国教育大会上指出,"要努力构建德智体美劳全面培养的教育体系,形成更高水平的人才培养体系。"[①]实际上,推动学生德智体美劳全面发展,贯彻落实立德树人根本任务,一直是教育政策的主基调。近十年来,国家接连出台了关于推进德育、体育、美育、劳动教育方面的政策文件,通过改进课程体系,完善教师培养、培训体系与补充机制等方式,联合学校、社会与家庭协同推进学生综合素质的培养。

以德育为例,早在2014年,教育部印发《关于培育和践行社会主义核心价值观进一步加强中小学德育工作的意见》,指出中小学德育是学校的薄弱环节,应该把握德育的时代性、规律性与实效性,推动课程、活动、实践、文化、管理全方位育人;2017年,教育部颁布了《中小学德育工作指南》,细化德育工作内容,指导中小学将德育工作落细落小落实,进一步促进德育工作专业化、规范化、实效化,形成全员育人、全程育人、全方位育人的德育工作格局。总的来说德育始终贯彻教育改革始末,体育、美育、劳动教育是这十年的重点改革领域,中共中央与国务院层面先后出台了相关的指导意见,将除智育外的四育提到了前所未有的高度,这充分体现了全面培养体系构建的力度与决心。

2019年6月,国务院办公厅印发了《关于新时代推进普通高中育人方式改革的指导意见》,提出"到2022年,德智体美劳全面培养体系进一步完善,立德树人落实机制进一步健全。普通高中新课程新教材全面实施,适应学生全面而有个性发展的教育教学改革深入推进"。[②]从国家的宏观政策方针来看,构建全面培养体系是育人方式变

[①] 央广网.习近平:坚持中国特色社会主义教育发展道路 培养德智体美劳全面发展的社会主义建设者[EB/OL].(2018-09-10)[2021-11-15]. https://baijiahao.baidu.com/s?id=161122357794-6760049&wfr=spider&for=pc.

[②] 中国政府网.国务院办公厅印发《关于新时代推进普通高中育人方式改革的指导意见》[EB/OL].(2019-06-19)[2021-11-15]. http://www.gov.cn/xinwen/2019-06/19/content_5401610.htm.

革的重要任务之一,强调通过完善德育培养的各个环节,强化综合素质培养、拓宽综合实践渠道以及完善综合素质评价来推动全面培养体系的构建。由此观之,构建全面培养体系,推动学生全面发展,促进学校育人方式变革,既是政策导向,更是现实要求。

(二) 五育失调要求基础教育课程体系的持续改进

关于推进五育融合,目前教育界尚存在理解偏差问题,如将五育理解为德智体美劳的均衡发展,显然并不符合马克思关于人的自由而全面发展论述的核心思想;其次,劳动教育处于五育中最薄弱的环节,在学校中被弱化、在家庭中被软化、在社会上被淡化的情况仍是常态;从评价角度来看,德育、美育、体育、劳动教育很难进行可操作的评价,并不能发挥好"以评促建"的作用。总的来说,五育融合在学校内部仍未形成规模和自觉,对于融合的路径与方向仍不明晰,关于五育融合的理念、规律等仍需继续探讨。[①]

从实践层面来看,"偏于智、疏于德、弱于体、抑于美、缺于劳"五育失衡等现象仍然普遍存在。在我国基础教育普及水平大有提高的背景下,补齐立德树人短板,通过育人机制的改革,撬动基础教育质量提升的突破口。坚持立德树人,注重学生全面发展,大力发展素质教育,一直是我国基础教育的政策与实践诉求。但在落实过程中,素质教育异化为重视智育、轻德育,忽视学生其他素质的培养的状况。除此以外,五育之间还存在相互割裂、彼此分离、互不相关等顽症痼疾。因此,要构建专业改进共同体,促进学校、教师、家长、社会等利益相关者协同推进五育融合实践。

在中国特色社会主义新时代,国家对人才培养的要求始终关注学生综合素质发展以及关键能力和必备品格的培养。如2016年,发布中国学生核心素养框架,以"全面发展的人"为核心,发展学生的人文底蕴、科学精神、学会学习、健康生活、责任担当、实践创新等核心素养。2017年,教育部发布的《中小学综合实践活动课程指导纲要》将高中研究性学习与初中、小学综合实践活动统一为中小学综合实践活动,进一步明确了课程的性质、理念、目标与活动方式。[②] 另外,还要关注学生提出问题、解决问题、合作学习的能力等。21世纪初,《国务院关于基础教育改革与发展的决定》中指出:"开展研究性学习,培养学生提出问题、研究问题、解决问题的能力;鼓励合作学习,促进学

---

① 宁本涛,杨柳. 以"五育融合"之力撬动基础教育高质量发展——来自第二届全国"五育融合"研究论坛的观点[J]. 中国电化教育,2021(06):1—6.
② 中国网. 解析重庆三十七中的综合实践活动育人特色之路[EB/OL]. (2021-04-14)[2021-12-11]. https://cqjy.edu.china.com.cn/2021-04/14/content_41529532.htm.

生之间相互交流、共同发展,促进师生教学相长。"①具体来说,基础教育新课程改革作为教育改革的重要手段,应该通过课程建设凸显育人为本的目标指向,以课程为核心实现基础教育教学质量的重要提升。简言之,为了克服五育失调的弊端,国家宏观政策始终坚持基础教育课程体系持续改进,实现五育融合的良性发展,以全面培养体系建设推动学生全面发展。

(三) 自得教育体系充分关注学生的关键能力培养

中学作为人才培养的重要阶段,需要学校充分响应国家政策的号召与回应社会对人才的需求,培养实现全面而个性发展的人。重庆三十七中在实践探索过程中凝练出自得教育思想,强调学生通识性知识的积累以及发展性能力的提升,形成颇有特色的全面培养体系。概括说来,三十七中在理念建构、课程建设、教学改进等方面都回应了学生的全面发展的培养要求。

第一,在理念建构方面,三十七中强调关注学生潜能的发挥。一方面,学生潜能的发挥会随着认识的加深而发生变化,这种变化对学生的终身发展至关重要,学校通过积极引导学生自主性学习发挥潜能、促进自身全面发展;另一方面,学生潜能的发挥效果具有主体性,这要求教师与学生共同参与,主动把握学生全面发展过程中的相关能动性因素,将课程实施与结果评价控制在教学范围之内。在自得教育体系的课堂教学中,教师的核心任务在于及时发现并激发学生的相关潜能,通过增进学生的发展兴趣使学生具备崇高的理想,并且能够真正享受学习过程中的乐趣,最终使学生全面发展的潜能最大化发挥。

第二,为了满足学生多样化的发展需求,在确保国家课程有效实施的前提下,构建校本化的自得教育课程体系,并通过智慧课堂的建构和丰富多彩的社团活动的设计及实施等多项策略,在全校范围内以课程体系的完善和制度化建设为改革重心,最终形成促进学生全面发展的培养体系。

第三,在教学实践中,三十七中始终强调促进学生基础知识和能力培养的通识类知识积累,在学生具备一定程度的基础之后,通过精心设计的课程实践和自主体验逐步培养批判性思维、合作能力、沟通能力、问题解决能力等多方面的高阶技能,促进学生的通识性能力和高阶技能有机融合,实现学生的全面发展。在 21 世纪全球化日益深化

---

① 中国政府网. 国务院关于基础教育改革与发展的决定[EB/OL]. (2001-05-29)[2021-11-15]. http://www.gov.cn/gongbao/content/2001/content_60920.htm.

的背景下,高阶思维能力是人才培养的重要目标,如联合国教科文组织发布的《教育:财富蕴藏其中》一书也强调:"要让像财富一样埋藏在每个人心灵深处的所有才能都发挥出来。例如记忆推理能力、想象力、体力、审美观、与他人交流的能力、领导者气质等。"①

总的来说,三十七中旨在通过完善的理念建构、课程与教学改革,培养怀揣崇高的使命感与责任感的现代青少年,关注学生健全人格与崇高思想的养成,推动学生的全面发展。

二、尊重个性:以学生发展指导推动个性化的培养

社会变革映射到教育领域中的显著特征,就是要求培养多样化与个性化的人才,因此推动了多轮的课程与教学、考试招生制度、评价制度等改革,以期通过教育系统改进推动学生的全面发展。而在教育教学改革不断深入的情况下,学生在选课、升学、就业等方面面临着不少困难与挑战,亟需学校建立完善的学生发展指导制度,为个性化人才培养提供坚实的保障。

(一)基础教育教学改革要求开展学生发展指导

在基础教育教学改革的过程中,学生发展指导在其中的地位日益重要。对于中学来说,学生发展指导是其教育改革工作中的一项重要任务,也是现代学校建设的重要组成部分。《国家中长期教育改革和发展规划纲要(2010—2020年)》中首次将学生发展指导制度写入政策文本,要求"建立学生发展指导制度,加强对学生的理想、心理、学业等多方面的指导"②。随着现代学校制度变革和基础教育改革的深入,学生发展指导制度建设既是新时代教育改革与发展的要求,也是全面贯彻落实立德树人育人为本教育理念的核心体现,在学生综合素质的培养方面发挥着越来越重要的作用。

2014年,在国务院发布《关于深化考试招生制度改革的实施意见》后,全国范围内开展了考试招生改革试点工作,逐渐形成了"分类考试、综合评价、多元录取"的高考招生制度,实施高考综合改革试点省份结合本省实际,制订了学生发展指导意见,要求学校建立学生发展指导中心,从制度建构上有力推动了学生发展制度的建设。2017年,教育部印发了《普通高中课程方案(2017年版)》,明确提出"学校应建立学生发展指导

---

① 联合国教科文组织.教育:财富蕴藏其中[M].联合国教科文组织总部中文科,译.北京:教育科学出版社,1996:75.
② 中华人民共和国教育部.国家中长期教育改革和发展规划纲要(2010—2020年)[EB/OL].(2010-07-29)[2021-12-03].http://www.moe.gov.cn/srcsite/A01/s7048/201007/t20100729_171904.html.

制度,采用专职教师与兼职教师相结合的方式,组建专门队伍,加强对学生的理想、心理、学业、生活、生涯规划等方面的指导,开展多种形式的指导活动,帮助学生树立坚定的社会主义理想信念,正确地认识自我,更好地适应高中阶段的学习与生活,处理好兴趣特长、潜能倾向与社会需要的关系,选择适合的发展方向,提高生涯规划能力和自主发展能力。学校应建立选课指导制度,提供课程说明和选课指南,安排班主任或导师与学生建立相对固定的联系,指导学生选课,帮助学生形成个性化的课程修习方案,引导家长正确对待和帮助学生选课"[①]。2018 年 8 月,《教育部关于做好普通高中新课程新教材实施工作的指导意见》中明确强调,"省级教育行政部门要完善适应选课走班需要的教学组织管理制度和学分认定办法,坚持实事求是、因地制宜,指导学校有序推进选课走班、科学开展学分认定工作。学校要结合实际,加快建立完善选课走班和学生发展指导制度,并制定具体的学分认定办法。"[②]2019 年,国务院办公厅出台了《关于新时代推进普通高中育人方式改革的指导意见》,对加强学生发展指导进一步提出了明确要求,推动了各地学生发展指导机制的不断健全。

概言之,学生发展指导的目的在于促进普通高中育人方式的改革,凸显学校育人价值和促进教师育人价值本位的回归。学生发展指导制度的成熟,是提高学生综合素质、凸显中学育人功能的重要举措。中学阶段是学生世界观、人生观和价值观形成的重要时期,也是其明确人生规划的重要环节,中学生的思维通常非常活跃,接受能力与可塑性强,心理与生理、思想与行为逐渐成熟。在中学阶段建立完备的学生发展指导制度,有助于为学生未来的成长提供高质量的教育,为其实现终身发展奠定坚实根基。随着国家宏观政策层面对学生发展指导工作的要求不断深入,基础教育教学改革要求学生发展指导机制的不断健全,为更好地促进学生全面发展,个性化的学生发展指导工作在全国范围内逐步完善。

(二) 个性人才培养实践亟需开展学生发展指导

在学生成长过程中,尤其是在个性养成与全面发展过程中,学生面临的选择日益增多、心理压力不断增加等,他们对学习、生活、心理健康、择业等方面指导的需求极其紧迫。

[①] 中华人民共和国教育部. 教育部关于印发普通高中课程方案和语文等学科课程标准(2017 年版 2020 年修订)的通知[EB/OL]. (2020-05-13)[2021-01-02]. http://www.moe.gov.cn/srcsite/A26/s8001/202006/t20200603_462199.html.

[②] 中华人民共和国教育部. 教育部关于做好普通高中新课程新教材实施工作的指导意见[EB/OL]. (2018-08-16)[2021-12-03]. http://www.moe.gov.cn/srcsite/A06/s3732/201808/t20180824_346056.html.

2010年中国青少年研究中心发布的《中日韩美四国高中生学习意识与状况比较研究报告》中曾指出,当前中国高中教育呈现教育环境不理想、学生心理压力大、漠视师生关系与偏好高考科目等问题。[①] 学生发展指导以教育学、心理学的相关理论作为基础,具体包括正式教学与管理之外的各种教育措施,以学生个体为对象,针对学生在学业生涯与生活方面的各种问题给予个性化引导,帮助学生正确地认识自身发展过程中的相关问题,协助他们形成正确的人生观、世界观和价值观。

2020年4月,教育部办公厅印发了《教育部办公厅关于遴选建立普通高中新课程新教材实施国家级示范区和示范校的通知》,在全国确定了33个国家级示范区和99所国家级示范校,指导各示范区和示范校围绕推进学生发展指导、实施选课走班、综合素质评价等方面形成一批可推广的典型经验,这为全面推动学生发展指导工作奠定了良好的基础。[②] 随着学生个性发展指导理论与实践的深度推进,许多中学积极倡导在教学实践中引导教师转变观念,将学生发展指导的内容融入学科教学之中,使学生在积累知识、提升能力的同时获得全方位提升。当前,各示范区和示范校通过多途径激发学生的学习动机与发展潜力,提升学生的自主规划能力,引导学生自主发展、个性发展、全面发展,在持续的实践探索中构建了全面的学生发展指导体系。

学生发展指导是旨在为促进学生全面发展而提供的一系列个性化指导服务,在许多发达国家和地区已成为现代学校教育的重要职能。学生发展指导的突出贡献是为学生提供信息、策略与建议,帮助学生有效认识自己发展过程中存在的问题,并结合自身特点与社会发展需求,明确未来的发展规划,以促成其人生价值和社会价值的实现。基础教育教学改革倡导中学的教学、管理与指导三种职能并举,关注学生个性化发展,引导学生形成良好的人生观、世界观和价值观,学生发展指导制度的实施是各级教育主管部门审时度势,针对应试教育导致的诸多问题做出的重大改革。

(三)自得教育强调发展指导促进学生个性发展

在自得教育的概念体系中,学生发展指导始终坚持以学生为中心,核心内容是指导与发展,旨在有效帮助学生全面了解自身与社会发展需要,科学规划生涯、学业和生活等多方面发展路径,最终实现全面发展。根据自得教育的核心理念,学生发展指导

---

① 张伟. 普通高中开展学生发展指导工作的实践与思考[J]. 基础教育论坛,2019(32):10—13.
② 中华人民共和国教育部. 关于政协十三届全国委员会第三次会议第2445号(教育类222号)提案答复的函[EB/OL]. (2020-11-10)[2021-12-03]. http://www.moe.gov.cn/jyb_xxgk/xxgk_jyta/jyta_jijiaosi/202012/t20201211_504957.html.

制度从内容上可以分为学业指导、生活指导和生涯指导三个维度,从层次上可以分为价值观指导、心理指导和行为指导三个维度,从具体功能上包括发展性指导、预见性指导和纠正性指导三种类型。

"自得"强调学问只有注重个人的体验,才能有效转化为自身的教育收获。从重庆三十七中"尚自得、展个性"所蕴含的精神追求来看,"尚自得"倡导学生在教师的指导下不断进行深入多维的学习加工,以达到知识融会贯通的境界。与此同时,"展个性"则是教师在尊重学生个体差异的基础上,以个性化的指导方法教育学生,将学生的课堂学习与未来职业生涯规划以及个人终身发展有机结合,将国家及社会发展需要紧密衔接,实现学生的个性化发展与全面发展有机融合的教学效果。

在学生发展指导过程中,自得教育倡导做到"两个结合",即将实现个人理想与服务祖国需要相结合,将自身的潜能与兴趣特长相结合。总的来说,将这两大过程有机融合,是引导学生科学理性地做出发展规划,为未来的长远发展奠定战略根基的重要方法。由此可见,自得教育充分吸纳了相关学生发展指导理念的过程性特征,尤其突出学生发展指导的融合性,积极引导学生树立明确的发展目标、做好自主性生涯规划,倡导将学生个人观念形成与价值实现有机融合,有效促进学生全面发展。

三、育人为本:以新型评价理念贯彻落实立德树人

贯彻落实立德树人根本任务,除了需要课程、教学、考试制度等方面的变革外,还需要发挥教育评价的"指挥棒"作用,通过评价改革推动教育体系的整体改进,实现人的关键能力与必备品格的培养。

(一)教育评价改革要求树立育人为本的理念

从教育评价改革面临的宏观背景来看,立德树人、育人为本具有丰富的时代内涵,对于培养学生高尚的品格,提升学生科学文化素养及积极乐观的人生态度至关重要。

党的十九大报告明确指出,"要全面贯彻党的教育方针,落实立德树人根本任务,发展素质教育,推进教育公平,培养德智体美劳全面发展的社会主义建设者和接班人"。从国家层面来看,政府出台多项政策文件,以政策推动育人观念与实践的转变。2014年12月,教育部印发《教育部关于加强和改进普通高中学生综合素质评价的意见》,明确指出改革评价方式,转变以考试成绩作为唯一标准评价学生,关注学生的个性与潜能发展的成长过程,通过对学生思想品德、学业水平、身心健康、艺术素养、社会实践等方面的综合考察,以综合素质评价制度建设践行"以学生为中心"的教育理念。

2020年10月,中共中央、国务院印发了《深化新时代教育评价改革总体方案》(以下简称《总体方案》),明确提出"坚持以德为先、能力为重、全面发展,坚持面向人人、因材施教、知行合一,坚决改变用分数给学生贴标签的做法,创新德智体美劳过程性评价办法,完善综合素质评价体系,切实引导学生坚定理想信念、厚植爱国主义情怀、加强品德修养、增长知识见识、培养奋斗精神、增强综合素质。"[1]由此可见,新时代教育评价改革的首要目标则是致力于满足人的内在发展需要,始终围绕人的价值、突出人的主体性,以培养健全的人作为首要目标。清华大学前副校长谢维和教授认为,"评价是教育发展的牛鼻子与指挥棒,会成为教育发展的方向盘。"[2]传统的教育评价观忽视了育人为本的人才培养要求,片面地将成绩提升作为人才培养的唯一目标,这种评价理念与人的发展要求相错位,导致学生的全面发展受限。

教育评价改革要求树立育人为本的理念,杜绝将个体分割成与智力、情感认知及非认知相关的评价维度,而是从个体的整体性与完整性出发,突出评价对象的综合性发展目标,强调评价主体与客体之间的合作互动,最终达成真实的评价目标。从现实需要来看,育人为本的教育评价观,通过摒弃传统评价观忽视人的主体性这一异化现象,重点强调评价对象的主体性与整体性,侧重教育主体之间的互动性,使教育评价回归"人的评价",最终实现教育的本质目标。此外,育人为本的教育评价理念强调每个主体参与在真实的任务情境中,实现学生全面健康发展,这一过程中教师与学生是主要的参与者,既是教育评价的实施对象,也是教育评价主体的重要组成。

(二) 以学生发展为中心是培养人才的主旋律

个体作为社会的基本单位,其素质高低直接关系到国家综合国力的提升与社会的安定团结,不培育健全的人,终究不会有健全的社会和健全的经济。[3] 在新时代教育工作中,教育评价改革对学生全面发展尤为关键。

教育的根本目的就是实现人的全面发展,不仅要实现个体在智力和职业能力方面的发展,而且要实现个体在生理、社会、道德、伦理创造性精神等各方面的发展。[4]

---

[1] 中共中央国务院. 深化新时代教育评价改革总体方案[EB/OL]. (2020-10-13)[2021-12-25]. http://www.gov.cn/zhengce/2020-10/13/content_5551032.htm.
[2] 潇湘晨报. 用好教育改革的指挥棒——专家解读《深化新时代教育评价改革总体方案》[EB/OL]. (2020-10-20)[2021-12-03]. https://baijiahao.baidu.com/s?id=1681086663298098340&wfr=spider&for=pc.
[3] 钟启泉. "整体教育"思潮的基本观点[J]. 全球教育展望,2001(9):11—19.
[4] 刘宇文,侯钰婧. 我国五育思想的百年演变、基本遵循与未来展望[J]. 中国人民大学教育学刊,2021(4):111—124.

2019年,教育部在工作要点中明确深化教育评价体系改革、切实减轻中小学生过重课外负担、系统推进教育督导体制机制改革等34项重点。① 为从根本上实现育人为本,以新型评价理念贯彻落实立德树人的目标要求,必须"实现教育评价改革与全面深化教育领域综合改革的深层互动,坚持以教育评价改革为牵引,统筹推进育人方式、办学模式、管理体制、保障机制改革,健全落实立德树人体制机制,建设高质量教育体系。"②

教育评价关系到正确的教育观、人才观和用人观的形成。在中国教育改革发展持续推进的新时代,教育领域中的新问题层出不穷,需要我们在新的阶段注重运用新的评价体系和方法原则进行宏观引导。《总体方案》在总体要求部分提出,"坚持科学有效,改进结果评价,强化过程评价,探索增值评价,健全综合评价,充分利用信息技术,提高教育评价的科学性、专业性、客观性。"③

由此可见,当前的教育评价改革理念强调注重学生全面发展,重点强调教育实践活动主体的个性化特征,突出人的主体性。依据改革要求,评价形式多元化,强调从真实的问题情境出发,在真实、复杂的任务情境中评价师生达成学习目标的具体程度。为有效实现学生的全面发展,教育评价需要完整评估师生课堂教学的真实体验,同时也应突出评价对象自我评价的方式,引导评价对象根据自身的学习和教学体验进行内在认识,在不断深化的认识过程中呈现真实的、完整的评价结果。

(三) 自得教育是对新时代教育评价理念的融合

教育评价作为教育活动系统中不可或缺的重要组成部分,为教育实践指明方向,变成了衡量教育成效的主要维度和调节教育活动的主要杠杆。④ 传统的教育评价理念主要从静止、分割、量化的角度来审视教育对象的发展程度,从而忽视了人的复杂性与完整性。在自得教育的概念框架中,教师与学生交往是关系型的社会存在,师生互动可以促进个体的社会性发展,通过树立育人为本的评价理念,全面评价学生发展的过程与效果,有助于帮助学生正确地认识自我,提高适应未来复杂情境的能力。

---

① 中华人民共和国教育部. 教育部2019年发力教育评价体系改革[EB/OL]. (2019-02-27)[2021-12-26]. http://www.gov.cn/xinwen/2019-02/27/content_5368801.htm.
② 中国教育新闻网. 在党的坚强领导下全面推动做好新时代教育工作[EB/OL]. (2021-07-26)[2021-12-26]. http://www.jyb.cn/rmtzgjyb/202107/t20210726_609708.html.
③ 中共中央国务院. 深化新时代教育评价改革总体方案[EB/OL]. (2020-10-13)[2021-12-26]. http://www.gov.cn/zhengce/2020-10/13/content_5551032.htm.
④ 李玲. 试探以人为本的教育评价观[J]. 四川职业技术学院学报,2009(01):86—87.

重庆三十七中紧紧围绕学生全面发展这一目标,根植于现代学校制度的人文性、科学性和生态性,构建满足学生个性化培养、促进学生自主成长的综合素质发展的评价体系,具体包括:其一,强化多元化评价方式。将学生的综合素质评价指标设计进行多元化设置,具体从学习能力、体育运动、合作交流、思想道德、个性发展等方面,对学生进行全面的评价,以促进学生的多样化发展。其二,突出教育教学中的过程性评价。通过建立信息化资源共享机制,完善针对学生个人的综合素质评价,有效将班主任评价、任课教师评价、学生互评和学生自评相结合,强化综合素质评价的过程性,这既有利于及时反馈教学过程中出现的问题,又有助于激发学生的学习热情。其三,突出学生综合素质的导向性评价。通过综合素质评价引导学生的习惯养成,塑造学生的人生观、价值观和世界观,重点强调综合素质评价的导向性功能,及时发现学生个性发展中存在的问题加以指导,引导学生在健康的学习生活中快乐成长。其四,突出学生全面发展的激励性评价。从多个角度审视学生的发展结果,依据多元化的评价指标,对学生的发展成绩进行有效的肯定,通过建立星级评选机制,如文艺之星、环保之星、文明之星等激励性的荣誉奖项来激发学生自主个性化发展。

总的来说,自得教育以新时代育人为本的教育评价理念为纲要,重点关注师生交往关系的良性发展,并以此作为教育评价的重要维度,以真正促进学生完整人格的实现和生命价值目标的形成。随着时代的不断变迁,育人为本评价理念的内涵及外延在自得教育体系的实践中持续得以深化和拓展。从本质上来看,自得教育融合育人为本的教育评价理念、突出教育主体间的良性互动,既是实现完整的教育功能的需要,又是彰显教育本质的内在要求。

四、平等互动:以和谐师生关系凸显学生主体地位

安妮·弗兰克曾说:"生活本身的目的即为获得幸福,追求幸福让众生殊途同归。"[①]在教育教学中,学校主动营造自由、平等、和谐的师生关系是实现教师与学生幸福生活和教学相长的必然要求。师生关系作为学校管理中最基本、最重要的人际关系之一,对教育教学活动的顺利开展与学生稳定的人际关系的形成具有重要作用。

(一)和谐师生关系是有效教学的重要保障

良好的师生关系是教育的内在要求,也是学校管理工作获得成效的重要保证,更

---

① 董雪.幸福是一种感觉[J].新教育,2011(3):64.

是实现幸福教育取得成效的应有之义。随着教育改革的深入,师生关系也广受关注。中小学师生关系出现了不少的问题,学生和教师的相处方式更加多样化,师生关系的构建更加难以预测。[①]

现代教育系统中的和谐作为一种理性的价值诉求,是教育系统中构成要素协调、有序、均衡发展的最高追求。和谐的师生关系,反映的是学校的教育理念,对学校实现教育目标尤为关键。法国著名教育家加里曾指出:"教师与学生的关系是一种特殊的人际关系,区别于父子和母女、区别于兄弟姐妹、区别于朋友同事,在教育活动中不可忽视。"[②]在校园环境中,师生之间良好的主体交往关系在很大程度上会决定学生未来的发展质量,教育情境中的主体间关系,不是简单的线性联系,而是师生之间彼此分享观点与理念,在持续的交往活动中展现其人生观、世界观与价值观的过程。

和谐的师生关系,对于教育教学活动的贡献主要有:一是打破固有交流方式,促进师生间相互了解,进一步提高教育教学的成效。当课堂教学中单一化的交流形式被打破,双方的相处关系形态也呈现出自然生动的情形,在非常宽松的教学环境中,师生能够全方位立体化地加深彼此了解,形成良好和谐的师生关系。二是在课堂教学实践活动中,师生的相互了解有助于教师掌握学生学习情况,并在教学开展过程中逐渐形成对每一位学生的准确认识(如图1-1所示),进而为学生提供合适的指导与帮助。三是和谐的师生关系可促进教师为学生树立优良的教育榜样,使学生更全面了解自己的行为特征,增进情感交融,使学生全方位、多渠道形成对教师的尊重、理解和支持。概言之,和谐的师生关系促进学生与教师课堂内外正式与非正式关系的和谐共处,使双方均能获得教学过程中的幸福感。

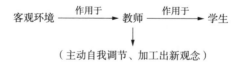

图1-1 教师观念的核心作用图[③]

---

① 林灵,徐煜.孔子"仁学"思想视角下和谐师生关系构建策略探析[J].湖北师范大学学报(哲学社会科学版),2017(6):119—122.
② 范正吉.建立和谐师生关系的策略初探[J].现代教育科学(中学校长),2007(3):36—37.
③ 李雪梅.师生关系:以现代和谐理论为视角的探究和反思—基于对北京市50例中学政治教师的深度访谈[D].首都师范大学,2008:6.

总的来说,和谐的师生关系既强调对现实层面教师与学生感性的思想关注,也注重追求理解教师与学生价值诉求;其作为一种理性把握的存在,在教学实践中凸显教师与学生的主体性和自觉性,使师生的感性和谐与理性和谐有机统一。从实际的角度来讲,和谐的师生关系可以充分激发教师的工作热情,体现教师育人的主导地位,也能充分调动学生自主学习的积极性,对于学生个性化发展和创新思维培养至关重要。

(二)基础教育改革关注师生关系良性发展

教师与学生作为教学实践活动的关键主体,和谐的师生关系对学生的培养质量和长远发展具有直接影响。教育是人的精神生命活动的过程,教育中生命活动的最大特点就是存在这种可能性,使生命调动起自身的一切,去不断地创造自我,改善和发展生命,从而收获丰富和充实的人生。[①] 因此,在教育教学活动中,微观层面的师生关系也悄然发生变化。

在传统的教育场域中,教师通常将学生视为社会工具看待,学校通常被认为是培养社会工具人的重要场所,始终忽略了教育实践活动的主体即教师与学生的主观能动性。在新一轮基础教育改革中,传统的教学模式已被彻底革新,"把课堂还给学生,让课堂焕发出生命的活力"[②]。21世纪初,教育部印发的《基础教育课程改革纲要(试行)》明确强调,"创设能引导学生主动参与的教育环境,激发学生的学习积极性,培养学生掌握和运用知识的态度和能力,使每个学生都能得到充分发展"[③]。

众所周知,教育改革不管具有多么先进的教育理念,或是设计多么完美的教育实验,如果缺乏良好师生关系作为支撑,都将难以实现其初衷。[④] 在日益多元化的社会背景下,多元化的生活特质对师生关系的形成带来了重要考验,这呼唤多元化师生关系的建立。同时,学生的自我中心意识逐渐增强,其独立思考能力和问题解决能力明显提升,加之受社会不良因素的影响,许多学生对于教师的权威很难形成稳固的尊重与理解,这对和谐师生关系的建立带来了诸多挑战。总的来说,一系列现实问题,如师生关系商业化、教师权威受到冲击、教师惩戒问题层出不穷等,都要求推动师生关系的良性发展。

---

① 郭思乐.经典科学对教育的影响及其与教育生命机制的冲突[J].教育研究,2003(2):15—21.
② 叶澜."新基础教育"语丝[J].基础教育,2004(5):4—5.
③ 中华人民共和国教育部.教育部关于印发《基础教育课程改革纲要(试行)》的通知.[EB/OL].(2001-06-08)[2021-12-03]. http://www.moe.gov.cn/srcsite/A26/jcj_kcjcgh/200106/t20010608_167343.html.
④ 伍绍杨,彭正梅.迈向更有效的反馈:哈蒂"可见的学习"的模式[J].开放教育研究,2021,27(4):27—40.

综上所述,基础教育改革背景下,教师应当更新教学观念,在课堂教学中最大限度地激发学生的主动性与创造性,给学生带来充足的学习动力,促进学生自我发展意识的养成,从而全面地提升课堂教学效果。

(三) 自得教育体系强调建立和谐师生关系

自得教育体系尤其强调建立和谐的师生关系,以"教学相长、相得益彰"为核心,促使学生在教师的指导下自主修得,提高适应复杂变化环境中的关键能力。

重庆三十七中的和谐师生关系理念源于儒家学派对和谐的倡导与主张。《春秋·左传》中有"八年之中,九合诸侯,如乐之和,无所不谐"。"和"与"谐"同义,"和谐"是以"和"的范畴出现的。《广雅·释诂三》的解释是:"和,谐也"。《辞源》则把"和"解释为和顺、谐和、调和。"谐"从言皆声,本义和谐,具有协调、融合的含义。在《说文解字》中,"谐"是和谐、融洽的意思。"和"与"谐"包含了不同事物的差异,包含了矛盾多样性的统一,这些思想主张的是:事物的多样性和平衡性,它们相互激荡、融会贯通、相异相成。[①] 概括说来,在中华传统文化精神内核中,和谐始终是一种理想的精神境界和至善理念,教育教学效果的达成需要教师与学生的和谐互动才能得以实现。

自得教育中的师生关系具有丰富的内涵,重点倡导将对生命价值的关怀和对师生和谐相处价值的弘扬进行有机结合,最终形成学生与教师关系的和谐。其中,在课堂教学实践活动中和谐师生关系尤为关键,师生间自由、和睦的相处更可促进学生间的互动与了解,共同实现教育教学目标。

在教育实践中,客观关系的和谐要求教师与学生的思想和谐,和谐的背后又是教师与学生行为和谐共生的结果。这种行为的和谐也促进了教育环境的整体和谐。自得教育倡导通过多元化的评价方式,对学生的学习成果开展评价,在很大程度上贯彻民主平等的教学理念,使每一位学生得到真正的尊重和理解,在此过程中提升其幸福感,为构建和谐的良好师生关系奠定基础。

第二节 自得教育的实践土壤

一、自得教育办学理念的提出

自得教育办学理念的提出历经了长达60年的探索与实践,是历代学校领导与师

---

① 李雪梅. 师生关系:以现代和谐理论为视角的探究和反思—基于对北京市50例中学政治教师的深度访谈[D]. 首都师范大学,2008:7.

生共同经营的智慧的结晶。从历史角度来看,自得教育体系的提出历经了"自得"概念的提出与发展两个阶段,完成了学校文化与"自得教育"内涵的建构。

2005年,时任校长李曜庭大力倡导"一切为了学生发展的人性化管理"办学理念,提出"尊重个体、尊重教育、尊重创造"三个人性化管理的原则。以此为基础,李校长首次提出"尚自得,展个性"的校训。之后,历任管理层始终秉承"自得"的办学理念,为自得教育体系的深入发展奠定了基础。及至2015年,我上任后对学校办学目标进行了宏观布局,在办学理念层面继续拓展"自得"的内涵与外延,推进自得教育体系的重构,最终建立了颇具特色的"自得教育体系"。

在建校60周年新契机下,学校重新梳理自得教育实践立场,在继承的基础上进行创新与升级,形成了"激扬生命,得法自然"的办学理念,"尚自得,展个性"的校训,"同舟共济,德业自馨""迷津问渡,启悟自行""百炼成钢,互学自成"的校风、教风、学风,并以此为学校办学指引,完善课程、教学与评价体系,构建起"两翼三阶四主五环"自得教育体系。① 2015年11月18日,我首次公开"自得文化"思想体系,并在"大渡口校本课程建设中学校长论坛"上发表题为"文化统领、课程育人——重庆三十七中构建'自得'系列校本课程的生成路径"的主题报告,这标志着学校自得教育办学理念的正式形成。

"自得"一词最早源自《孟子·离娄下》:"君子深造之以道,欲其自得之也。自得之,则居之安;居之安,则资之深;资之深,则取之左右逢其原,故君子欲其自得之也。"② 其核心意蕴是"君子想求很深的造诣是有一定的通路的,但要靠自己自觉地努力才能得到。自己自觉地求得的学问,就能心安理得地坚守它;能心安理得地坚守它,日积月累,就能积蓄深广;积蓄深广,便能随心所欲,取之不尽,用之不竭,左右逢源,所以君子贵在自觉地求得学问。"③ 简言之,"自得"强调学生自觉、自主学习,并在此基础上获得知识、能力的广度与深度的拓展。

学校文化是一所学校的精神、灵魂和标志性特征,自得教育体系首先得益于学校文化体系的建构。我上任后,三十七中从系统的角度重新构建文化体系,全面推进学校文化转型升级,确立"激扬生命,得法自然"的办学理念,承认学生群体的共性但更强调个体的差异,尊重学生的主体性和主动精神;让每一个孩子追求独特的生命价值,体

---

① 新浪新闻.三十七中"自得"教育体系升级[EB/OL].(2015-12-05)[2021-12-03]. https://news.sina.com.cn/o/2015-12-05/doc-ifxmhqaa9934735.shtml.
② 杨伯峻.孟子译注[M].北京:中华书局,1960:189.
③ 孔子,等.四书全鉴(耀世典藏版)[M].芳园,编.天津:天津人民出版社,2015:335.

验独特的生命意义,闪耀独特的生命光彩。在办学理念的引导下,学校构建了完整的办学指南,包括校风、教风、学风。具体如下:

> 校训为"尚自得,展个性"。"尚自得"就是在内心不断进行深入的、多层次的学习加工,以达到精深博大、运用自如的境界。"展个性"对学生而言,就是要有不断超越自我、全面发展的内在追求,体验多彩生活、成就精彩人生。
>
> 校风为"同舟共济,德业自馨"。三十七中史上由3所学校合并汇聚而成,有着得天独厚的"义渡文化"滋养,三十七中人当秉承义渡的风范,精诚团结,共同为莘莘学子的求学之舟助力,以德业双馨的良好形象立于大渡口畔。
>
> 教风为"迷津问渡,启悟自行"。打破"满堂灌",追求"启发式",把"启悟"作为最重要的教学策略,通过"指点迷津",唤醒和激励学生"自我探究"。
>
> 学风为"百炼成钢,互学自成",大渡口当年是因钢城而设区,百里钢城孕育了一种特别的精神气质,三十七中学校文化中因此有了一个与众不同的文化基因——"百炼成钢",强调一种坚定的信念和"共铸成就"的合作精神。[①]

同时,学校基于"尚自得,展个性"的校训,在充分结合区情、校情、生情的基础上,提炼出"自生""自成""自得"育人路径,突出学习生活乃至生命中"自我"的意义,强调"自生"与知识智慧的关系,"自成"与品德习惯的关系,"自得"与人生状态的关系——故而确立传承学校传统,独具学校特色的"自得"文化。[②] 三者各有所重又相互观照,最终回归三十七中育人的核心价值观——"自得"。

"自得教育"体系的建立经历了一段漫长的探索过程。从最初提出"自得教育"的理念,到提出"自得其乐,幸福一生"的主题,"自得教育"体系历经了初步成型到逐步完备的理论形成过程;之后,学校办学环境融入自得元素,并构建自得德育模式与教学模式,逐步将"自得教育体系"从理论转为实践。经过多任校长的艰苦奋斗,自得教育体系在课程、教学等方面进行了丰富的经验探索,最终构建了独具一格的自得教育体系。

---

① 网易新闻.用"自得文化"托起教育之魂[EB/OL].(2015-12-04)[2021-12-03]. https://www.163.com/news/article/B9VHSSP400014AED.html.
② 搜狐.让教育充盈"自得"之美 重庆三十七中以"自得教育"培养学生全面成才[EB/OL].(2019-01-30)[2021-12-03]. https://www.sohu.com/a/292395337_100195636.

二、重庆三十七中的实践探索

作为重庆市首批市级重点高中,重庆三十七中从"自得"的内涵与概念提出以来,不断凝练学校的"自得"文化体系,形成鲜明的"自得教育"办学特色。具体表现为深化课程改革,形成"237"自得德育课程体系、科技创新课程体系、生涯规划活动课程体系[①];深化教学改革,形成"四主五环"自得教学模式。

(一)自得教育课程体系的完善

经过若干年的实践探索,三十七中的育人目标逐渐清晰,并形成了"自得其乐,幸福一生"的学校文化主题,自得教育课程体系逐渐完善。2015年12月,在重庆市第三十七中学校60周年校庆系列活动——新形势下课程建设高峰论坛上,我作了专题发言,题目是:"六秩日月、自得乾坤——重庆三十七中'自得'教育体系的形成与思考"。该发言翔实地介绍了自得教育体系的"两翼三阶"德育模式与"四主五环"教学模式。

2016年7月11日,在大渡口区校长论坛上作专题发言"基于自得文化体系的德育课程构建",我首次提出"237(两翼三阶七素养)"自得德育课程体系,完整介绍了"忠、善、和、真、美、健、法"七维素养。2016年9月,重庆日报以"'小课堂'折射教育'大格局'——破解新课程改革的'幸福密码'"为题,专门整版报道了"四主五环"自得高效课堂。自此,自得文化引领下的自得教育内涵进一步丰盈,并通过课程建设不断地将其付诸实践。

2017年5月5日至7日,我在大渡口区"好学校在身边"活动上,提出了"个性绽放、乐于自得"的育人目标,并确立了"自得其乐,幸福一生"的学校文化主题。2017年5月22日,重庆日报整版刊登《重庆三十七中"自得其乐,幸福一生"——破译"最美三七"背后的幸福密码》。2017年11月10日,我以"自得其乐,幸福一生"为主题,面向参加"重庆市课程领导力建设"的重庆市各地校长及教师代表团就学校文化发展与课程改革做了专题介绍,主要围绕"重庆市三十七中实践之路",即"自得教育"的现状、目标、思路与规划四部分做了详尽阐述。自此,重庆市第三十七中学校"自得教育"理念文化逐步完备,办学特色更加明确。

在校园建设方面,学校逐步将自得教育理念融入校园空间建设中。2019年1月,学校新增人文景观黄葛滴翠、新义渡亭、大江赋、史韵青砖栏、非遗广场,其中包括了非遗的展示中心、非遗主雕塑、草坪中衬布厂机器设备遗址等;新增人文中心874画廊、

---

① 重庆市第三十七中学校.自得其乐,幸福一生[J].人民教育,2020(20):81.

漫咖啡;新增功能场地心理健康中心、生涯规划中心,进一步优化与升级了育人空间。

同时,为了有效实现课程体系的设计目标,确保每位学生都能获得个性化发展,三十七中在对国家课程进行校本化实施改革的同时,也积极推动学校自主设置课程的一系列建设,努力发挥校本课程对于学生个性化发展的引导作用。在课程方案的编制环节,通过教师的集体审议、分析学生的个性化需求,最终形成多元化目标的课程目标设计,以充分满足学生兴趣发展的需要。在课程实施环节,倡导"学生主体"取向的课程实施观,打破教师、学生与课程之间的线性关系,加强师生之间的互动联系。在课程评价环节,侧重于过程评价,注重课程实施的具体效果评价,形成性评价和发展性评价有机融合,充分体现学生课程学习中的主体性和自主性。

(二)自得教育课堂教学的建构

在自得教育课程体系不断完善的同时,三十七中推动了课堂教学变革,形成了与课程体系相匹配的自得课堂与教学模式,推动学校的系统改进,以培养学生的自主性与创造力,最终促进学生的全面发展。

1. **习性建模:构建自得课堂雏形**

2012年,学校决定以课堂为抓手,走出校门、走进名校,学习先进的教学理念、教学范式,并组织学科骨干编写符合校情的自得课堂范式。具体来说,一是建立小组合作模型。4—6人为一组,便于小组交流学习,教师的教学方式更加开放。二是学案与导学理念的贯通。多次研讨并编写导学案,发挥其助学性、导学性、诱学性、辅教性,大幅压缩了教的内容与时间,以学生学习活动的自主化为目标。三是师生角色的转变。教师从传统的"讲者"转变为"教者",从"教者"转变为"学者",和学生一起学习;课堂给学生提供了充分参与的平台,小组讨论、展示点评成为课堂必不可少的环节;学与教的时间重新配置,自主学习活动在教学中的比重超过70%(见图1-2)。

为了促进教师间相互学习与监督,学校于2013年4月开展教师全员践行高效课堂过关课活动,将每月第二周定为课堂开放周,通过推门听课和课程改革交流会等活动加强课改。在此基础上,建立听课制度,互帮互学;建立转课制度,加大对教学过程的检查与监督。

2. **共性塑模:形成"四主五环"课堂**

2013年底,学校提出"由立到破",要求老师在原有自得课堂流程基础上进一步贯彻"以学生为主体,尊重学生个体发展"的课改精神,启动了自我塑形的课堂改革新阶段。本着尊重学校价值内核和办学哲学的原则,因循系统性、逻辑性、前瞻性的法则,

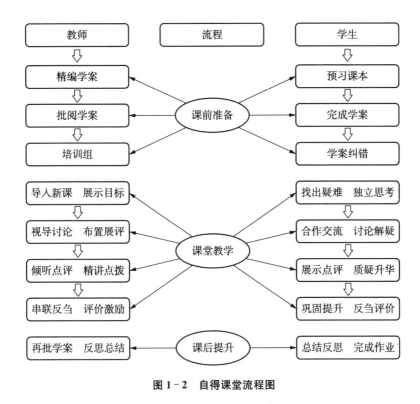

图1-2 自得课堂流程图

聚焦历史性、地域性、特色性的方向,对学校课堂改革提档升级。从挖掘学校历史、梳理学校文化的层面提出了"四主五环"自得课堂。

为了促进教师教学能力的提升,更好地落实课堂教学的核心精神,学校组织开展"四主五环"优质课展示暨评课大赛,以青春风采展示课(工作5年以下教师)、学科魅力展示课(40岁以上教师展示课)与学校中层干部展示课三种类型分组进行。同时,组织行政领导"四主五环"课堂展示课与学科魅力展示课,用典型示范的方式推动"四主五环"自主课堂的深入实施。

3. 个性破模:催生"1+X"特色课堂

面对越来越个性化的教育环境、教学对象与多样的学科特点,如何在最大化地发挥课堂范式对全校教学改革水平的示范引领、整体抬升功能的同时,又不影响高效的课堂拔尖型、创新型、旗帜型教育人才脱颖而出,成了新时期学校课堂改革面临的难题。

为此,学校在2014年9月提出把学校的特色课堂发展为教师的特色课堂,让学校更多元,让课堂更多元,鼓励教师据班情、教情、学情自主创新设计,让师生在课堂上得到更大的成长,"1+X"特色课堂便应运而生。

"1+X"特色课堂以"四主五环"自得课堂为"1",学科特色、教师个性特点为"X",是指在保持"四主五环"自得课堂精神内核的基础上,各学科可以根据各自学科特点及同一学科教学内容的不同而呈现出不同教学特色的多元辐射型课堂(见图1-3)。

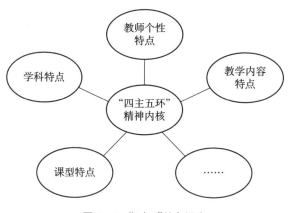

图1-3 "1+X"特色课堂

在办学思想的指引下,三十七中已在学校课程教学、学生素养、学校管理、校园建设等实践层面初步展开,并得到重庆日报等媒体争相报道,在区域层面基础教育界引起了强烈的反响。

三、自得教育的拓展与深化

重庆三十七中以学生为主体,聚焦课堂,强化教学环节,精心设计和组织教学活动,变革教学与学习方式,通过启发式、讨论式教学启迪学生智慧,提高教学质量。经过数代人的自主探索,三十七中形成独具一格的自得教育体系,并在新时代教育改革浪潮中继续拓展与深化。

(一)自得教育体系的逐步完善

近年来,学校紧紧围绕立德树人的根本任务,秉持"激扬生命,得法自然"的办学理念,深耕课程改革,从理念完善、课程建构、队伍建设、评价完善等方面着手,逐步实现"个性绽放,乐于自得"的育人目标,走出学校综合实践活动育人的特色之路。[1] 概括

---

[1] 中国网. 解析重庆三十七中的综合实践活动育人特色之路[EB/OL]. (2021-04-14)[2021-12-03]. https://cqjy.edu.china.com.cn/2021-04/14/content_41529532.htm.

来说,学校从课程建设、学校文化建设出发,细化课程操作指南,促进实践与愿景有机统一。

1. 校本课程:促成学校改进和特色发展相得益彰

在"四主五环"自得课堂实施过程中,特别是在编制适应学校学生学业水平导学案的过程中,学校教师最大程度地了解学生的学习过程、学习兴趣和关键增长点,积累和培养了校本课程开发能力。同时,学校陆续开发了系列校本选修课程、学生社团活动课程,实现学生自主选课选修。从实践来看,校本课程的开发和实施提升了教师的专业内涵,培养了学生核心素养,共同推动了学校持续改进和特色发展。

2. 文化浸润:促成自得体验与个性成长共同提升

学校在自得文化的浸润下,形成"同舟共济,德业自馨"校风、"迷津问渡,启悟自行"教风和"百炼成钢,互学自成"学风,为"四主五环"自得课堂的实践与探索提供支撑。在学生层面,"四主五环"自得课堂在学习目标导向下,帮助学生维持较高的学习动机和兴趣,培养学生自主学习的习惯,允许学生出现有差异化的学习过程,帮助学生锻炼对成果和问题的表达,帮助学生学会倾听、学会交流、学会尊重、学会学习。在教师层面,"四主五环"自得课堂帮助教师实现教育中普适性与个性化相结合的课堂要求,关照全体学生,努力形成"1+X"特色课堂,使不同的学科、不同的教师都可以根据各自学科特点及同一学科教学内容的不同而呈现出不同的课堂教学特色,促进教师特色发展。

3. 操作指南:促成课堂愿景与实际操作有机统一

"四主五环"自得课堂兼顾了教学思想和教学方法两个维度,将学生的学习与教师教学融为一体。"四主"是从教学思想的层面引导教师改变教学观、课堂观、学习观,把课堂教学定位为课程改革的主攻方向,把学生真正作为课堂的主体,以此来激发学生学习的主动性,改变学生的学习方式。"五环"从教学方法的角度指导教师的具体课堂行为,以路线图的形式创设课堂流程,让学习和教学融为一体,成为师生共同的课堂,实现教学思想与方法的统一。

总的来说,重庆三十七中经过一系列研究与实践,从具体的教学目标、培养模式、课程设置与实施、集体文化、师资选拔等方面进行科学的制度设计。例如,在人才培养目标层面,重庆三十七中明确倡导培养具有创新意识、自主意识和卓越精神的现代公民,为学生日后成为各领域的拔尖创新人才奠定厚实的知识基础。在课程设置方面,通过一系列的大中学衔接课程、通识类课程、创造力思维训练课程以及其他的各项才艺课程等,极大丰富了学生的知识视野。在课堂教学层面,明确提出以学生的个性化培养为工作重心,包括充分运用研究性教学模式、合作性教学模式等方式,对接大学前沿教材,促进拔尖创新型人才核心素养的形成。此外,重庆三十七中也主动跟国内知名大学对接进行人才联合培养,取得了显著的教学效果。

此外,重庆三十七中经过长达60年的探索,提出了育人为本的拔尖创新人才培养的教育理念,形成了高品位的人才培养机制,包括教师专业发展机制、学生个性化培养机制、学校高品位管理机制等,培养了一批高素质人才。从全球经济社会发展来看,培养拔尖创新型人才,是创新型国家发展战略的必然要求,更是顺应全球教育改革的潮流,是新时代教育改革面临的重要任务。换言之,学生创新素质的培养,体现了学校教育的重要使命担当。重庆三十七中鼓励学生在不断探索的创新实践中,锻造优良的创新品质、形成创新精神,其"四主五环"自得课堂的持续实践与探索,为解决高中发展中的阶段性问题提供了经验参照。

(二) 自得教育的实践不断深化

全国教育大会提出,教育要紧紧围绕"培养什么人、怎样培养人、为谁培养人"这一根本问题,中小学德育工作必须对这一重大问题进行深入思考和实践。重庆三十七中紧紧抓住特色课程、特色文化、特色师资、特色资源、特色活动建设,通过多层面搭建平台,创设场景,以个性独特、高效科学的方法教育学生,让学生在不断超越自我、全面发展的内在追求的驱动下,真正享有个性绽放的幸福人生,体悟乐于自得的教育之美。① 为此,在课程与教学改革的基础上,学校形成了全方位的育人体系,以学生发展指导制度建立为抓手推动学校课程与教学有序展开。

为了全面推进学校课程与教学变革的顺利实施,学校建立学生发展指导制度,从学业指导、生活指导和生涯指导三方面构建促进学生全面发展的学生发展指导体系。与此同时,学校设立教育交流中心,一方面开展家长课堂、新生家长培训会,发放家长成长手册,引导家长进行合理的家庭教育,同时为家长提供个性化的指导。另外,学校把家长请进课堂,结合学生生涯规划开设家长选修课,对学生进行专业化指导。总的来说,学校构建了良好的家校共育机制,家庭、学校同频共振、合力教育。近年来,家校共育成果显著,在学校"37公里徒步行"研学旅行活动中,家长组成爱心车队、彩旗队、

---

① 重庆日报网. 让教育充盈"自得"之美[EB/OL]. (2019-01-28)[2021-12-24]. https://www.cqrb.cn/content/2019-01/28/content_183292.htm.

摄影队,在徒步行中与孩子共克艰难、共同成长。[①]

另外,为了实现创新型人才培养,重庆三十七中构建了完善的创新课程体系。在新时代教育改革浪潮中,积极探索促进学生潜能开发的创新型人才培养机制,大力培养拔尖创新人才,是我国建设创新型国家、实现中华民族伟大复兴的重要环节,也是我国建设新时代中国特色社会主义过程中对于教育改革的迫切要求。具体来说,学校推进多类型的课程实施和多元目标的课程评价等,多措并举构建由基础性学科课程、实践活动课程和拓展型课程构成的多维课程实施体系。从国家课程到重庆三十七中自主开发的多维课程体系,有效保证了课程实施的基础性、选择性与多样性的有机统一,将学术型课程和非学术性课程有效结合,为实现创新的人才培养构建了完善的保障机制。

总体而言,重庆三十七中的"自得教育"体系尤其注重育人为本目标的实现,强调学生主动参与知识的自我体悟,通过多种举措鼓励教师主动引导学生、激发学生的特质与主观能动性,实现其心智与潜能的迅速提升,通过在学校内部教学改革的深度实践,积累了个性化教学的丰富经验,进一步拓展了自得教育的内涵与边界。

(三)自得教育的成效日渐凸显

重庆三十七中在自得教育思想的引导下,积极开展课程体系顶层设计和课堂教学实践的探索,有效实现了学生自主多元发展的教学目标,许多优秀学子备受国内外知名大学的青睐,创新型人才培养质量不断提高。

从学校内部来看,学校"自得教育"体系的探索,获得了师生的高度认可。在调查中,高达86.78%教师与86.61%学生支持自得教育特色办学;41.48%的学生认为学校自得教育建设比较成功,36.87%的学生认为学校自得教育非常成功(见图1-4、图1-5)。

从学生获奖来看,学生在素质教育活动方面取得丰硕的成果。在体育运动方面,学校羽毛球、武术、射击、散打、跆拳道等多次获市级金牌,W.I.N啦啦操队在2017年全国啦啦操冠军赛中收获两个全国冠军,同时还培养出乒乓球世界冠军马金豹、羽毛球世界冠军李雪芮、垒球亚锦赛冠军孙莉等优秀运动员,女足队员马庆林获评2017年

[①] 新家长报.让红色成为37学子的精神底色[EB/OL]. (2020-12-29)[2021-12-24]. http://api.jzb.com/top/article/23b2bfb19b9a89a22dd14f62834ddbd2a616eb49/? category_id=100&bnsource=recommend&recommend_id=6a84fc04d77bc9124026c21c0e59be93edead613&trace_id=jzb_article:v2_look_at:v2_look_at.

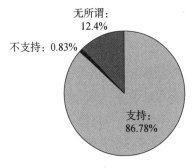
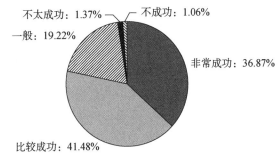

图1-4 教师自得教育支持程度　　　　图1-5 学生认为自得教育成功程度

重庆十大感动人物,女足队员谭佳雯被评为"宋庆龄奖学金"获得者。[①] 在艺术方面,2021年11月,重庆三十七中"三叶合唱团"在目前全市规格最高、规模最大、影响最广的中小学生艺术盛会——重庆市第九届中小学生艺术展演活动斩获一等奖;另外,该合唱团还以《如果明天就是下一生》《Something Just Like This》合唱曲目获得本届展演活动声乐类别中学甲组一等奖。在德育方面,陈艳霞同学被评为"全国最美中学生",马庆林同学被评为"感动重庆"人物,唐翠莲同学获重庆市"学宪法讲宪法"演讲大赛一等奖,李敏同学荣获"重庆市新时代好少年"称号。

从学校教学荣誉来看,自得教育教学模式探索获得同仁的认可。学校《普通高中"四主五环"自得课堂的实践与探索成果报告》荣获重庆市政府三等奖。在重庆普通高中发展促进计划项目中,学校至今取得了"二基地八课程七课题"的成果,即2个创新基地、8门精品课程、7个市级课题,另有32个小课题成功结题并申报区级科研成果,相继获评"全国中小学心理健康教育特色学校""重庆市研学旅行先进学校"等荣誉称号。[②] 另外,37公里徒步行活动进入2018年全国中小学德育工作典型经验名单,获得了中央电视台、中国教育报、中国德育、新华网、人民网、重庆日报等各大媒体多次报道。[③]

三十七中始终坚守立德树人的育人方向,以学生为主体,构建自得教育体系;以课

---

① 重庆日报数字报. 重庆三十七中:让教育充盈"自得"之美[EB/OL]. (2019-01-28)[2021-12-03]. https://app.cqrb.cn/zhuankan/2019-01-28/67885.html.
② 校园在线. 示范课进校园,生涯教育助学生多元发展[EB/OL]. (2020-01-14)[2021-12-03]. https://www.sohu.com/a/366740569_100071972.
③ 搜狐网. 尚自得　展个性,立德树人铸就教育之魂[EB/OL]. (2019-12-11)[2021-12-03]. https://www.sohu.com/a/359790518_751549.

堂为阵地,张扬个体的创造性;以实践为主线,强调亲身的体验性;以参与为途径,促进家校社的联动,逐渐走出了一条多维立体和特色鲜明的教育之路。通过多年不懈努力,"忠、善、和、真、美、健、法"已成为三十七中学生的标签,同时涌现出了无数"三七"好学子。

第二章 自得教育的历史渊源

"自得教育"要求学校所有教育教学活动都要以学生为中心,以育人为根本宗旨,主张自我的主体性,张扬个体的创造性,强调亲身的体验性,强化个人的反思性,最终达成与万物浑然一体而又洞照其间的意向性。自得教育办学实践过程中,汲取了古今中外教育家关于自得教育论述的有益成分,最终形成了具有学校和区域教育特点的自得教育办学思想体系。

第一节 中国自得教育的历史渊源

"自得教育"是我一贯秉持的教育主张,即要求学校所有教育教学活动都要以学生为中心,以育人为根本宗旨,主张自我的主体性,张扬个体的创造性,强调亲身的体验性,强化个人的反思性,最终达成与万物浑然一体而又洞照其间的意向性。早在三十七中做校长时,本人就立足于重钢历史,弘扬义渡精神,传承三校血脉,提炼出了"两翼三阶七素养"的自得教育体系,以提高学生的自主学习力、自主生活力、自主管理力,逐步实现"个性绽放,乐于自得"的育人目标。在多年的教育实践中,"自得"也逐渐作为学校文化的核心,衍生出了"自得其乐,幸福一生"的文化主题、"激扬生命,得法自然"的办学理念、"同舟共济,德业自馨"的校风、"迷津问渡,启悟自行"的教风和"百炼成钢,互学自成"的学风。故浸润"自得"思想的教育在知识技能学习的层面就在于内心不断进行深入的、多层次的学习加工、反思提升,以达到精深博大、运用自如的境界;在德行修为方面,"自得其乐""得法自然""德业自馨""启悟自行""互学自成"等等,其本质是修身,蕴含中国文化"修身齐家治国平天下"之最基本的教育诉求。基于这样的文化理念而成的"自得教育",就是要紧紧围绕立德树人的根本任务,基于育人立人的核心要求,核心指向学生的自我成长和完善,这是自得教育的出发点及归宿。因而自得教育的提出并不是笔者临时起意,也不是对教育实践的简单思考,而是基于中国传统教育思想对青少年成长的思忖,是对眼下中小学校教育现实的观照。

在中国历史文化传统中,"自得教育"其学术渊源由来已久,错综复杂且具有鲜明的综合性。

一、自得思想的肇始与根基
(一)学以为己,重在自得

"自得"是中国传统文化的关键内容所在,自得思想始于孔子的"为己之学"。《论语·宪问》有云:"古之学者为己,今之学者为人。"这是孔子教育思想的重要观点,不仅代表了中国传统的教育理想,也恰切地定义了孔子心目中的教育及学习的根本目的,即教育及学习的价值和意义在于提高自己的道德学问,成就自己,真正实现自身的价值。他认为,古时候的读书人研究学问是为了提升自己,而今的读书人钻研学问,却是为了证明给别人看,甚至是为了哗众取宠,为了沽名钓誉。纵观孔子的论述,他认为学习是相当重要的事情,甚至是人生第一大事。孔子最赞赏自己的也是"学",曰:"十室之邑必有忠信如丘者焉,不如丘之好学也。"学者钱穆曾指出:孔子认为"为学"是人的教育里最重要的特征,实际上也是孔子的自我认同。"忠信乃天命之性,而学则是为己之道。人必先学而后教,苟其不学,又何以教。孔子曰:'学不厌,教不倦。'……但学在先,教在后。"钱穆认为,千百年来,宗教在中国一直不能被大家所接受的主要原因在于:中国人的相信"学",相信"学"是"以为己",相信"学"可以自我成全。"故宗教之在中国不盛,而唯学为盛。《论语》二十篇,开首第一字便为学字,此可证矣。故宗教信在外,而中国人则信在内,首当信之能学。"①

根据学者对《论语》的研究可以看出,孔子对"学习"的界定:学习是成为君子的第一步;真正的学习是在一个人行有余力的时候才发生的、是一种深切而时刻不忘的关怀,包含日常生活的全部。② 孔子作为中国教育史上重要的思想家,一直将构建理想社会的基础置于个人道德完善和心灵成长之上。他的"学以为己",重在"自得",强调的是个人道德修养与情怀的培育并视其为教育的根本。著名学者李弘祺认为,"学以为己"是最能代表中国教育传统精神的一句话,它可以支撑一个人在生活中达成自我

---

① 钱穆.现代中国学术论衡[M].北京:生活·读书·新知三联书店,2001:7.
② 李弘祺.学以为己——传统中国的教育[M].上海:华东师范大学出版社,2017:161.

欣然自得的境界。① 这也是自得思想的最初源头之所在。

(二) 孔颜之乐,乐在自得

孔子认为学习的目的在于修身养德、在于德行的精进,但是,他并不认为学习是一苦差事,反而认为学习应该是一项充满乐趣的活动:"学而时习之,不亦说乎?"(《论语·学而》)此处"说"为通假字"悦",表示内心愉快。旧注,一般乐与说有所区别,悦在内心,乐则见于外。可见,孔子认为学习的乐趣在于内心充实与丰盈,是内在的满足。这一点在论及志向时,孔子也有所表述。曾点与公西华等人一起谈论志向时说:"莫春者,春服既成,冠者五六人,童子六七人,浴乎沂,风乎舞雩,咏而归。"孔子曰:"吾与点也。"这也是一种内在的精神愉悦和人生体验。谈到学习,孔子又说:"知之者不如好之者,好之者不如乐之者。"这种乐,就是自得之乐。所得者何?财富、体验、人生况味、性情的陶冶与怡然等均是孔子所认同的"得"。但根据《论语》的记载,孔子虽然看重财富,但并不为物质财富所累,当物质条件匮乏之时依然保持乐观的精神。由此我们可以看出,孔子之乐的最重要的来源在于精神的愉悦与自得。

孔子的"学"是以人的自我成长为目的的,学习不是为了给别人看的、不是为了展示和炫耀。在"学而时习之,不亦说乎?"之后,孔子还说"人不知,而不愠,不亦君子乎?"(《论语·学而》)所以,孔子之乐,乐在自得,与别人是否了解自己没有关系,正所谓"人不己知,何愠之有?"学又能时常以身习之,每天都能体会成长的喜悦正是孔子"发愤忘食,乐以忘忧"的根源所在。②

孔子最得意的弟子是颜回,他一直对颜回赞誉有加,但究其实,也应该是孔子自我认同的写照。龚鹏程指出:孔子认为"仁者不忧"(《论语·子罕》)。他自己就能做到"饭疏食饮水,曲肱而枕之,乐亦在其中矣"(《论语·述而》),所以,当他称赞三月不违仁的弟子颜回"贤哉,回也!一箪食,一瓢饮,在陋巷,人不堪其忧,回也不改其乐。贤哉,回也"③时,"孔颜之乐"的精神旨归就指向了逍遥无拘,指向了自我成长的"自得"。也就是说,孔子的思想不是单维度的,他不仅有济世的社会理想与修身的自我理想,还有悠游世间的生活理想,在济世理想不得实现的时候便退而追求逍遥自适的个人生活理想,享受自得之乐。④ 另外,《论语·阳货》篇言"天何言哉?四时行焉,百物生焉,天

---

① 李弘祺.学以为己——传统中国的教育[M].上海:华东师范大学出版社,2017:3.
② 杨立华.中国哲学十五讲[M].北京:北京大学出版社,2019:6.
③ 龚鹏程.中国传统文化十五讲[M].北京:北京大学出版社,2006:179.
④ 戴庆."孔颜乐处"与儒学的内圣化转向[J].枣庄学院报,2021,38(3):48—53.

何言哉？"也呈现了孔子所认同的"内在、自得"的力量。所以，千百年来的"学以为己"文化源流重在自得，及自得，则当人直面世事的种种诱惑与艰难时都会不为所动、不为所困，仍然可以顺势成长为自己想要成为的样子。

故而，"自得"一词虽最早出于《孟子》，但其思想根基与肇始乃在于孔子的"学以为己"，它不仅一直支撑着中国读书人的理想，更是影响中国教育传统将近三千年。孔子之后的思想家包括许多非儒家学派的学者，也都秉持此观念，后经由宋明理学学派的倡导，逐步变成更为广泛的信念与共识。

二、自得思想的形成与释义

（一）《礼记》之"自得"教育之初显

《礼记》是战国末期至汉初学者论述"礼"著作汇编，其中《大学》《中庸》《学记》都对中国乃至世界教育产生了重要影响，其重要论述中都隐含"自得"教育之雏形。

《大学》将教育程序概括为八条目：格物、致知、正心、诚意、修身、齐家、治国、平天下，要求教育者依据这样的纲领完成"修齐治平"的教育目的。其中"修身"是核心和关键，"自天子以至于庶人，壹是皆以修身为本"，"修身"不仅是个人内心的自省与自律，更是自我提升后的"自得"之态。

《中庸》原是《礼记》中一篇论述人性修养的文章，相传为子思所作，是儒家学说经典论著，原文中第一次出现"自得"二字。原文是："素富贵，行乎富贵；素贫贱，行乎贫贱；素夷狄，行乎夷狄，素患难，行乎患难。君子无入而不自得焉。"其意为：处于富贵的地位，就做富贵人应做的事；处于贫贱的状况，就做贫贱人应做的事；处于边远地区，就做在边远地区应做的事；处于患难之中，就做在患难之中应做的事。君子无论处于什么情况下都是自得的。这里的"自得"就是意味着"安然自得""自己感觉满意"。另外，《中庸》中的"博学之、审问之、慎思之、明辨之、笃行之"提出的由学到行的学习过程，其实质也是知识获得即"自得"的完整实现过程。《大学》侧重说明文为学、为人、处身、立命的"自得"目的和意义，《中庸》则提出了学问思辨行的具体的"自得"方式方法。

《学记》也是《礼记》中的一篇，提出"君子如欲化民成俗，其必由学乎！""玉不琢，不成器；人不学，不知道。是故古之王者建国君民，教学为先"等直指教育作用的经典表达，其目的为"建国君民""化民成俗"，就是说教育的目的是可以让人能够成长（自得）、能够让人为有一定德行的人。《学记》还指出"虽有嘉肴，弗食不知其旨也；虽有至道，弗学不知其善也。是故学然后知不足，教然后知困。知不足，然后能自反也，知困，然后能自强也。故曰：教学相长也。"其本意就是对教师的自我提高——"自得"——提出的要求。"教学相长"的本意仅指教师这一方的"以教为学"，教师本身的学习是一种学习，而教导他人的过程更是一种学习。正是这两种不同形式的学习相互推动，才使教师不断进步[①]，不断"自得"和提升。

(二)《孟子》之"自得"教育要义

孟子(前372—前289)继承了孔子"学以为己"的思想，在孔子"多闻""多见""每事问"等向外获取知识方法的基础上，提出了"博学详说"的教育主张，要求学习者主动获取信息，积极观察，从而从外部世界广泛地获取知识。但是在孟子看来，"外铄虽然也可以让学习者获得某些功利性或实用性信息或知识，满足人们眼前某种实际生活的需要，解决人们实际生活中某些问题，但是要提高道德境界，获得人生的感悟，解决人生最根本的问题，就需要向内心求索的'深造自得'。"[②]也就是说，他更重视在内心世界求索、探究和体验的"自得"状态。孟子强调思考的重要性，《孟子·告子上》说"思则得之，不思则不得"，认为思考就会有所得，不思考就无收获，主张人们主动自觉地用心思考，获得知识。所以，"孟子在继承孔子'学者为己''君子求诸己''为仁由己'思想的基础上明确提出'自得'范畴"[③]。在《孟子·离娄下(第十四章)》中"自得"一词被正式提出："君子深造之以道，欲其自得之也。自得之，则居之安；居之安，则资之深；资之深，则取之左右逢其原，故君子欲其自得之也。"其意是说：君子若要获得高深的造诣，进入精深的境界，必须采取正确的方法，从而获得自我体验、自我感悟的知识。只有自我体验、感悟得来的知识，才能够掌握牢固、积累深厚；积累得深厚，运用起来就能够左右逢源。也就是说，如果一个人想要牢固地掌握知识、获得学问、拥有高深的造诣，其方式一定是"自得"。因为，君子深造的目的在于自得，只有"自得之"才能牢固掌握，积蓄很深，才能左右逢源取之不竭。

孟子关于"自得"教育的内涵更多地指向人在学习的过程中主动成长与进步，倾向于在学习中获得精神成长的乐趣。"在孟子的学习视界中，学习有两种，一种是'外铄'，即从外部世界获取知识或信息；一种是'内求'，即向内心世界去求索、探究、体验。"但他更重视内求在学习中的作用，认为学习是一种内心求得的过程，"仁义礼智，

[①] 孙培青.中国教育史(修订版)[M].上海：华东师范大学出版社，2000：95.
[②] 燕良轼，卞军凤.孟子"深造自得"解析[J].大学科学教育，2013(6)：92—97.
[③] 方红梅."自得"说的哲学内涵及美学意义[J].孔子研究，2012(4)：13—21.

非由外铄我也,我固有之也,弗思耳矣。故曰'求则得之,舍则失之'。"①尤其是"要提高道德境界,获得人生的感悟,解决人生最根本的问题,就需要向内心求索的"深造自得"。孟子"深造自得"思想,强调穷本究源,循序渐进和专心有恒,他还提出"尽信《书》,则不如无《书》",又说:"故说《诗》者,不以文害辞,不以辞害志。以意逆志,视为得之。"所以,在孟子看来,为学的关键一定在于"自我体验、切记体察",自得之学一定是经历观察和体验的过程,即要积极主动地钻研,获得深切体会,才能有造诣,应用时也才会取之不尽、用之不竭,达到左右逢源的地步。② 其最终目的是使学生独立思考、增长知识和才干。

另外,孟子的自得带有强烈的内心色彩,"反求诸己"也是他养成德行"自得"的重要方式及原则之一。他说:"爱人不亲,反其仁;治人不治,反其智;礼人不答,反其敬。行有不得,皆反求诸己。"就是说,当一个人面对别人以不合理的态度来对待自己时,一定要自我反省,向内省察。所以,提升个人的道德修养贵在自觉,才能真正"自得",达成理想的人格。

(三)《荀子》之"自得"教育内涵

荀子(约前313年—前238年)的教育目标是"始乎为士,终为圣人"。这种圣人、大儒的标准是"不仅知识广博,而且能'以浅持古、以古持今、以一持万',以已知推之未知,自如地应付从未闻见过的新事物,新问题"③。而这样的圣人应该是经由闻、见、知、行而培养出来的。在《劝学篇》中荀子提及"自得"时说:"积土成山,风雨兴焉;积水成渊,蛟龙生焉;积善成德,而神明自得,圣心备焉。"可以看出闻、见、知都仅仅是具备"圣心"的前提条件。所以他又说:"不闻不若闻之,闻之不若见之,见之不若知之,知之不若行之,学至于行而止矣。行之明也,明之为圣人。"故而在荀子看来,由闻见学思获得的知识都是具有假设性的,而真正的"自得"是在现实中"践行"的过程。只有这样的"行",方能使得学习者的内在资质和潜能外显为才华和能力,"知"才能真正的"明了"④,即达成真正的"自得",成为品行高尚的、对社会有用的人。

荀子是儒家传统中特立独行的人物,虽然他对教育抱持的观点与孟子完全相反,但是关于教育的议题他完全认同孔子:"古之学者为己,今之学者为人。君子之学也,

---

① 方红梅."自得"说的哲学内涵及美学意义[J].孔子研究,2012(4):13—21.
② 王炳照.中国传统教育[M].长沙:中南工业大学出版社,1999:50.
③ 王炳照.中国传统教育[M].长沙:中南工业大学出版社,1999:57.
④ 孙培青.中国教育史(修订版)[M].上海:华东师范大学出版社,2000:81.

已美其身。"也就是说,到了荀子的时代,孔子的这句名言早已在中国学界广为流传并成为儒家思想的独特标志,即追求个人道德完善与由此得到的喜悦就是人们所要达到的"自得"的教育目标。①

(四)《庄子》之"自得"释义

庄子认为,只有感觉学习是轻松愉快的事,才能感受到学习的乐趣,真正达到"悠然自得"的状态。他在人们熟知的寓言故事"庖丁解牛"的出处《养生主》一节中写道:

> 庖丁为文惠君解牛,手之所触,肩之所倚,足之所履,膝之所踦,砉然向然,奏刀騞然,莫不中音。合于《桑林》之舞,乃中《经首》之会。
>
> 文惠君曰:"嘻,善哉!技盖至此乎?"
>
> 庖丁释刀对曰:"臣之所好者道也,进乎技矣。始臣之解牛之时,所见无非牛者。三年之后,未尝见全牛也。方今之时,臣以神遇而不以目视,官知止而神欲行。依乎天理,批大郤,导大窾,因其固然,技经肯綮之未尝,而况大軱乎!良庖岁更刀,割也;族庖月更刀,折也。今臣之刀十九年矣,所解数千牛矣,而刀刃若新发于硎。彼节者有间,而刀刃者无厚;以无厚入有间,恢恢乎其于游刃必有余地矣,是以十九年而刀刃若新发于硎。"

这则寓言故事表明庄子认同的、追求真正知识的正确之道是:唯有以悠游自得的态度看待自己的学习对象,也就是学习者与其学习的对象要融为一体,悠游于其间,才能获取真正的知识。庄子也说:"吾生也有涯,而知也无涯,以有涯随无涯,殆已。"认为人们获取知识的方法并不正确,学习是一种纯个人体验,获取知识的本质是学习者与学习对象(知识)互动的过程,知识应该成为个人人生经验的一部分。庄子把真正的知识比拟为高明屠夫屠牛的方式:技巧高超,轻松愉快,悠游自得,让人乐在其中,享受知识获取过程的快乐。因此,"对庄子而言,真正的知识(的获取)不但是一种艺术,也是纯粹个人的体验,真正的知识来自个人面对知识的亲密体验,所以简直是不可能教的"②,而更应该是学习者"自得"之,有"只可意会不可言传"妙趣。也就是说,庄子主张通过体悟的方法进行学,因为言语所能承载的知识是有限的,言不能体现知的全部内涵,那么为了获得更深刻的知的内涵,就需要用体悟的方式去感受。在庄子看来,知

---

① 李弘祺.学以为己——传统中国的教育[M].上海:华东师范大学出版社,2017:4.
② 李弘祺.学以为己——传统中国的教育[M].上海:华东师范大学出版社,2017:5.

识来源于身体的感性形式,庄子的"知"是建立在体感的基础之上的,通过体感的关联性描述转化成为我们的基本知识经验。① 屠夫庖丁解牛的过程形象地呈现出了庄子体悟的学习方法,这也就是庄子所谓的"自得"。

另外,《庄子·骈拇》直接提到了"自得":"夫不自见而见彼,不自得而得彼者,是得人之得而不自得其得者也,适人之适而不自适其适者也。"有学者认为,庄子此处的"自得",不仅在适性称情、听任自然的意义上提出了自得命题,还在其对道(即知识的获得)的把握方式的论述中暗含了对自得方式的肯定。②

三、自得思想的传承与阐扬

(一) 两汉经学中的自得教育

董仲舒(前179年—前104年)是西汉时期著名的儒学思想家与教育家,有"博学君子""汉代孔子"的美誉。他继承了孔子以来的克己内省的教育思想,提倡"义之法在正我,不在正人",认为在德行养成过程中要"治我"以严,待人以宽,要"躬自厚而薄责于人""仁者,人也;义者,我也""以仁安人,以义治我。"意思是说要用仁爱的精神对待他人,要用义的尺度约束自己,多做批评与自我批评,善于发现自己的缺点和不足,这样就能在德行修为上"自得"。另外,董仲舒在儒家"天行健,君子以自强不息"思想的基础上提出"事在强勉"的主张,说"事在强勉而已矣。强勉学问,则闻见博而益明;强勉行道,则德日起而大有功。"认为无论是治学还是修身,都在于个人的主观努力,要想学有所成、德有所长,必须强勉进取,下持之以恒的功夫,才能达成真正意义上的"自得"。③

王充(27年—约97年)是东汉时期的著名的唯物主义思想家、教育家,在学术上被称为"经学异端"。④ 他认为出色的人才应该是通过良好的教育,"学问日多,简练其性,雕琢其材"而成的"知大圣之意""晓细民之情"的人,人才的最高标准是成为"鸿儒",即能够"兴论立说""能精思著文连接篇章者"。这种人具有创造性的理论思维能力,又善于实践,他们不受前人思想束缚,敢于创新。要成为这样的"学问自得"的"鸿儒",一定要通过学习来成就自己,因为"人才有高下,知物由学,学之乃知,不问不识。"而"不学自知,不问自晓"的人"古今行事,未知有也。"然而仅仅做表面上功夫、形式上

---

① 李银川. 庄子"自适其适"思想的教育价值研究[D]. 四川师范大学,2018.
② 方红梅."自得"说的哲学内涵及美学意义[J]. 孔子研究,2012(4):13—21.
③ 王凌皓. 中国教育史论[M]. 长春:吉林人民出版社,2000:130—140.
④ 罗炽,简定玉,李太平,等. 中国德育思想史纲[M]. 武汉:湖北教育出版社,1998:190.

的学习也并未能就大学问,必须"考之以心,效之以事",才能"人有知学,则有力矣"。就是说经由感官学习来的见闻和经验只是学习的基础,对于这些知识更要存疑,要深入思考和判断,必要时还要用实践来检验。只有经过比较、判断和推理,才能正确认识事物的本质,才能"深造自得"高深学问,知识才能变成力量。① 另外,王充认为,批判意识、独立思考能力、质疑问难精神是达成自得之学的重要策略。要获得真正的知识,必须打破唯师是从、唯书是从的心理。因为"学问之法,不唯无才,难于距师,核道实意,证定是非也。"只有"博达疏通""求真理,正是非"才能"学为世用",否则,那种亦步亦趋、人云亦云的虚浮求知方式必不能获得"自得"之学。

(二) 魏晋玄学中的自得教育

自得思想在魏晋玄学时期占有突出地位。王弼(226—249)就主张以"自得"的直觉体验方式去直接领悟,他说,"圣人达自然之性,畅万物之情,故因而不为,顺而不施。除其所以迷,去其所以惑,故心不乱而物性自得之也。"(《王弼集校释》第77页)。嵇康(223—262)是魏晋玄学的旗手,当时甚有影响的教育家,他的《与山巨源绝交书》也提及"自得":"所谓达能兼善而不渝,穷则自得而无闷。"其意为人在失意的时候也可以"自得其乐"。在《难自然好学论》中,嵇康强调读书只有在自然状态下,不为功名所累、不为利禄所驱、不求任何回报时才会获得真正的乐趣,否则,对学习的热爱可能就是虚假的,也就不自然。嵇康的观点就是:只有当学习没有外在的目的时,学习的乐趣才有可能发生。他回应了孔子的"学以为己"的教育主张,认为读书本身应该是一种发自内心的快乐所驱使的活动。对他来说,阅读、学习之乐应该是一种自然需求,是天然的"自得之乐"。② "自得"一词在郭象《庄子注》中出现了 112 次,是其重要的哲学范畴,③有学者认为是指"得其真性、本性,是体现为无心而为的自然适性的人生境界"。该时期的"自得"思想融入儒家与佛家的"学以为己""自悟自得"的内涵,拓展了庄子"适性逍遥自得"之态,更多的是对人生理想与生存况味描摹与阐释。

南北朝时期虽玄学盛行,但儒家经学依然发展。此时期的儒家代表人物、教育家颜之推(531年—约597年)反对玄学、清谈之弊端,"信奉儒学,不废佛教",主张"内外两教,本位一体"(《颜氏家训·归心》),力图改变稍有点学问便"凌忽长者,轻慢同列"的学风,提倡踏实勤勉为学,内外兼修。他认为学习的终极目的在于"学以为己"、在于

---

① 王凌皓. 中外教育史[M]. 长春:东北师范大学出版社,2002:133—139.
② 李弘祺. 学以为己——传统中国的教育[M]. 上海:华东师范大学出版社,2017:360.
③ 朱海坤,王坤. 郭象的"自得"思想探析[J]. 南昌大学学报(人文社会科学版),2017(3):30—35.

"自得",即"为了识见广博、开启心扉、修身利行",这有助于"增益"自身学识修养与德行。否则"如此以学自损,不如无学也"。他认为学习者自身是学习的主体,学习成绩如何,主要决定于自己而非教师,所以要依靠自己的勤勉,努力才能学有所得,增加"自得"的内容,任何学习者都应努力勤勉学习以求"自得",说"自古明王圣帝,犹需勤学,况凡庶乎!"①当然,他在关注人的主体性的同时亦重视"外铄"效果,认为青少年的思想品德具有很大的可塑性,教育和环境能给他们一种熏染,他们在无形之中会自然仿效以致"自得"。他说"与善人居如,入芝兰之室久而自芳也;与恶人居如入鲍鱼之肆,久而自臭也。"(《颜氏家训·慕贤》)对后世影响巨大。

(三)宋明理学中的自得思想

由孔、孟奠定的"自得"教育是中国传统儒家教育思想的一种普遍追求,宋明理学更是凸显和弘扬了其精义。

张载(1027—1077)世称"横渠先生",是北宋思想家、教育家、理学创始人之一,其"为天地立心,为生民立命,为往圣继绝学,为万世开太平"的名言为历代传颂,在教育思想上有许多独到见解,他认为教育的目的在于立人之性,在于学所以为人,"学者须当立人之性。仁者人也,当辨其人之所谓人。学者学所以为人。"同时,张载主张"自求自得"是学习的重要原则之一。他认为学习的外在条件是须得到朋友的帮助及教师的指导,借助于师友启迪心智增长知识,内在条件则必须经过自己的潜心思考,自求自得。他说:"譬之穿窬之盗。将窃取室中之物而未知物之所处,或探知于外人,或隔墙听人之言中,终不能自到,说得皆为是实。观古人之书,如探知于外人,闻朋友之论,如闻隔墙之言,皆未得其门而入,不见宗庙之美,室家之好。"所以,在学习时一定要自开道路,亲身实践与体验,②这样"自求自得"来的学问与知识才能是真实稳妥的。

程颢(1032—1085)、程颐(1033—1107)作为中国历史上杰出的教育家,明确提出"贵于自得"的教育主张。"二程"认为:简单的表面观察模仿、浮光掠影地学习思考不可能达成"自得","当栽培深厚,涵泳于其间,然后可以自得。"即必须经过深思熟虑地选择一个有价值的事件或问题,持之以恒地坚持研究才能取得深层次的体验和独特的收获。程颐认为读书学习是向内求,需"深思熟虑,自求自得"。他说:"为学之道,必本于思,思则得之,不思则不得也。故《书》曰'思曰睿,睿作圣。'思所以睿,睿所以圣也。""学莫贵于自得,得非外也,故曰自得。"自得是靠内心深思而来的,"大凡学问,闻之知

---

① 孙培青.中国教育史(修订版)[M].上海:华东师范大学出版社,2000:81.
② 毛礼锐.中国古代教育家传[M].北京:北京师范大学出版社,1987:203—204.

之,皆不为得,得者,须默识心通。""不思故有惑,不求故无得。"他认为深入思考则有感悟、学而思才能自明,才能自得。① 而程颢在《论学篇》也提到:"学莫贵乎自得,得非外也,故曰自得。"就是要求学生在学习过程中要通过自己的理解、感悟去明晓事理,获取知识和技能,而不是靠老师的讲解去被动地接受。老师是主导,关键还要靠学生自己的理解、探究、感悟和生发。② 另外,"二程"认为"自得"的途径是"贵一""君子之学贵乎一,一则明,明则有功""泛乎其思之,不如守约"。

朱熹(1130—1200)作为著名思想家、教育家、理学之集大成者,他对"自得"又进行了进一步阐述。

首先,在解读孔子的"古之学者为己,今之学者为人"时,引程子注:"程子曰:'为己,欲得之于己也。为人,欲见知于人也。''古之学者为己,其终至于成物。今之学者为人,其终至于丧己。'愚按:圣贤论学者用心得失之际,其说多矣,然未有如此言之切而要者。于此明辨而日省之,则庶几其不昧于所从矣。"其含义是:孔子认为,古时读书人钻研学问,是为了提高自己;而今的读书人钻研学问,却是为了证明给别人看,甚至是为了哗众取宠。他认为习的真正目的在于提高自己的道德学问,成就自己,真正实现自身的价值,而不是为了沽名钓誉。而朱熹诠释中包含他的"自得"主张,即一个人想要成就"为己"之学的过程,就是要求主体,除去私欲,不依赖外在环境的变化,积极地向内探求,求之于自身,不断进行反躬自省,从而有所体悟,有所成就,实现人生目标的自我得之的道德修养和道德实践过程。不难看出,朱熹的"自得"是在孔子的"真正实现自己、成就自己"的"自得"思想之上,又涵盖了"二程"诠释的"得之于己"的"自得"之义。其次,对于孟子的"深造自得"③之说的内涵,朱熹又有详尽的发挥,曰:"君子务于深造而必以其道者,欲其有所持循,以俟夫默识心通,自然而得之于己也。自得于己,则所以处之者安固而不摇;处之安固,则所藉者深远而无尽;所藉者深,则日用之间取之至近,无所往而不值其所资之本也。程子曰:'学不言而自得者,乃自得也。有安排布置者,皆非自得也。然必潜心积虑,优游餍饫于其间,然后可以有得;若急迫求之,则是私己而已,终不足以得之也。'"④朱熹在这里不仅对孟子的学说给出了详尽的诠释,而且还增添了他本人对于"自得"概念的深刻理解。朱熹所谓"自得",是"自然而得

---

① 毛礼锐.中国古代教育家传[M].北京:北京师范大学出版社,1987:245.
② 陈爱莲."二程"教育思想之我见[N].河南日报,2019-3-19(003).
③ 即"君子深造之以道,欲其自得之也。自得之则居之安,居之安则资之深,资之深则左右逢其原。故君子欲其自得之也。"见《孟子·离娄上》。
④ 苟小泉.陈白沙自得教育思想及其历史成就[J].西部学刊,2015(11):18—23.

之于己",意思是对于某种知识道理有自己独到的体会,不随波逐流,不人云亦云,不唯书唯上,不受环境的影响和束缚等。第三,朱熹认为"自得"学习的前提是立志。志是目的,是学习的动力,只有有了明确的目标或者"心向",学习才有意义。他说"立志不定,如何读书?""书不记,熟读可记;艺不精,细思可精;惟有志不立,直是无着力处。"又说:"立志要如饥渴之于饮食。"认为学生只有树立了远大志向,并将其体现在学习中,才能真正"自得"。在朱熹看来,教学中教师最重要的作用是引导学生自我觉悟,即引发"自得"意识。他认为,在教学活动过程中起决定作用的是学生,只有学生主动地学习,自觉地去自求、自得、自我修养,才是自我发展和自我完善的关键。且衡量教育效果的标准不是教师教了多少,而是学生是否愿意主动学习,自觉成长。所以让学生自觉追求"自得"是重点,能够调动学生的主观能动性才是教学的根本。朱熹在孟子的"居敬""持志"的基础上还进一步阐释:这是一种宁静且拥有坚定持久的志向的心态,认为"读书之法,莫贵乎循序而致精,而致精之本,则又在于居敬而持志",所以是独成一家之言、达成自得之学的境界。第四,朱熹强调学习者要做到"自得",其态度必须主动、能够"切己体察"。他告诉学生说:"读书是自家读书,为学是自家为学,不干别人一线事,别人助自家不得。"他认为,"读书须要切己体验,不可只作文字看。""读书不可只专就纸上求理义,须反来就自家身上推究。""须要将圣贤言语,体之于身"。只有"读书穷理,当体之于身"才能真正明白道理;反之,如果学习停滞于"纸上求义理""文字上做功夫""不于身心上著切体认,则又无所益。"(《朱子语类》卷九)。朱熹认为学生"学以自得"的方式有二:自修与讲习。他在论及"如切如磋者,道学也;如琢如磨者,自修也"时说:"道,言也;学,谓讲习讨论之事。自修者,省察克治理之功。"其含义是说,道学就是讲习讨论;自修,就是内心修省,克己内察。①

另外,朱熹在主持白鹿洞书院时,在行事上,要求学生做到:"己所不欲,勿施于人,行有不得,反求诸己";在教学上,注重培养学生的自学能力和治学方法,强调学生自己读书钻研,自求自得。他鼓励学生自探自究、敢辩善疑,在培养学生形象思维能力和洞察能力、综合能力的同时,使学生积极进取,敢于探索,储备开拓创新的"源头活水"。② 朱熹强调学生在学习的过程中要勤学钻研,下真功夫才能真正实现"自得"。与此同时,朱熹认为教师在教学中应遵循两个基本要求,其一是示之以始。也就是要根据学生不同的资质与潜能而成就学生,教师要以身作则,行为举止要有示范的作用,

---

① 王炳照,郭齐家. 中国教育史研究(宋元分卷)[M]. 上海:华东师范大学出版社,2000:103.
② 张华冕. 试论朱熹的书院教学思想[D]. 华中师范大学,2003.

同时,要求教师给到学生以方法,"不告以得之之妙,而告之以求之之方。"而"如博学、审问、慎思、明辨、力行之次序便是深造自得之方法。"其二是因材施教。即根据"人品之高下""材质之大小"而成就之。当教师能够运用春风化雨般的教学方法调动学生达成积极主动的"口欲言而未能,心求通而未得"思维状态时,"开其意,达其辞,促进学生的自我化解而自得"的教学目的便自然而然地达成了。① 虽然经历汉朝"罢黜百家,独尊儒术"的风气使得儒学成为为官求禄的凭借,但是,朱熹主持书院时,其教育的理想就是要求学生为了自己的道德修养而读书。他仍在"读书人的理想乃在培养一己品格与德行"上用力,继承了儒家"学以为己"的传统,阐扬了"自得"教育价值,②以"孔颜乐处"为内在修养,以"圣贤气象"作为外在人格,不断通过自我进取和努力而达成品行修养的最高境界。

陆九渊(1139—1193)是南宋著名理学家、思想家和教育家,也是宋明两代"心学"的开山鼻祖。他提出"明理、立心、做人"的教育目标,认为自己的学问是"自得、自成、自道,不倚师友载籍"(《陆九渊文集,第 452 页》)直接得益于孟子:"或问象山学从何受,象山曰:'因读孟子而自得之。'"面对乱世,他创造性地提出了"五自"精神,即自立、自重、自得、自成、自道"。其中,"自立"即要先做"堂堂的一个人"。他说"上是天,下是地,人居其间,须是坐得人,方不枉。""须思量天之所以与我者是甚底?为复是要做人否? 理会得这个明白,然后方可谓之学问。"只有明白了为什么要做一个人,要做怎么样的人,才能算是有了学问,否则,学问再多也无益。③ "自得"是认为读书人不要人云亦云,不要做思想的奴隶,要能够独立思考并有所建树,对后世的自得教育思想颇具启示意义。同时,陆九渊非常重视"辨志立志",认为这"既是一个当机立断,毫不犹豫的瞬间可为功夫,又是一个悠游自适、循序渐进的日笃此志的过程。"学习"一定是建立在自律而非他律的基础上④",所以,"自得"的重要前提是"辨志立志"。

(四)明清心学中的自得教育

陈献章(1428—1500)作为明代心学的开创者,其教育思想的核心即是"自得",认为"为学当求诸心必得",他提出的"学贵自得"教育主张,对后世学者的自得教育思想影响颇深。陈献章的"学贵自得"思想主张主要有以下几方面:

---

① 王炳照. 中国传统教育[M]. 长沙:中南工业大学出版社,1999:93—103.
② 李弘祺. 学以为己——传统中国的教育[M]. 上海:华东师范大学出版社,2017:595.
③ 罗炽,简定玉,李太平,陈会林. 中国德育思想史纲[M]. 武汉:湖北教育出版社,1998:394—395.
④ 王炳照,郭齐家. 中国教育史研究(宋元分卷)[M]. 上海:华东师范大学出版社,2000:150.

第一,所谓"自得"是一种学习、认知及实践方式,就是要求学习者在学习过程中要主动"求之内(而非外)、得之己(而并非人)"的过程。他说:"自得者,不累于外物,不累于耳目,不累于一切,鸢飞鱼跃在我,知此者谓之善,不知此者虽学无益也。"强调了学习者的主体自觉性。

第二,所谓"自得"是一种独特的读书方式,就是要求学习者在读书的过程中要以"以我观书"的心态去汲取书中的营养与精华。他说"千卷万卷书,全功归在我。吾心内自得,糟粕安用那!""读书非难,领悟作者之意,执其机而用之,不泥于故纸之难也。"其意为:读书并不难,其关键在于不拘泥于"故纸之难",而要领悟作者的意图。他在这里提出的"执其机而用之",实质就是把握书本语言表象之外的"不可言传"之"意",实现"自得"。具体而言:"学者苟不但求之书而求之吾心,察于动静有无之机,致养其在我者,而勿以闻见乱之,去耳目支离之用,全虚圆不测之神,一开卷尽得之矣。非得之书也,得自我也。盖以我观书,随处得益;以书博我,则释卷而茫然。"即陈献章主张学习者在读书过程中不仅要重视书本,更要体悟不可言传之"意"。因为当学习者能够体悟到作者的真实意图时,那么文字便不再是文字了,而是一个"自得"的"我"。所以"以我观书"的读书方法就是以追求自觉、体悟,从而实现"自得";反之,便是"以书博我",其结果是"释卷而茫然"。其关键在于要从书中获取"真意",但是又不能"唯书"是从,而是追求"以我观书"的"自得"。[①]

第三,所谓"自得"不仅是为学之方,更是人生修养之道。他指出:"忘我而我大,不求胜物而物莫能挠。孟子云:'我善养吾浩然之气。'山林朝市一也,死生常变一也,富贵贫贱、夷狄患难一也,而无以动其心,是名曰'自得'。"同时,他认为:"士从事于学,功深力到,华落实存,乃浩然自得,则不知天地之为大,死生之为变,而况于富贵贫贱、功利得丧、屈信予夺之间哉!"[②]可见,人格独立、精神丰富以及不为世俗虚名外利所累的人生气度是"自得"的最终追求。

另外,陈献章认为,"自得之学"是对见闻知识的超越,是情与理的高度融合,是自然真乐的学习。"读书不为章句缚""鸢飞鱼跃,其机在我"。他的"自得之学"不仅仅源于孔孟儒家"自得"传统,也融合了道家、魏晋玄学的"自得"教育之道,是对儒家"自得"教育思想的发扬光大,对王阳明等人的"自得"教育思想影响巨大。[③]

---

① 郝敏.陈献章"自得之学"思想研究[D].曲阜师范大学,2011.
② 苟小泉.陈白沙自得教育思想及其历史成就[J].西部学刊,2015(11):18—23.
③ 苟小泉.陈白沙自得教育思想及其历史成就[J].西部学刊,2015(11):18—23.

王阳明(1472—1529)不仅是宋明心学集大成者,更是思想家、教育家,其"自得"思想有着深厚的儒学渊源。他认为教育根本之取向就是以成就自己的德行为目的,着力处全在于内在"自得",而非外在的功名利禄。他在继承先儒"自得"思想的基础上,结合自己的研究与阅历,提出"自得之学"。其含义有三:一是学习者要自我化解而得之,而不是靠别人"点化",更不能被包办代替。教育者的作用是"点化",但归根结底还得由学生自己消化,否则,即便教师"点化"再多,学习者也"消化"不了,终究不能成为自己的"所得"。二是学习者要主动自觉地追求有所得,而不是迫于外部压力,被动而为,不得不学。三是要得之于己。即最终要把学到的东西变成自己的东西,这就是自得之学的目的所在。王阳明教育理论核心就是使学习者达到"致良知""明人伦"的目的,强调要引导学习者学习贵于"自求自得",认为"自得"是省思之得、体验之得、实践之得。① 而若要做到自求自得,学习者须在以下几方面着力:

首先,学习者须立志与勤学。王阳明十分强调立志的重要性,认为学习者为学、修身、成事,立志都是根本所在,"立志而学问过半矣",指出:"立志者,为学之心也;为学者,立志之事也。"②只有立定志向,方能勤学不倦,也必然会勤学不倦。而无志向的人"譬如一块死肉,打也不知痛痒,恐终不济事"。所以,他认为:"志不立,天下无可成之事。"可见,立志是为学的基础和前提,而勤学的重要性也不言而喻。他说:"已立志为君子,自当从事于学,凡学之不勤,必其志之尚未笃也。"他要求学习者"不以聪慧警捷为高,而以勤确谦抑为上",而所谓"勤学"不仅指读书学习知识,也包括品行修为的养成。其次,学习者要"各得其心",独立思考。王阳明认为,自得不是得之于口目,而是得之于心。他说:"君子之学,求以得之于其心。""夫君子之论学,要在得之于心。"就是我们常说的:教育就是要启迪学习者的良知,要使学习者自己得到真切的体验,他提倡的"静处体悟"与"事上磨炼"都是自求于心的方法。再次,学习者要有敢于质疑与批判的精神,不盲从书本,不迷信圣贤。王阳明认为自求自得的前提是质疑与批判。他说:"众皆以为是,苟求之心未会焉,未敢以为是也;众皆以为非,苟求之心而有契焉,未敢以为非也。""夫学贵得之心,求之于心而非也,虽其言出于孔子,不敢以为是也,而况其未及孔子者乎! 求之于心而是也,虽其言之出于庸常,不敢以为非也,而况其出于孔子者乎。"③可见,敢于质疑不盲从、独立思考有主见,是自求自得的重要方法。从次,学

---

① 曲丙燕.论王阳明的自得之学[D].华东师范大学,2017.
② 周德昌,陈汉才,王建军.中国教育史纲[M].广州:广东高等教育出版社,1998:137.
③ 王炳照,郭齐家,刘德华,等.简明中国教育史[M].北京:北京师范大学出版社,1994:192—193.

习者主动体验,"自家化解"。王阳明非常赞赏孟子所言:"君子深造之以道,欲其自得之也。自得之则居之安,居之安则资之深,资之深则左右逢其源,故君子欲其自得之也"的道理,认同只有"自得"才能左右逢源。但是,他更强调只有"自家解化"才是"自得"之学要义。他说:"学问要点化,但不如自家解化者,自一了百当。不然,亦点化许多不得。"①最后,要求学习者身体力行,"知行合一"。王阳明认为,欲自得,学习者的"知"与"行"则须链接紧密,不可分割。"知中有行,行中有知","知是行的主意,行是知的功夫;知是行之始,行是知之成。若会得时,只说一个知已自有行在,只说一个行已自有知在。"无论是学问修习还是德行养成,"知"与"行"都是同一过程中的两个方面,"知""行"统一并进,认知与实践相互促进,缺一不可。②

王夫之(1619—1692)是明末清初早期启蒙思想家和教育家,强调教育在人的发展中的决定作用,教师应该对学习者严格要求,但是学有所成的关键是学习者自己"自勉乐为,自修自得"。他说"教在我,而自得在彼。"若要"自得",首先须"自勉"。他认为"学者不自勉,而欲教者之俯从,终其身与不知不能而已矣。"所谓"自勉"其意为学生自己应该高标准严格要求自己。若要"自得",其必须"自修"。他提出"有自修之心则来学,而因以教之。若未有自修之志而强往教之,则虽教无益。"③即学习者有主动自主的意愿,学习才会有积极效果,否则,教也没有作用。

综上所述,"自得"就是中国传统教育中的"学以为己",其目的不是为了炫耀于人,或是求取功名利禄,而是直接指向学习者的内在获益和身心成长;"自得"又是一种非常重要的思想方法和为学方式,是借由直觉、体验而主动领会、自然悟得,是由独特的"亲在性"觉知而获得,强调反观自身,非由他人指教、灌输,意味着"得之于心、于己有得、由自己得";"自得"的终极意义与价值乃是学习者拥有至情至性、悠游自在的状态,是在学习过程中浑然忘我、自得其乐的自如洒脱,更是反求诸己、躬身践行所形成的独立人格及自适自洽的精神境界。④

第二节 外国教育史中的自得教育及相关论述

自得教育思想以"教育应提升孩子的生命质量,让每一个孩子发现自我,绽放出生

---

① 罗炽,简定玉,李太平,等. 中国德育思想史纲[M]. 武汉:湖北教育出版社,1998:483—488.
② 张惠芬,金忠明. 中国教育简史[M]. 上海:华东师范大学出版社,1995:296—299.
③ 毛礼锐. 中国教育史简编[M]. 北京:教育科学出版社,1984:226.
④ 曲丙燕. 论王阳明的自得之学[D]. 华东师范大学,2017.

命的精彩"为主旨,尊重学生的个性,鼓励并引导学生认识自己,在实践中体验、磨砺、张扬个性,从而实现自我教育、自我成长。追溯国外的教育思想,自得教育思想站在巨人的肩膀上,吸收了某些教育理念的精华,在实践中发扬光大。

一、以儿童为中心:国外生本教育原则的确立

(一) 古希腊时期苏格拉底的"认识你自己"

"认识你自己",这是一条镌刻在德尔斐的智慧神庙上的箴言。也许是受到这条古老的格言的启示,苏格拉底提出了"认识你自己"的观点。他认为"认识你自己"是一个人一生中最重要的。"认识你自己"构成了苏格拉底的基本哲学主张。认识你自己,就要认清自己的能力,知道自己适合做什么,不适合做什么,长处是什么,短处是什么,从而做到自知,在社会中找到自己恰当的位置。① 除此之外,还要善于认识别人,鉴别别人,通过认识和鉴别别人而认识自己。

那么,如何认识自己呢？这种自我认识应该从哪里着手呢？苏格拉底认为应当从区分好与坏、善与恶这些概念入手。他认为,善的理念不是一种外在于人的理性并强加于人的东西,而是合乎人的理性、内在于人的灵魂的东西,是理性本身的必然要求。因此,认识自己就是认识自己的理性,"照看自己的灵魂"是可以通过不断地自我反省或回忆来达成的。同时,苏格拉底认为,知识、智慧和道德具有内在的直接的联系,人的行为之善恶,取决于他是否具有相关的知识,只有知道什么是善,什么是恶,人才能趋善避恶。从这一点出发,苏格拉底明确指出,"美德就是知识",并且"美德可教",他所倡导的产婆术,就是教育的方法。通过这种方法,受教育者得以回忆起灵魂深处的知识。产婆术的特点在于,不将现成的结论强加于学生,而是通过不断提问诱导学生认识并承认自己的错误,自然而然地达到正确的结论。问和答的双方基于平等的地位进行讨论,学生必须独立思考,不能囫囵吞枣地背诵别人的结论。

对当代教育者而言,"认识你自己"仍然有着独特的意义,尤其是在现代人际关系领域中,人与人之间的关系已丧失了坦率的、符合人性的特征,而蜕变成了"一种两个抽象的、两个活机器之间相互利用的关系",每个人彼此之间都成了赤裸裸的相互利用、相互倾轧关系,都把对方视为实现自己目标的手段。不仅人与人之间缺乏爱和理解人,也无法体验到真正的自我,人与自身已相分离。如果人已不再是活生生的人而

---

① 刘海燕.当代中国与苏格拉底的"认识你自己"[J].教育理论与实践(学科版),2006(3):4—5.

成为一件待价而沽的商品,这样他必定丧失自我意识,完全以市场价格来衡量自身的价值,人自己不能决定自己,而要由外物、由他人来裁决。他的人格塑造、学习内容、努力方向等完全取决于市场风向。正是在这种情形下,教育的任务被理解为传授知识,培养知识人。在人们探寻知识、使用知识的过程中,由于缺乏"善"的理念的引导,往往会使知识成为一匹脱缰的野马,为所欲为且无所不为,于是教育所培养的只是知识人,不是具有丰满人性的立体的多维度的人。① 在现代教育危机之下,重庆三十七中坚持,教育的出发点是人,教育的归宿也是人,教育的本质是关注人的生命存在——关注人的价值,关注人性的完善和人的全面发展。不难发现,重庆三十七中以文化为引领,以德育活动为载体,把大量机会还给学生,从而让学生发展有了无限可能。

(二) 进步主义教育时期儿童中心论的发展

"进步主义教育"指产生于19世纪末并延续到20世纪50年代的美国的一种教育革新思潮,其教育理论源自卢梭、裴斯泰洛齐和福禄贝尔等人的教育思想,并深受现代科学,尤其是生物科学和进化论的影响。在这一时期,心理学家、教育家和生物学家掀起了一场儿童研究运动,主张重新认识儿童,以儿童为中心,解放儿童的天性。进步主义教育理论的"实验室"主要是美国的公立学校,这些学校关注普通民众的教育,以儿童中心论为教育信条,注重学校的民主化问题。无论从理论层面还是实践层面,进步主义教育运动都确立和巩固了儿童的中心地位。

1. 理论层面上儿童中心地位的确立

在现代儿童观念形成之前美国人的儿童观经历了一个显著的变化过程。17世纪,在美国较为盛行的是"福音派的加尔文主义"儿童观,这种观点认为儿童生来是有罪的,因此要求家长严厉地对待儿童。到18世纪一种较为温和的态度逐渐占据上风,人们逐渐将幼儿视为天真无邪却容易堕落的个体,在家庭中,父母开始更多地强调"爱与责任"而非"爱与敬畏",对儿童的养育注重"理性、节制与人类意志的自由"。到了19世纪,成人对于儿童的态度发生了深刻变化;到了1900年,此前认为儿童生来有罪或容易堕落的观念转变成一种现代的"儿童崇拜",儿童越来越被浪漫化和情感化。这些转变与进化论的传播和现代科学的发展有着直接联系。达尔文的学说在美国的传播带来了从生物学角度审视儿童的新视角,其本人对儿童长期的观察与记录,极大地启发了教育界人士,并促成将"实证"方法引入教育当中。1880年,赴德国留学归来的

---

① 吴艳."认识你自己":教育现代性危机的超越[J].福建师范大学学报(哲学社会科学版),2010(6):147—151.

斯坦利·霍尔(Stanley G. Hall)在波士顿的公立学校进行调查,以了解当年9月刚入校的儿童所能说出的普通动植物的数量,这一调查被认为是美国儿童研究运动的开端。霍尔的调查结果令人大失所望,接受调查的大部分儿童表现出令人惊讶的无知。基于调查结果,霍尔指出,教师及其他成年人对儿童状态的无知以及错误的教育方法导致了教育结果的失败,因而他倡导展开教育研究。

1894年,弗兰西斯·帕克(Francis W. Parker)的演讲集《关于教育的谈话》(*Talks on Pedagogics*)出版。在书中,他将儿童比作是"上帝所有造物中的高潮与顶点",并宣称,"所有教育活动的中心都是儿童"。由于帕克在当时美国教育界中的地位举足轻重,他的教育理论和实践都产生了很大影响。帕克批判了长期在美国学界占据支配地位的赫尔巴特学派的观点,他认为,赫尔巴特最大的错误在于缺乏对于儿童天性与自发活动的认识,而未能理解儿童是最根本的损失,未能鉴别学龄儿童的心理活动是巨大的错误。帕克认为,学校不应当强迫儿童死记硬背,儿童本就具有学习的本能,"幼儿之所以能开启这些学习,是因为他情不自禁,他的本性驱使着他。"因此,帕克认为,教育活动要以儿童为主体,教师应当密切注意每个学生的心理状态,以便判断应当立刻提供的材料和条件。

进步主义教育运动中的重要思想家杜威(John Dewey)认为正在发生着的进步主义教育运动是一种变革、一场革命,以儿童为中心的变革是一场类似于哥白尼把天体的中心从地球转到太阳那样的革命。在这种情况下,儿童变成了太阳,教育的各种措施围绕着这个中心旋转,儿童是中心,教育的各种措施围绕儿童而组织开展。一方面,杜威的学说中含有儿童中心论的因素,他肯定儿童是"自我活动的存在",但同时他也指出,儿童中心论的危险,即"将儿童现在的能力和兴趣本身看作是具有决定性的东西"。杜威认为,教育活动的中心并不是儿童任意的自发倾向,而是那些能够为儿童与社会的联结助力的社会性活动。

2. 实践层面上儿童中心地位的确立

在实践层面,进步主义教育思想家在学校开展教育改革实践,围绕儿童主体,展开教育活动。

(1) 约翰逊的有机教育学校

约翰逊(Marietta Johnson,1864—1938)是美国教育家,进步教育协会的创始人之一。1907年,她在亚拉巴马州的费尔霍普创办了费尔霍普学校,该学校以"有机教育学校"而闻名。约翰逊之所以称她的教育方法是"有机的",因为这些方法遵循学生的自然成长。学校的目的在于为儿童提供每个阶段所必需的作业和活动;她主张以一般的发展而不是获得知识的分量来调整学生的分班,根据学生的年龄来分组,称为"生活班"。约翰逊的有机教育学校的课程计划以活动为主,依靠活动扩大儿童的视野。这种活动继续在家庭中开展,儿童基于兴趣和需要进行探索。遵循这种自然生长的途径,凭借儿童自己的求知愿望,教师再将他引导到读、写、算、地理等正规课程的学习。强迫的作业、制定的课文和通常的考试都被取消,并由体育活动、自然研究、音乐、野外地理、讲故事等活动取代。

(2) 帕克赫斯特的道尔顿制

帕克赫斯特(Helen Parkhurst, 1887—1973)是美国教育家,道尔顿制的创始人。1920年,她应邀到马萨诸塞州道尔顿市的道尔顿中学实施教学计划,成绩显著,遂将其教育方法命名为"道尔顿实验室计划",简称"道尔顿制"或"道尔顿计划"。道尔顿制是一种个别教育制度,帕克赫斯特批评班级授课制使学生处于被动地位,个别学生差异得不到应有的照顾,因而她提出以下主张:第一,在学校里废除课堂教学,废除课程表和年级制,代之以"公约"或合同式的学习,即把各科一年的课程划分为分月的作业大纲,学生以公约的形式确定自己应完成的各项学习任务,然后学生根据自己的需要自学。学习进度快的学生可提前更换公约,能力差的学生不必强求一致。第二,将各教室改为各科作业室或实验室,按学科性质陈列参考用书和实验仪器,供学生学习之用。各作业室配有该科教师一人负责指导学生。第三,用"表格法"来了解学生的学习进度,增强学生学习的动力,亦可使学生管理简单化。道尔顿制的两个重要原则是自由与合作。要使儿童自由学习,允许他们根据自己的需要安排学习,养成独立工作的能力。它还强调师生之间、生生之间的合作,以培养学生的社会意识。

这些20世纪初在美国学校开展的教育实验,在世界也产生了很大的影响,促进了世界各国的教育革新。

(三)"以儿童为中心"教育原则与自得教育思想的关系

课堂是学校教育的主阵地,是一切教育活动的基础。重庆三十七中坚信学生是课堂的主人、学习的主人,课堂应该是学生合作、探究、展示、创新的乐园。在重庆三十七中的课堂上,老师用问题引导把学生代入情境,让学生成为课堂的主人,成为学习的主人,这样氛围活跃、设计独到的课堂无论在哪个年段、哪个学科都随处可见。

同时,自得教育思想也吸取了杜威对儿童中心论的批评,在重视发挥学生主体性的基础上,也注意对学生的引导,不盲目地发展学生的兴趣。在探索中,重庆三十七中从最开始学习他人实践的小组合作学习、导学案编写,到后来具有独创性的"四主五环高效课堂教学模式",发展到现在的"1+X"多元课堂,三十七中始终围绕"学业自为",致力于学生自学能力的培养。"四主"指以"教师主导、学生主体、课堂主动、活动主线"作为"自得教育"的4条教学原则;"五环"则指以"目标导向—预习奠基—合作解疑—展示提质—评测达标"作为"自得教育"的五步教学环节。

身在课堂,但思维和视野都不局限于课堂,这样的"宽度"让学生不断体验、领悟,接受新知,达到"学会"与"会学"的高度统一,这样的课堂,充满温暖与活力,充分激发学生的创造力。

二、人的全面发展:国外和谐教育理念的演进

(一)柏拉图的和谐教育观

柏拉图是古希腊伟大的哲学家和教育家,他的《理想国》蕴含了丰富的哲学思想和先进的教育理念。在《理想国》中,柏拉图阐述了青少年和谐发展的教育思想,目的是培养具有智慧、勇敢、节制、正义高尚和完美品质的城邦护卫者。在柏拉图的教育理念中,完善的人应该达成心灵与肉体的和谐、激情与理性的和谐以及德与智的和谐。

一个完善的人必定是心灵既美且善,身体强壮无比的。苏格拉底认为"美德即知识",认为人只有心灵充满知识才能变得有智慧,才能成为城邦所需要的真正护卫者。柏拉图在继承老师苏格拉底的基础上,进一步将苏格拉底的思想发展,认为只有心灵和肉体的和谐教育才能培养城邦的护卫者。而要达到心灵和肉体的和谐,柏拉图认为最好的教育方法是"用体操来训练身体,用音乐来陶冶心灵"。他认为音乐教育可以使心灵至美至善;体育锻炼的目的在于锻炼健康的身体和训练勇敢的品质;通过音乐和体育教育,从而达到心灵与肉体的和谐状态。

柏拉图认为,激情(即意气和欲望)是人天性中存在着的,是人心灵的重要组成部分,但如果不加控制,这种激情就会变得粗暴和野蛮,因此必须用理性对激情进行引导。为了协调激情与理性之间的关系,柏拉图认为需要处理好音乐和体育之间的关系,同时学习这两者,学习者才能变得温文而勇敢。除了这两门学科以外,柏拉图认为还需要学习数学、天文、几何等学科,他尤其强调学习辩证法,他认为辩证法可以把人的灵魂引向真理。通过辩证法的学习,使人至善至美,洞察理念,掌握真理,富于理性,柏拉图的理性教育才算结束。

除了充满激情、富于理性,柏拉图所认为的完善的教育还需要处理好德性与智慧

的关系。在《理想国》一书中,柏拉图将世上的人分为三等:统治者、军人和平民,上天分别在他们身上加入了黄金、白银、铜和铁等不同金属。正是因为他们的先天禀赋不同,他们所需要的德性和知识也不相同,只有三个阶级的人各司其职,即统治者用智慧管理国家,军人以勇敢精神保卫国家,平民用节制服从统治者的意志,国家才是正义和幸福的。因此对于这三种不同阶层的人,应采取不同的教育措施。

柏拉图的教育思想中虽然有不符合现代社会发展的一面,但他提倡教育者应当注重心灵与肉体、激情与理性以及德与智之间的和谐,对现代教育仍有非常深刻的影响,警惕教育者不要厚此薄彼,全面发展的人才是完善的人。

(二) 夸美纽斯的自然教育人学思想

夸美纽斯是捷克著名的教育改革家和思想家,他的自然教育思想对后世教育影响深远。在夸美纽斯的视野中,自然教育人学是指探讨自然教育与人性和人的本质关系、回答如何促进人的发展的学问。具体地说,它包括两个层面:教育与人的生成和教育与儿童自然本性的发展。

夸美纽斯分析了教育与人的生成的关系,强调每个人的生成都离不开教育,都有受教育的必要性。首先,教育能够促进人的"种子"由潜能变为现实。因为知识、德行和虔信的种子是与生俱来的,但它们不是现实的知识、德行和虔信。它们由潜能变为现实,依赖于祈祷,依赖于行动,更依赖于教育。因为人要成为一个人的前提是受过恰当教育,唯有如此,人才能成为社会所需要的人。其次,教育对于每个人都是必需的,无论是愚蠢的人还是聪明的人,都必须受教育。前者可以通过教育摆脱本性中的愚蠢,后者可以通过教育摆脱"无用的、稀奇的、有害的事情",使活泼的心理得到健康的发展。

在夸美纽斯的视野中,儿童的自然本性是教育的立足点,也是教育的中心和基础。儿童的自然本性蕴含着儿童的"小宇宙",儿童的心灵是思想的加工厂,指向如下几方面:①儿童是理性的动物;②儿童是一切造物的主宰;③儿童成为造物主的形象和爱物。他还坚信儿童生来就是有渴求知识和美德的不可遏制的意向,需要给予满足和培养。在这里,儿童的自然既是一个现实的概念,也是一个理想的概念,前者要考虑儿童与生俱来的东西,后者要考虑儿童潜在能力生来就具有的倾向,这是任何一种自然教育的基本理念和基本要求。在夸美纽斯那里,儿童的自然本性具有至上性,教育教学只有适应和遵循它,才能获得成功。作为自然的仆人而不是自然的主人,教师的使命不是改变,而是培植。所以,假如要使学生的智力不受到抑制,那么,教学就不能违背学生的意志,强迫他们去学习任何学科,尤其是不能学习与学生天性不相契合的学科。

因而,夸美纽斯基于自然教育人学思想,强调教育教学应发挥学生的主观能动作用,彰显学生的主体性。首先,教师应当鼓励学生自己去看、听、摸、嗅、尝,去获得一切知识,发展自己的心灵。夸美纽斯对当时的学校教育模式损害学生主体性的做法提出了批评,指出学校没有耐心去开发潜伏在学生身上的知识源泉,而是教学生用别人的眼睛去看,用别人的思想使自己变聪明。要改变这种状况,使自己变聪明,主要靠自己的力量领悟一切,奋力前进。第二,教师应当激发学生的求知欲和兴趣。夸美纽斯反对强迫教学,倡导兴趣教学,以激励学生的主体性。对儿童而言,教师不能强迫他"静听",否则会扼杀儿童的兴趣,因为强迫的教学是失败的开端。每个儿童都可以被激励着学习,如果他对学习感兴趣的话。所有儿童都想学习,这是内在的先天条件。他主张实施兴趣教学,用一切可能的方式激发学生的求知欲与求学的欲望。教师的教学是温和的、合乎学生的年龄和特征。第三,教师能够用美好的事物吸引学生,使学生在愉快的氛围中学习。在夸美纽斯看来,人心所固有的天性就是对美好事物的爱好,给儿童"尝一尝美好的事物,你就会看到他多么快速地被吸引住,因为追求任何一种善乃出自天性。使他体会到困难不是不可克服的,他就能立即开始工作。教师对所教的功课,如果能向学生证明它的"美好、有用、快意",[1]你就能引发学生对功课的兴趣和真正爱好。

(三) 苏霍姆林斯基的和谐教育思想

著名的苏联教育家苏霍姆林斯基提出了和谐教育的思想,在他看来,教育领域有着千丝万缕的各种关系,它们相互依从、相互制约,"和谐"地处理这些关系,便能在培养"全面而和谐发展的人"的伟业上事半功倍;教育事业中,也有难以尽数的冲突、对立、矛盾,"和谐"地缓解冲突、消除对立、解除矛盾,才能达到"人的全面和谐发展"的总目标。

在教育方针上,苏霍姆林斯基强调功利与人本两因素之间的和谐。他并不否认这两个目标各自的现实性和部分的合理性,但他批评这两个目标的短视性、功利主义和实用主义性质,以及二者各执一端的片面性。因而他提出更高的教育理想和培养目标应当是:造就全面和谐发展的、勇于创造和精神充实的合格公民与幸福个人。而在教育目的上,苏霍姆林斯基强调"天赋开发"与"全面发展"之间的和谐。苏霍姆林斯基认

---

[1] 刘黎明.论夸美纽斯的自然教育人学思想[J].武汉科技大学学报(社会科学版),2020(6):668—677.

为,"全面发展"是一个历史性、相对性、开放性、现实性范畴,它本身就包含了"天赋开发",二者是一般与特殊、共性与个性的关系,是互动互促的关系。因此,教师应当引导学生于其天赋所在的领域中去充分表现自己并取得成功,由此形成自尊、自信、自豪感。在此基础上,借助情感动力迁移规律,推动其薄弱方面的发展,最终达到全面发展。

在教学实践上,苏霍姆林斯基主张课堂学习与精神生活之间的和谐。"精神生活",这是苏霍姆林斯基"和谐教育"体系中的一个不可或缺的范畴。何谓"精神生活"?苏霍姆林斯基曾从多个角度来说明精神生活的含义:1. 从"全面发展"的角度看,人的精神生活意味着在积极的活动中使德、智、体、美、劳诸方面的需要和兴趣都得以形成、发展和满足。例如苏霍姆林斯基就道德需求指出,人在智力、能力上的差异是客观存在的,然而通往道德发展顶点的道路对任何人都开放着,这里有毫无限制的平等,这里每个人都可以成为大写的"我",成为独一无二的人。2. 从"发掘人的天赋才能"的角度看,学校精神生活的含义就在于:必须尽力创设充分的条件,以使每个人的天赋特长都被激发出来;因而学校的精神生活应当是多方面的,以便于每个学生都能找到展示、表现、确立他的潜在力量和创造才能的场所。3. 从智育的角度看,学校的精神生活表现为各种智力兴趣的激发、发展和满足,表现为知识在实践中的积极运用,智力财富在集体中的交流。总之,要让德、智、体、美、劳与个人天赋特长有充分表现的时空和余地。另外,苏霍姆林斯基强调课堂教学与大自然刺激的和谐。就当代学校而言,一般习惯于把孩子关在学校里学习而远离大自然。苏霍姆林斯基则抛弃此项传统和积习,充分利用大自然这个用之不竭的教育资源。他独树一帜:在春秋两季,低年级(小学阶段)学生几乎三分之一的课都移到大自然中去上,在大自然中办"蓝天下的学校",办"快乐学校";一至八年级(小学和初中阶段)学生都在大自然中上"思维课"。[①]

最后,苏霍姆林斯基的和谐教育理论强调教师素质与育人事业的和谐。在苏霍姆林斯基看来,教师的素质可以列举许多方面,但其中当居首位的应是"把整个心灵献给孩子"。其次,教师要有以人为本,正确处置人与物、主体与客体之关系的素质。坚持以儿童为中心,而不能以教材为中心。再次,教师要具备复合型素质,即成为实践型研究家与研究型实践家兼为一身者。要既充当教育科学与教育实践二者间的中介人,又充当教育科学规律的直接探索者,从而做到:对学校的领导,首先是教育思想上的领

[①] 王义高. 和谐教育——苏霍姆林斯基的"和谐教育"核心思想解读[J]. 比较教育研究,2008(4):42—47.

导,其次才是行政上的领导。同时,教师还必须具备敢于创新、敢于突破、善于实施"和谐教育"的素质。

(四)和谐教育理念与自得教育思想的关系

重庆三十七中人历经60余年的接力,确立了"自得"文化体系,强调亲身的体验性,主张学生发展自我的主体性,张扬个体的创造性,谋求个人的反思性,最终达成"与万物浑然一体"而又洞照其间的意向性。"自得"作为学校文化的核心,衍生出了"激扬生命,得法自然"的办学理念、"同舟共济,德业自馨"的校风、"迷津问渡,启悟自行"的教风和"百炼成钢,互学自成"的学风。在此基础上,学校围绕立德树人的根本任务及"自得文化"关于育人立人的核心要求,立足重钢历史,弘扬义渡精神,传承三校血脉,提炼出了"两翼三阶七素养"的自得德育体系,以提高学生的自主学习力、自主生活力、自主管理力,逐步实现"个性绽放,乐于自得"的育人目标。"两翼三阶七素养"即:育德两翼(课堂教学育德为一翼,课外活动育德为一翼)、成长三阶(一阶自行,以体验为基石;二阶自省,以唤醒为要义;三阶自成,以成长为方向)、七维素养(从忠、善、和、真、美、健、法七个维度培养学生的素养)。学校调动全员力量,做好顶层设计,分级、分类、分层完善自得德育校本课程体系,将"两翼三阶七素养"落到实处。

以自得教育思想为引领,学校开展了序列化的德育课程、自主化的学科选修课程、特色化的艺体课程、实践化的社团课程、生活化的综合实践课程,促进学生德智体美劳全面发展,这一教育思想与实践和和谐教育思想中注重学生个性、推动学生全面发展一脉相承。

第三章 自得教育的理论基础

自得教育体系不仅是学校实践经验的总结,还是丰富理论指导下学校师生面对新时代教育要求与挑战的理论探索与创新。在教育史上,诸多理论中蕴含着自得教育的精神内涵。概言之,自得教育的理论基础主要包括培养目标、学生学习与教师教学三个方面的理论。

第一节 自得教育培养目标相关的理论基础

在培养目标方面,自得教育对多元智能理论、人的全面发展、"生命·实践"教育学的核心内涵进行了吸收与改造,构建了"忠、善、和、真、美、健、法"七维素养育人目标,聚焦学生共性与个性、主体性、主动性、意志与耐力以及潜能与生命价值的培养。

一、多元智能理论

> 如果我仅是简单地说明人类拥有不同的才能,我的理论就不会引起争议,我的作品也不会引起注意。但是经过深思熟虑,我做出决定把这个理论称为"多元智能":"多元"用于强调,一个有关人类多种互相分离的能力的未知数量,涉及从音乐到自我认知等智能;"智能"则用来强调上述智能与智商测试所得的能力同等重要。[1]
>
> ——[美]霍华德·加德纳

---

[1] Howard Gardner. Multiple Intelligences: The Theory in Practice [M]. New York: Basic Books, 1993: xi - xii.

人类智能现象,一直是心理学研究的热点。不同的学者对智能有不同的定义。如推孟(Terman)认为,智能是抽象思考的能力;佛格森(Ferguson)认为,智能为一个人可以从一个情境到另一个情境的转移学习积累经验的能力。罗宾逊(Robinson)认为,智能可分为育人智能和多元智能。

概括来说,智能理论存在"一元智能"与"多元智能"两个派别。传统的"一元智能"认为,智能是以整合方式存在的能力,以言语能力和数理—逻辑能力为核心。"多元智能"是对"一元智能"批判与发展,以哈佛大学心理学家加德纳为主要代表。

关于智能的定义,加德纳不断地进行了修正与完善。他在1983年出版的《智能的结构》(Frames of Mind: The Theory of Multiple Intelligences)中,首次提出多元智能的概念,指出智能是"在一种或多种文化背景下,个体解决问题的能力或创造出在某种文化有价值的产品的能力"①。十年后,加德纳出版的《多元智能》一书中,智能被定义为"在一个或多个文化背景中被认为有价值的、解决问题或制造产品的能力"②。在《智力的重构》(Intelligence Reframed)一书中,他又将智能定义为"个体处理信息的生理心理潜能,这种潜能可以在某种文化背景下被激活以解决问题或创造出在一种文化中有价值的产品"③。在经历过精确的定义后,加德纳又在2006年出版的《多元智能新视野》(Multiple Intelligences: New horizons)中,将智能定义为"一种信息运算能力及处理某种类型信息的能力,源自于人类生物学和人类心理学的能力"④。也就是说,加德纳强调了智能中的信息处理能力。

在人类智能发展轨迹的基础上,加德纳从生命科学、逻辑分析、发展心理学与传统心理学等领域制定了判断智能的八大标准,并根据这八大标准提出了多元智能理论,即个体身上存在着相对独立,且与特定的认知领域与知识领域相联系的八种智能。

第一,语言智能(linguistic intelligence)。 语言智能指的是"对语言文字的掌握能

---

① Howard Gardner. Frames of Mind: The Theory of Multiple Intelligences [M]. New York: Basic Books, 1983.
② [美]霍华德·加德纳. 多元智能[M]. 沈致隆,译. 北京:新华出版社,2003:92.
③ Howard Gardner. Intelligence Reframed: Multiple Intelligences for the 21st Century [M]. New York: Basic Books, 1999:34.
④ Howard Gardner. Multiple Intelligences: New Horizons [M]. New York: Basic Books, 2006:13.

力"①以及"与对口头语言和书面语言的敏感性、语言习得的能力和运用语言实现这一目标的能力有关"②。人类的语言智能具有发展阶段和个体的差异性。具体来说,主要表现为语言在复杂程度、描述的准确性以及表达方式方面存在差异。除此以外,有的人擅长运用语言表达情感,有的人擅长语言的语法句法等,还有人擅长阅读,同时也有人学习第二语言比较困难,也有人精通多门语言。简而言之,语言智能是人对语言文字的掌握能力,具有发展阶段和个体差异性。

第二,逻辑—数理智能(logical-mathematical intelligence)。逻辑—数理智能指的是"数学和逻辑推理的能力以及科学分析的能力"③,"与合乎逻辑地分析问题、进行数学运算以及科学的调查问题的能力有关"④。逻辑—数理智能不是源于大脑的控制听觉与发声的神经区域,而是儿童在面对对象世界时把数量关系与物质世界脱离所进行的纯数学的高级运算和抽象理解的过程。

第三,音乐—节奏智能(music-rhythmic intelligence)。音乐—节奏智能指的是"涉及表演的技巧、音乐作品的创作能力和欣赏音乐作品的能力"⑤。音乐—节奏智能是独立于其他智能存在的,如自闭症儿童或者脑损伤病人可以拥有突出的音乐—节奏智能。音乐—节奏智能的核心能力之一是作曲能力,支撑作曲家的核心能力是其在音乐领域的符号系统非常发达。

第四,视觉—空间智能(visual-spatial intelligence)。视觉—空间智能是"在脑海中形成一个外部空间世界的模式并能够运用和操作这种模式的能力"⑥。它的主要特征是对广阔空间的模式以及对某种被限定空间的模式的辨认和操纵。航海者、地质工作者、建筑设计师等是在视觉—空间智能方面较强的人。加德纳还指出,视觉—空间智能很大程度上依赖视觉完成,但是盲人却因其拥有强大的触觉系统而弥补其视觉—空间智能的不足。

第五,身体—运动智能(bodily-kinesthetic intelligence)。身体—运动智能指的是

---

① [美]霍华德·加德纳.多元智能[M].沈致隆,译.北京:新华出版社,2003:8.
② Howard Gardner. Intelligence Reframed: Multiple Intelligences for the 21st Century [M]. New York: Basic Books, 1999:40.
③ Howard Gardner. Intelligence Reframed: Multiple Intelligences for the 21st Century [M]. New York: Basic Books, 1999:40.
④ Howard Gardner. Multiple Intelligence: New Horizons [M]. New York: Basic Books, 2006:19.
⑤ Howard Gardner. Intelligence Reframed: Multiple Intelligences for the 21st Century [M]. New York: Basic Books, 1999:40.
⑥ [美]霍华德·加德纳.多元智能[M].沈致隆,译.北京:新华出版社,2003:8.

"运用整个身体或身体的某个部位(比如手或嘴)去解决问题或创造产品的能力"[1]。身体—运动智能是由大脑神经皮层控制[2]。不同的人群在这个方面表现出明显的差异,其中,舞蹈家、运动员、哑剧表演员、外科医生等就是典型的身体—运动智能较强的人。

第六,内省智能(intrapersonal intelligence)。内省智能指"涉及自我理解,有效处理自我欲望、恐惧、能力的模式,以及运用这些信息高效地调节自己生活的能力"[3]。加德纳尤其看重内省智能中的情感生活智能,它在一个人的生命历程中作出决定时起到重要作用[4]。内省智能包括两个方面,一方面是个体全面深入地认识与理解自己的能力,另一个方面是自身处理个人问题并作出决定的能力。

第七,人际交往智能(interpersonal intelligence)。人际交往智能指的是"一个人理解他人意图、动机和愿望并因此与他人有效合作的能力"[5],也就是"理解他人的能力"[6]。推销员、演员、教师、领袖等一般具有强大的人际交往智能。其中,语言交流是人际交往的主要途径。加德纳指出,人类的人际交往智能具有两个方面的证据,第一是灵长类动物,因其具有较强的童年期,所以需要在儿童早期发育阶段增加陪伴与关爱,避免其在成年后出现人际智能障碍。第二是人类人际交往智能对人类社会的交往非常重要,因为其可以帮助人们共同参与和合作,加强团队的凝聚力、领导力、组织力等。[7]

第八,自然观察智能(naturalist intelligence)。自然观察智能是加德纳在运用了前面七种智能十年以后加入的,指能够对所生存的环境中的动物与植物进行辨别和分类的能力。加德纳认为其具有四种功能:"一是可以辨认一个成员隶属于哪个种群(更正式地讲应该是物种);二是可以区分物种内的不同成员;三是可以识别其他物种和相似

---

[1] Howard Gardner. Intelligence Reframed: Multiple Intelligences for the 21st Century [M]. New York: Basic Books, 1999:40.
[2] [美]霍华德·加德纳.多元智能[M].沈致隆,译.北京:新华出版社,2003:20.
[3] Howard Gardner. Intelligence Reframed: Multiple Intelligences for the 21st Century [M]. New York: Basic Books, 1999:41.
[4] Howard Gardner. Intelligence Reframed: Multiple Intelligences for the 21st Century [M]. New York: Basic Books, 1999:41.
[5] Howard Gardner. Intelligence Reframed: Multiple Intelligences for the 21st Century [M]. New York: Basic Books, 1999:40-41.
[6] [美]霍华德·加德纳.多元智能[M].沈致隆,译.北京:新华出版社,2003:9.
[7] Howard Gardner. Intelligence Reframed: Multiple Intelligences for the 21st Century [M]. New York: Basic Books, 1999:41.

物种的存在;四是可以绘制若干物种之间正式或非正式的关系图"①。

通过对加德纳多元智能理论的分析可知,多种智能间的关系可以概括为:第一,智能间保持独立,相互影响的作用较小。第二,多种智能的组合决定了智能的结构,因此个体存在多样化与个性化的特征。第三,个体的智能的完整需要多种智能的协同合作,而且个体的智能存在发展不健全或表现不明显的特征。第四,智能并没有好坏之分,也没有道德与不道德之分。"严格来讲,智能与道德无关,任何智能都具有两面性,都可以被用来完成对人类做出贡献或产生破坏的事情。"②第五,各种智能对个体来讲同等重要。

二、人的全面发展

人,本质上就是文化的人,而不是物化的人;是能动的、全面的人,而不是僵化的、单向度的人。人类不仅追求物质条件、经济指标,还要追求"幸福指数";不仅追求自然生态的和谐,还要追求精神生态的和谐;不仅追求效率和公平,还要追求人际关系的和谐与精神生活的充实,追求生命的意义。③

(一) 马克思关于人的全面发展的论述

关于人的全面发展的理论,首先应该追溯到马克思关于人的全面发展的论述。马克思关于人的全面发展的理论萌芽于学生时期,形成与发展于《德意志意识形态》到《共产党宣言》,"人的全面发展"正是出现在《德意志意识形态》中。在长期实践的基础上,马克思形成了著名社会发展"三大形态"理论,并提及了将脑力劳动和体力劳动分开等论述。概括起来,马克思关于人的全面发展理论的主要内容主要包括五个方面。

第一,人的劳动实践全面发展是前提。 换句话说,劳动是人的本质,是推动人类发展的动力,是人在社会实践和发展中的主要行为方式。值得注意的是,马克思认为劳动是人与动物的关键区别特征,劳动促进人类在改造自然的过程中发展自己,但同时

---

① Howard Gardner. Intelligence Reframed: Multiple Intelligences for the 21st Century [M]. New York: Basic Books, 1999:45-46.
② Howard Gardner. Intelligence Reframed: Multiple Intelligences for the 21st Century [M]. New York: Basic Books, 1999:43.
③ 习近平.之江新语[M].杭州:浙江人民出版社,2007:52.

也带来了阶级对立,在一定程度上阻碍了人类全面快速发展。

第二,人的能力全面发展是核心。人的能力的全面发展是马克思人的全面发展理论的重要组成部分与首要价值目标。它指人的各种能力的统一,包括体力与脑力。人的体力与脑力的发展是人的能力,全面发展的核心要义,也是实现其他各种能力的重要基础。因此,人的能力全面发展,首先要实现体力与脑力的均衡发展,然后在不断提升认识世界能力的同时完善人的综合能力。

第三,人的需要的全面发展。人的需要包括物质需要与精神需要,物质需要又分为自然需要和社会需要。人的需要的满足是人的全面发展的首要要求与基础。不过人的需要具有历史性,随着社会的变化与发展,人的需要会发生变化,并呈现出多维度的特征,正好也说明人的需要的全面性。另外,社会需要是人区别于动物的本质需要,人在满足物质需要后会积极主动地追求社会需要。

第四,人的社会关系的全面发展。人的社会属性决定了人的全面发展的本质是人的社会关系的全面发展。人处于具体的和历史的社会中,社会关系会随着社会变化而变化。同时,社会关系还存在个体差异,主要体现在广泛性和整体性两个方面,广泛性是指社会关系的广度,具体体现为人们的分工与合作;整体性是社会关系的深度,具体体现为人的社会关系的层次性,如人与人、家庭与家庭、地区与地区之间的关系。

第五,人的个性的全面发展。人的个性的全面发展是人的全面发展的最高级别要求。人的个性主要是指人在不同的环境下所表现出来的稳定的精神面貌和心理特征。人的个性自由而全面的发展是人的全面发展的关键组成部分,更是人自我价值实现的要求。马克思认为,人的个性的全面发展,包括人的独特性和人的主体性。人的独特性主要表现的是人的特殊性和差异性,而人的主体性主要是指人在实践活动过程中所特有的能动性、自主选择性和自我创造性。

(二) 人的全面发展理论的中国化历程

在马克思全面发展理论的基础上,中国共产党人结合我国具体实际,对其进行批判与继承,提出符合我国国情,具有中国特色的人的全面发展思想。从整个发展历程来看,中国化的人的全面发展理论历经了四个阶段。

第一,以毛泽东为代表的领导集体阶段,毛泽东结合当时具体国情认为人的全面发展主要是"德智体全面发展",即培养具有正确的价值观,有丰富的学识以及健康的体魄的"又红又专""德才兼备"的人。

第二,以邓小平为代表的领导集体阶段。邓小平认为,应该将理论与实践相结合,消除人的片面发展。关于实现人的全面发展,邓小平在"德智体全面发展"的基础上,提出应该培养"四有新人",即"具有共产主义远大理想、有高尚道德情操、有专业知识和技能以及能自觉遵守纪律的社会主义新人"①。

第三,以江泽民为代表的领导集体阶段。1995年第八届全国人民代表大会第三次会议通过《中华人民共和国教育法》,明确提出"培养德智体美等方面全面发展的社会主义建设者和接班人"。关于如何实现人的全面发展,江泽民同志同前几代领导人的想法一致,认为应该将教育与生产劳动相结合,实现"自学、自理、自护、自强、自律"②。

第四,以习近平为代表的领导集体阶段。在2018年召开的全国教育大会上,习近平总书记提出,坚持将立德树人作为教育的根本任务,培养德智体美劳全面发展的社会主义建设者和接班人,并写入2021年4月修订的《中华人民共和国教育法》。针对如何实现人的全面发展,习近平总书记提出"六个下功夫"③,即在坚定理想信念、厚植爱国主义、加强品德修养、增长知识见识、培养奋斗精神、增强综合素质方面下功夫,贯彻落实立德树人的根本任务。

综上而言,本土化的人的全面发展理论关于"人"与"全面"的理解及其阐释主要关注人的能力的全面发展,一定程度上忽视了人的个性、品质、关系、生态、人格等方面的发展。另外在实践过程中,人们容易将全面发展理解为各个素质与能力的最优发展,也忽视了人的差异性。

三、"生命·实践"教育学

> 在一定意义上,教育是直面人的生命、通过人的生命、为了人的生命质量的提高而进行的社会实践活动,是以人为本的社会中最体现生命关怀的一种事业。④
>
> ——叶澜

---

① 《邓小平文选》第三卷助读编写组.《邓小平文选第3卷》助读[M].北京:新华出版社,1993:318.
② 中国共产主义青年团中央委员会,中共中央文献研究室.毛泽东邓小平江泽民论青少年和青少年工作(增订本)[M].北京:中国青年出版社,2003:300.
③ 新华网.坚持中国特色社会主义教育发展道路 培养德智体美劳全面发展的社会主义建设者和接班人[EB/OL].(2018-09-10)[2021-12-11].http://www.moe.cn/jyb_xwfb/s6052/moe_838/201809/t20180910_348145.html.
④ 叶澜."生命·实践"教育的信条[N].光明日报,2017-2-21(013).

"生命·实践"教育学是由著名教育家叶澜先生提出来的。具体来说,是叶澜先生在"新基础教育"实践的基础上潜心研究的思想结晶。"生命·实践"教育学派历经了孕育、初创、发展、成型和通化五个阶段。

(一) 学派形成的五个阶段

在孕育阶段(1983—1991年),1983年,叶澜先生从南斯拉夫回国后,对教育与人的发展进行潜心研究,发现"人的发展和动植物的生长有着很大的区别,人的发展首先是他生命的发展,人类个体的选择,他的一切经验,都会参与到他此后的发展之中。"[1]更重要的是,叶澜教授在华东师范大学教育学系教授"教育概论"课程时,就开始对原有的教育理论进行反思与批判,形成了初步的教育理论认识体系。1986年,她在《中国社会科学》上发表了《论影响人发展的诸因素及其与发展主题的动态关系》,首次指出"人"作为有意识的主体,教育在促进自身发展方面具有重要作用,大声疾呼,"把个体精神生命发展的主动权还给学生""让课堂焕发出新的活力"。[2] 强调不应该强行以类的标准去要求每一个个体,剥夺其个体精神生命发展的主动权。

在初创阶段(1991—1999年),叶澜先生开始了教育与发展关系的理论与实践转型研究。1994年,叶澜先生发表了《时代精神与新教育理想的构建》,正式宣告新基础教育改革的开始。在这个阶段,"新基础教育"以观念形态、学校实践和师生存在形态为重点研究内容,对教育理念、教育目标和培养模式等进行更新。

在发展阶段(1999—2004年),"新基础教育"开始第二个生长期,进入"横向区域和学校的扩展,纵向改革理论核心研究的深化式建设期。"[3]2000年,《教育理论与学校实践》一书出版,强调教育理论与实践的紧密结合,指出教育研究应该与当今世界和中国的主要社会变化相联系。在该阶段,在已经形成的"三观一体"的课堂教学观念的基础上,新增了教师观。此举意味着"新基础教育"由原来面向学生的教育理论转变为面向教师与学生的具体性研究。

在成型阶段(2004—2009年),叶澜教授在历经多年研究后,完成了对"教育是什么、学校教育是什么"的中国本土化诠释,出版《"新基础教育"论:关于当代中国学校变革的探究与认识》。同时,"生命·实践"成了学派发展的主题,并针对生命与实践之间

---

[1] 汪仲启,叶澜.构建"生命·实践"教育学派[N].社会科学报,2013-04-25(001).
[2] 许芳.叶澜课堂教学改革思想及实践述要[J].湖北第二师范学院学报,2014(11):96—100.
[3] 叶澜."生命·实践"教育学派——在回归与突破中生成[J].教育学报,2013(5):3—23.

的关系进行概括与阐释,出版了《回望》《立场》《基因》《命脉》系列丛书,分别从学派建设的主要内容、教育学立场、内涵解读以及根系构成方面对学派进行了全面阐释。更值得关注的是,2006年叶澜教授发表了《教天地人事　育生命自觉——关于"教育"是什么的多维审视》,"育生命自觉"这一主要概念成了"生命·实践"教育学的核心价值。

在通化阶段(2009—2014年),顾名思义,可知是对前几个阶段的目标与策略进行融通互化。该阶段又分为两个阶段进行,在2009年至2012年,叶澜教授主要完成了"成人"与"成事"的双向建构,出版《基础教育改革与中国教育学理论重建研究》与班级管理建设、教师发展需求和学生发展需求等六个方面的指导纲要。在2012年至2014年,参与"新基础教育"改革的基地学校形成了"共同体",各个学校间相互学习,彼此交流,共同促进自我成长。

(二)学派的核心理念

历经15年的"新基础教育"艰难探索与实践,叶澜教授建立了生命·实践教育学派。从学派主题可知,其核心内容包括"生命"与"实践"。

"生命"一词是叶教授进行教育改革与研究的核心指导理念。她曾在一个访谈中谈到,"教育除了鲜明的社会性之外,还有鲜明的生命性。人的生命是教育的基石,生命是教育学思考的原点。在一定意义上,教育是直面人的生命、通过人的生命、为了人的生命质量的提高而进行的社会活动,是以人为本的社会中最体现生命关怀的一种事业。"[①]但是,在教育实践中,对学生与教师生命状态与生命质量的关怀尤其缺失。对学生来说,学生是具有主动能力与内在潜力的,并存在个体差异。不应过分关注学生的成绩、学分或者获奖情况,应该将学生看作鲜活的生命个体,关注个体的特殊性以及独特的生成方式。对教师来说,教育教学活动应该关注育人,不应该只有知识而没有生命;另外,教师本身的生命价值不应该受到压制或忽视,正如叶老师所说,"长期以来,教师的角色被定位为知识的传递者,各种教育要求的执行者、操作者,而不是思考者与创造者。"[②]"'新基础教育'研究与学校改革试验不仅关注学生,同时关注教师的职业生存状态与生命质量的提升,通过教育实践创生化的变革,使教师体验到教师职

[①] 《教育研究》记者.为"生命·实践教育学派"的创建而努力——叶澜教授访谈录[J].教育研究,2004(2):33—37.
[②] 《教育研究》记者.为"生命·实践教育学派"的创建而努力——叶澜教授访谈录[J].教育研究,2004(2):33—37.

业的尊严与欢乐,体验到教育是一种充满了智慧挑战的工作。"①

具体来说,"教育的生命基础",包含三个方面的内容,"第一,生命价值是教育的基础性价值,教育具有提升人的生命价值和创造人的精神生命的意义,换句话说,对生命潜能的开发和发展需要的满足,教育具有不可替代的重要责任,因而生命构成了教育的基础性价值。第二,我认为生命的精神能量是教育转换的基础性构成,教育活动就其过程的本质来看是人类精神能量通过教与学的活动,在师生之间、学生之间实现转换和新的精神能量的生成过程。第三,师生主动、积极地投入学校各种实践,是学校教育成效的基础性保证,是人的发展的重要内在保证,也是人的生命特征的本真体现。"②"新基础教育"要做的事就是恢复教育的本真状态,促使传统教育的"沙漠状态"回到"绿洲状态"。

"实践"是学派的另一个核心术语,意指"成人"与"成事"的双向建构。关于"实践"的重要性,叶老师曾说,"我突然悟出来,光有生命的教育理论还不完整,还要加上实践,所以我提出就叫'生命·实践'教育学"③。叶澜先生对实践的理解不是从哲学的角度,而是从教育学的角度贯穿对生命的思索。"教育实践,是对人类所进行的教育活动的总称,它是人类社会活动不可缺少的组成,有独特的对象与领域,教育以有意识地影响人的身心发展为直接目的。"④概言之,"实践"就是指教育活动一定要落实到实践中,教师与学生积极参与到"成人"的活动中,并促进"成事"内部逻辑的构建。

另外,生命与实践的内在联系具有独特性,也就是说,教育学关注的是人的生命的主动发展,而人又是实践活动的主要对象,因此,需要将生命与实践置身于整个理论思考中。

四、理论指导下的自得教育之培养目标

学校在多元智能理论、人的全面发展理论与"生命·实践"教育学相关的理念的指导下,注重学生共性与个性,培养学生的主体性、主动性、意志与耐力,充分激发学生的

---

① 《教育研究》记者. 为"生命·实践教育学派"的创建而努力——叶澜教授访谈录[J]. 教育研究,2004(2):33—37.
② 《教育研究》记者. 为"生命·实践教育学派"的创建而努力——叶澜教授访谈录[J]. 教育研究,2004(2):33—37.
③ 汪仲启. 叶澜:构建"生命·实践"教育学派[N]. 社会科学报,2013-04-25(001).
④ 《教育研究》记者. 为"生命·实践教育学派"的创建而努力——叶澜教授访谈录[J]. 教育研究,2004(2):33—37.

潜能,以及培养学生关注生命的价值与意义,促进学生的全面发展。具体来看,理论与实践的融合主要体现在以下几个方面。

(一)办学理念

学校"激扬生命,得法自然"的办学理念旨在强调要承认学生的群体共性与个体差异性,教育教学活动是在尊重学生的主体性背景下,注重挖掘学生的潜能,促进其能够取长补短成为一个具备健康人格、丰厚学养、积极心态与能够不断认识自我、反省自我、完善自我、超越自我的生命个体。从办学理念中可以总结出几个关键要素:

第一,关注学生的共性与个性。以上三个理论都有一个共同的特点,就是强调个体的差异性,如多元智能理论认为学生具备八大智能,个体在智能的组合上存在多样化、个性化的特征,因此教育教学活动除了关注中学学生群体智力的培养,还应关注学生人际交往、身体健康、艺术素养等方面的培养。

第二,重视学生生命价值的体现。学校尤其推崇叶澜教授关于培养学生"生命自觉"的理念,自得德育课程最终的目标就是培养一个具有鲜活生命力的人,即有理想、有个性、有教养、会做人、会做事、会生活的"三有三会"的人。

三有:

有理想:三层次。自身价值,家庭幸福,中华崛起。

有个性:三维度。思想独立,品质高尚,意志坚强。

有教养:三境界。孝:孝父母,敬他人。忠:忠于道,忠于职。仁:有仁心,重仁义。

三会:

会做人:三和谐。身心和谐,家庭和谐,人际和谐。

会做事:三能力。学习力,创新力,实践力。

会生活:三兼顾。做人与做事,个人与家庭,成长与事业。

第三,注重学生主动性与自主性的培养。"自得"的核心就是强调学生通过个人体验以转化为自身的东西,如心学家王阳明认为,"道非万物,故于道深造,乃为自得",学习重在自我体悟、用心思考、主动参与;叶澜教授强调,无论是知识的获得还是研究的突破都得通过自身实践,并将其与生命自觉的培养结合起来,获得自主学习的能力。

(二) 育人目标

不管是多元智能理论还是人的全面发展理论,都强调人的素养或潜能的全面发展。学校结合《国家中长期教育改革和发展规划纲要(2010—2020年)》的核心要求,在三十七中的历史传承与地域特征的基础上,构建了"忠、善、和、真、美、健、法"七维素养育人目标。

素养一:"忠"。"忠者,德之正也。"主要体现在两个层面,一个层面是精忠爱国,认同自己国民身份,能够自觉地捍卫国家的尊严和利益;二是热爱中国共产党,具有社会主义共同理想,为实现中华民族伟大复兴和中国梦不懈奋斗。

素养二:"善"。"上善若水,水善利万物而不争,处众人之所恶,故几于道。"学校应该引导学生践行社会主义核心价值观,明白国家层面与个人层面的价值准则。另外,鼓励传承中华传统美德,培养具有文化底蕴的社会主义建设者和接班人。在教育教学过程中,教师应该担当道德模范的使命,成为社会主义核心价值观的坚定信仰者、积极传播者、模范实践者。

素养三:"和"。"和而不同。""和"正是学生共性与个性在培养目标中的体现,学校聚焦学生沟通能力、团队精神、国际视野的培养,教会学生欣赏自己、悦纳他人。

素养四:"真"。"谨守而勿失,是谓反其真。"强调对学生求真、求实、创新精神的培养,鼓励学生践行"实践是检验真理的唯一标准"这一理念。也就是说,在实践之前,应该要具备求真的精神,并朝着这个目标前进。

素养五,"美"。"各美其美,美人之美。"强调学生审美意识的培养,使学生具有正确的审美价值取向,懂得学习美、感知美、欣赏美、表达美,进而提高生活的品质。加德纳认为,音乐—节奏智能是人非常重要的职能之一,尤其是在强调精神生活的21世纪,应该注重人的艺术素养的培养。

素养六,"健"。"健,伉也。"强调对学生身心的培养,促进学生健康的体魄、健全的人格的养成。同时激发生命的潜能与活力,学会珍爱生命。

素养七,"法"。"法不阿贵,绳不挠曲。"强调学生法治观念的养成,同时践行自觉守法、遇事找法、解决问题靠法的思维习惯和行为方式,全面提高青少年的法律观念和法律意识,使尊法、学法、守法、用法成为学生的共同追求和自觉行动。

三十七中的"七维素养"与我国核心素养内容有异曲同工之妙,都强调学生的全面和谐发展,强调学生具备健康的身心,具备良好的文化素质。另外,"七维素养"还融入了学校自身的特色要求,培养学生求真、务实、自得等美德。值得注意的是,七维素养是对学生的普遍要求,"七维度"是基于价值观,培育全人的基本素养,但不否定学生在其中某一个方面的个性化发展。

第二节 自得教育学生学习相关的理论基础

关于学生学习,自得教育基于建构主义、人本主义与认知主义学习理论,关注学生的主体性,聚焦学生自我建构与有意义的理解过程,通过德育自主与学习自为两翼课程体系,促进学生自主学习兴趣与能力的提升。

一、建构主义学习理论

> 我们所期望的教师不仅仅是一个讲授者,仅仅满足于传达现成的答案,而是善于激发学生主动探究未知事物的导师。
>
> ——[瑞士]让·皮亚杰

20世纪后期,西方兴起了建构主义思潮。建构主义是一种关于知识与学习的理论,最早明确提出建构主义概念的是认知发展领域的心理学家皮亚杰。后来,建构主义发展为多个流派,如以皮亚杰为代表的个人建构主义、以维果斯基为代表的社会建构主义等。

总的来说,建构主义者认为,世界是客观存在的,但是个人对其理解有所不同。知识是变化的,传授法是不适合的,需要学生主动积极去建构。对教师来说,教师应以学习者为中心,强调学生的主体作用,同时为学生提供指导,使学生成为知识的建构者。

(一)建构主义的知识观

从建构主义观点可以看出,知识不是对现实的纯粹客观反映,任何一种传载知识的符号系统也不是绝对真实的表征。知识是人们对客观世界的解释、假设,会随着人们对其认识的加深而不断修正,形成新的解释或假设;另外,知识对世界进行概括并不是绝对正确的,也不是解决所有问题的万能方法。其次,知识虽然通过语言存在,但是学习者对这些知识具有同样的理解。因此,知识的学习需要学习者,不是死记硬背或囫囵吞枣,而是根据自身经验进行建构,最终获得真正的理解。

(二) 建构主义的学生观

建构主义特别强调学生在学习中的主体作用。第一,学习者的学习是基于个人相关知识经验进行的,即使面对从未接触过的问题,学习者仍能依靠其认知能力,对问题形成自我解释,并提出个人假设。第二,教学不是简单地对知识进行灌输,而应该重视学习者的知识经验,并以此为生长点,引导学习者借助原有经验,形成新的知识经验。教师不是知识的呈现者,而是学生学习的引导者、指导者。第三,师生、生生之间是互动的,并在学习过程中讨论、交流、沟通,利用个体间的知识经验差异,形成学习的共同体,相互促进个人知识的建构。

(三) 建构主义的学习观

首先,学生的学习不仅仅是教师的简单传授,而是学生对知识进行自我建构。学生不是简单地被动地接收信息,而是主动、积极参与知识建构,而且这种建构只能通过自己进行。其次,学习是学生根据自己以往经验,对外部信息进行选择、加工和处理,从而获得自己的意义。有意义的学习是通过新旧知识的互动与作用而成。再次,在学习的过程中,学习者将会对原有的知识、经验进行调整,融入新的知识经验。同化和顺应是学习者认知发生变化的有效途径或方式。总体来说,学习不是被动的,不是简单的,而是有意义的、互动的作用过程。

建构主义强调教师应尊重学生的主体性,强调学生对知识的自我建构,教师与学生是学习的共同体。从三十七中的教风与学风来看,教师践行着"摆渡人"的角色,学生也通过参与学校设计的课程与实践活动,通过相互学习,自我体悟获得智慧。

二、人本主义学习理论

> 人的内部存在着一种向一定方向成长的趋势或需要,这个方向一般地可以概括为自我实现或心理的健康成长。[①]
>
> ——[美]马斯洛

人本主义学习理论是建立在人本主义心理学基础之上的,最早起源于20世纪五六十年代的美国,代表人物是马斯洛和罗杰斯。概括说来,人本主义对人性持积极肯

---

① [美]马斯洛.存在心理学探索[M].李文湉,译.昆明:云南人民出版社,1987:139.

定的态度,强调人的"自我实现"与"以学生为中心"。

罗杰斯作为一名心理治疗师,创立了"以患者为中心"的非指导性心理疗法,强调,医生应该将患者置于中心位置,认真聆听、体悟患者的感受,并为患者创造一种良好的氛围。

马斯洛对人本主义学习理论的贡献,主要在于他提出的需要层次理论。需要层次理论将人的需要分为七个等级,从低到高分别是生理需要、安全需要、归属与爱的需要、自尊需要、认知需要、审美的需要、自我实现的需要(具体见图3-1)。需要层次理论实际上是人实现自我的基本流程,教育理论促进教育理念由"学生如何适应教育"转向"教育怎样才能更好地服务于学生"。

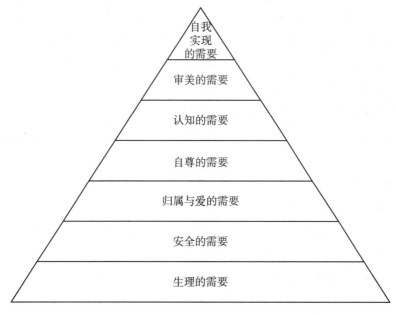

图3-1 马斯洛需要层次理论

罗杰斯与马斯洛的人本主义教育思想,主要都聚焦于以学生为中心,并论述教师如何引导学生进行有意义的学习。概括起来,主要包括人本主义师生观、课程观、教学观与评价观。

(一) 师生观:以学生为中心

人文主义者认为,学生是学习的主人,学生不再是被动地接受知识或者在受到外部刺激的情况下才进行学习,而是充满求知欲、好奇心与探索精神的完整的个体。因此,人文主义强调,在教学中"以生为本",关注学生的差异性和个性,并给予学生自由发展的空间。

人本主义认为,教师不仅仅是传道、授业、解惑,而是学生学习的促进者、指导者、组织者。罗杰斯曾在哈佛大学的演讲中说道:"我不再对当教师感兴趣,因为凡是那些能教的东西往往不能对学生的行为产生深远和有意义的影响。"[①]从这可看出,教师应该给学生创设温暖和谐的课堂氛围,与学生建立友好、信任、平等的师生关系,引导学生进行自主学习。总的来说,人文主义的师生关系是指学生学习的权利还给学生,并在此基础上强调要建立新型的师生关系和良好的学习氛围。

(二) 教学观:在非指导性教学下的有意义学习

罗杰斯认为学习分为两类,即有意义的学习和无意义的学习。无意义的学习,是指学习过程中,没有个人情感的参与,只是个人简单的认知活动。换句话说,传统意义上的学习过于强调外部因素对学生的影响,没有关注到学生的内部动机和情感,与无意义学习类似。而有意义的学习指学习者在学习过程中,认知与情感统一融合,并将逻辑与直觉、概念与经验、观念与意义等相互融合。

罗杰斯认为,有意义的学习具有四个特征:一是学习是整个人都要参与的活动,包括认知和情感的参与;二是学习应该是自我驱动的,即使是在外部推力的情况下展开的,也应该要求发现、掌握、获得等感觉来自个体内部;三是学习的渗透性决定了学生的行为、态度、个性等都会在学习的过程中发生变化;四是学生的学习应该由学生来开展自我评价,因为是否满足自身需要,只有学生最清楚。

人本主义者认为,教学应该采用非指导性教学模式,也就是说给予学生充分的信任,关注、理解和赞美等方式,引导学生积极主动地进行学习。

(三) 课程观:强调对直接经验进行学习

人本主义者强调学习者对直接经验的学习,即学习不是复制已有经验,而是主动参与到实践中。这一理念主要体现在课程内容的设置上。人本主义者认为,课程内容应该包括学生的认知发展与情感发展两个方面,以促进学生的全面发展。因此他们主张设立并行课程,包括学术新课程、社会体验课程与自我实现课程,同时,基于学生的已有经验和生活环境设置学习内容。同时,课程内容的设置不能采用完全统一的标准,而应该充分考虑学生间的差异,促进学生在已有经验的基础之上进行有意义的

---

① Carl R. Rogers. Freedom to Learn: a View of What Education Might Become [M]. Columbus, Ohio: C.E. Merrill, 1969:23.

学习。

(四)评价观:提倡学生进行自我评价

人本主义者强调,学生应该进行自我评价,因为学生作为学习的主体,对自身思想、愿望和行为具有清晰的认识。自我评价强调学生的积极性与主动性,关注学生的个体差异。正如罗杰斯指出:"学习不仅仅为了得到一个分数,没有人能衡量我到底学会了多少,这只有自己才知道,我相信自己对学习的看法已经从分数为中心转变为个人需要中心。"[1]

三、认知主义学习理论

> 教一门学科,不是建立一个小型的图书馆,而是要学生独立思考,积极参与到获得知识的过程中去。
>
> ——罗杰斯

认知主义学习理论的基本观点是,学习过程不是简单的刺激与反应的联结,而是有机体积极主动地对内部信息进行加工形成新的认知结构或完形的过程。其主要代表理论有,格式塔的顿悟—完形学习理论、布鲁纳的发现学习理论、加涅的信息加工学习理论等。

格式塔心理学派认为,心理现象是意识经验中的结构或整体。关于学习本质,格式塔心理学派认为,学习的结果不是简单的刺激与反应的联结,而是形成一种新的完形。正如苛勒所说,"学习在于发生一种完形的组织,并非各部分联结。"而对于学习的过程来说,主要有两个观点,一是学习是头脑积极主动地对所处的情境进行重新组织的过程;二是学习过程所进行的重新组织是顿悟的过程,而不是渐进性的试误的过程。

布鲁纳的发现学习理论主要关注的是学生获得知识的内部认知过程,以及教师如何组织课堂教学,以促进学生进行发现。布鲁纳认为,学生学习知识主要是对信息进行加工实现类别化,从而形成新的认知结构或者知识的类目编码系统。认知结构主要指的是感知外部世界的内在编码系统,主要表现为相互关联的非具体的类目,人们可以依据此类目认识世界与推理活动。另外,类别编码系统是具有高低层次之分的,较

---

[1] [美]罗杰斯.自由学习[M].伍新春,管琳,贾容芳,译.北京:北京师范大学出版社,2006:151.

低类别的编码系统更加具体,较高类别的具有更强的普适性。需要注意的是,进行类目化的这个过程是自下而上的,是从低层次的类目到高层次的类目,因此,教师应该给学生提供低层次的类目,帮助学生形成高层次的类目。

根据布鲁纳的学习理论,他提出了结构—发现教学理论。在学生学习的主动性与认知结构的重要性的基础上,布鲁纳强调,应该促进学生对学科结构的一般理解,即利用已有的知识与新的事物发生关联,从而更好地去理解它。从教材编写的角度来说,应该采用"螺旋式上升"的方式呈现给学生,便于儿童连续地渐进地形成自己的认知结构。布鲁纳还强调,发现是教育儿童的主要手段,即学生在教师提供的材料以及创设的情境下,积极主动地发现问题与解决问题,并从中获得相应的知识,进而改造原有认知结构的过程。关于发现学习,布鲁纳认为其有四点作用:一是可以促进学生智力潜力的提高,学习者自身可以学会对信息进行加工与转换,并在信息的基础上提出解决问题的办法;二是学习的动机主要来自内部;三是学生能够学会在新的情境中寻找最优方法与策略;四是有助于学生对信息的保存与检索。

加涅的信息加工学习理论认为,学习过程是环境信息作用于学习者,并在学习者内部不断进行加工、编码的过程。具体如图3-2,环境中的刺激作用于学习者的感受器,初步保持在感觉记录器中,然后进行初步加工,以语义的形式储存在短时记忆,再经过精加工储存在长时记忆。在这整个过程中,期望和执行控制持续对学习过程产生影响,不断地对原有的知识经验进行重组,调节学生的学习动机。

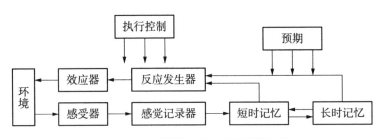

图3-2 加涅的信息加工学习过程模式

四、理论指导下的自得教育之学生学习

学生学习相关的理论的共同特征是关注学生在学习过程中的主体性,聚焦于学生自我建构与有意义的理解过程。三十七中在理论的指导下,结合学校实践探索与理解,建构了基于学生德育与学习的自得模式,强调学生通过实践获得自身能力的提升。

在德育方面，学校建构了德育自主的课程体系，主要包括课堂教学与课外活动两个方面，简称为"育德两翼"。在课堂教学方面，关注知识与技能、过程与方法、情感态度与价值观三维课程目标的统一，强化情感态度和价值观，并在选修课过程中强调学生的学习兴趣的培养，提高学生主动学习的兴趣。

在课外活动方面，首先强调学生在德育活动中的实践，充分调动学校所有人员，充分利用各方面的资源进行全过程的德育活动，让学生在一个自然的情境中，提升自我的道德素质。具体来说，学校开发了校内外教育的"第二课堂"，主要包括学校的社团活动和校外调研活动。其中，社团活动强调"自主管理、自我服务、自觉提升"，在文化娱乐、公益实践、体育活动、科技创新四个方面推动学生积极参与实践活动，具体有春季艺术节、科技节、秋季体育节、寒假今周我当家、暑假进城下乡变形记等实践项目。校外调研活动指组织学校所在区域的商圈发展和交通因素、马桑溪古镇人文调研活动等，引导学生跳出课本，亲身体验历史、文化和科学，增强学生的民族自豪感和文化自信心。

为了让学生积极主动地参与到体验式学习中，学校丰富了学生评价体系，每一年都会评选"徒步行之星"和"校园实践之星"等，让学生在实践中学习，在学习中成长。同时，鼓励学生将活动感受以文字的形式表达出来，促进学生进行自我评价、反思，形成新的价值观。

在学习自主方面，学校植根于学校文化，建构了学生成长的自行、自省、自成的三个阶段，强调学生在学习过程中的体验性、主动性、反思性、创造性，循序渐进自然而然地获得成长。

自行，强调学生的体验。这类教学活动主要是为学生创设学习情境，还原真实的生活，鼓励学生在校园外体验生命的真实状态，在自然的社会情境中去体验、磨砺、思考、合作。自省，强调对学生灵魂的唤醒。"教育的本质是唤醒。教育意味着一棵树摇动另一棵树，一朵云追逐另一朵云，一个灵魂唤醒另一个灵魂。"中学阶段的孩子虽然不能够很好地进行自我反省，但是可以通过学校的制度与榜样，促进思想与品质完成自我反思和自我提升，形成相应的行为规范和道德观念。自成，强调学生真正获得成长。简言之，学生通过自行与自省两个阶段，应该实现身心、道德观念、理想信念以及民族精神和时代精神的成长。

关于学生学习的行动其实是在学校的校训与学风中得到了充分的体现。校训"尚自得，展个性"就是强调学生等学习应该着重自我体验，在内心中不断地进行深入的、多层次的学习加工,达到精深博大、运用自如的境界。同时,个体的差异正是学生获得个性发展的突破口与出发点,教师应该尊重学生个体差异,鼓励学生不断超越自我,体验多彩丰富的人生。学风"百炼成钢,互学自成"不仅强调学生的学习是一条合作中成就彼此的道路,更是自我学习动力的激发与维持的过程。概言之,学习过程应该促进学生自我更新、自我超越的持久耐力的形成,让学生获得源源不断的内生发展动能。

第三节 自得教育教师教学相关的理论基础

在教师教学方面,自得教育体系在借鉴杜威与陶行知关于教学的思想、掌握教学理论与发展性教学法的基础上,构建了以学生为主体、以实践为主线、以创造为主旨的教学准则。

一、教学做合一

每天要四问:一问我的身体有没有进步?
二问我的学问有没有进步?
三问我的工作有没有进步?
四问我的道德有没有进步?①

——陶行知

陶行知的"从做中学"是在杜威的"从做中学"的基础上发展而来。他们都强调学生应该在自身的活动中进行学习,将学校所获得知识与生活中的活动联系起来,促使学生自然地得到发展。

(一) 杜威的"从做中学"

"从做中学"是杜威教育思想的全部内涵,是教学理论的基本原则,强调以儿童为中心、以活动为载体、以经验为基础、以思维为关键。

1. 以儿童为中心

杜威十分强调儿童在教学过程中的地位,强调儿童本身是教育的基础,教育应以

---

① 陶行知.陶行知全集(第4卷)[M].成都:四川教育出版社,2005:428—436.

儿童为中心。他曾提出,"教育最根本的基础在于儿童的活动能力""唯一的真正的教育是通过对儿童能力的刺激而来的""儿童自己的本能和能力为一切教育提供了素材"。①

杜威认为,教育的作用是促进儿童本能和欲望的发展,"教育不是把外面的东西强迫儿童或青年去吸收,而是需要使人类'与生俱来'的能力得以生长"②。学校教育应该将儿童解放出来,根据儿童现实生活进行教育,激发儿童的需要与兴趣,强调儿童学习的自觉性与积极性。对于教师来说,教师应该是儿童生活、成长和经验的改组与改造的启发者与指导者,而不是知识的传授者,强迫儿童死记硬背,填鸭式灌输书本知识的老师。

2. 以活动为载体

杜威认为,儿童身上蕴藏着一种本能冲动,即生来就有活动的欲望,因此,学校应该"在一定程度上把这一事实应用到教育中去,运用了学生的自然活动,也就是运用了自然发展的种种方法,作为培养判断力和正确思维能力的手段。这就是说,学生是从做中学的"③。

在杜威看来,儿童的兴趣主要就是活动。"儿童对通过身体的活动来使自己适应他所遇到的事情感兴趣,因为他必须控制他生活的自然环境,凡是他感兴趣的事情就是他需要去做的"④。因此,杜威主张儿童通过活动,即通过"做"的亲身体验来代替书本知识的接收。杜威倡导,木工、金工、纺织、缝纫、烹调等手工艺活动应该进入课程,让学生学习面向社会生活和儿童个人生活所必备的技能。

3. 以经验为基础

杜威认为,"经验首先是一个经历的过程","经验……首先是与活动相联系的经历"。经验即人与自然环境间的相互作用。另外,"经验包含一个主动的因素和一个被动的因素"。主动的经验即尝试,是为求得某种结果而进行的尝试行为;被动的经验即经受结果,是接受感觉或承受体验的结果。

儿童的学习应以原有经验为基础,并在活动中得到检验与改进,进而产生更好的经验。杜威认为,经验产生于活动,单纯的外部活动不能产生经验,只有当外部活动连

---

① [美]约翰·杜威.杜威教育论著选[M].赵祥麟,王承绪,编译.上海:华东师范大学出版社,1981:7,1.
② 黄根东,李臣之,吴江,等.活动与发展:活动教学实验研究[M].北京:学苑出版社,1999:40.
③ [美]约翰·杜威.学校与社会·明日之学校[M].赵祥麟,等译.北京:人民教育出版社,1994:380.
④ 单中惠.现代教育的探索:杜威与实用主义教育思想[M].北京:人民教育出版社,2002:331.

续深入儿童经受的心理过程,并引起儿童自身思想行为的变化时,才能产生经验。"从经验中学习,就在我们所做的事和我们所享的快乐或者所受的痛苦结果之间建立起前后的联系。在这种状况下,行动就变成尝试,一次寻找世界真相的试验;而经受的结果就变成教训——发现事物之间的联系。"①

4. 以思维为关键

杜威强调儿童的直接参与,直接经验的获得,同时也蕴含着理性的成分。如他曾说道:"在经验中理论才有亲切的与可以证实的意义","最简单的经验都能发生一定的理论","经验不加以思考是不可能的","有意义的经验都是含有思考的某种要求"。所以,杜威的"从做中学"不仅是感性的认识过程,还是理性思考的过程。

值得注意的是,杜威强调"做",并重视"做"与思维之间的联系。他认为,传统教育中的学生主要是接受知识,"知""行"分离,教育应该是心智与身体结合,直接去获得经验。杜威还十分强调"反省性思维"思维方法,没有思维就不可能有意义的经验。总的来说,"从做中学"的核心是"做",即实践,强调儿童的主动、积极参与,儿童与环境相互作用。

(二) 陶行知的"教学做合一"

陶行知先生在批判地吸收了杜威、卢梭等教育家的思想后,结合我国旧教育存在的问题,不断探索、试验,形成了符合我国教育实际的教育理论体系——生活教育理论。"教学做合一"是生活教育理论的重要组成部分,是"生活教育的核心方法论和教学法"。

1. 以"真人"为目标

陶行知先生重视人才的培养,并对培养什么人的问题有独到的见解。陶行知先生主张培养"真人"。20世纪40年代,他明确提出了"千教万教,教人求真;千学万学,学做真人"的教育理念。

"真人",即"整个的人",有真知识、真本领、真道德的人。20世纪30年代,他提出了"要做一个整个的人"的观念,而且"整个的人"需要具备三种要素:"一要有健康的身体;二要有独立思想,有判断是非的能力;三要有独立的职业。"②为此,陶行知认为,教育应该是全面发展的教育,学生应该要有:健康的体魄,农民的身手,科学的头脑,艺术的兴趣,改造社会的精神。

关于如何培养"真人",陶行知认为应该结合生活,结合实践。学生需要将体力与

---

① [美]约翰·杜威. 杜威教育论著选[M]. 赵祥麟,王承绪,编译. 上海:华东师范大学出版社,1981:332.
② 殷建连,孙大君. 手脑结合概论[M]. 苏州:苏州大学出版社,2017:15.

脑力活动结合起来，智识与品行结合起来，思想和行为结合起来，课内与课外结合起来，培养全面发展的人。

2. 以"做"为核心

"做"是"教学做合一"的核心，教与学都以"做"为中心。在陶行知先生看来，教育学是基于做进行的，"教学做是一件事，不是三件事。我们要在做上教，在做上学"。教师的做便是教，学生的做便是学。

"教学做合一"以"做"为中心，实际上就是以实践为中心。"做"的意义十分广泛，包含生活中一切有意义的活动。其中，发明、创造、实验、建设、生产、破坏、奋斗、探寻出路、文艺等精神活动都是"做"。

值得注意的是，"教学做合一"强调理论知识与实践技能的结合，强调个人经验与间接经验的结合。陶行知认为，"行是知之始，知是行之成"，即认识活动以生活、实践为基础。总的来说，陶行知先生强调理论与实践相联系，而非只强调实践技能学习。

3. 以"劳力上劳心"为关键

对于"教学做合一"中的"做"，陶行知特别定义道："在劳力上劳心，单纯的劳力，只是蛮干，不能算做；单纯的劳心，只是空想，也不能算做，真正的做只是在劳力上劳心。我们做一件事便要想如何可以把这件事做好，如何运用书本，如何运用别人的经验，如何改造用得着的一切工具，使这件事做得最好。我们还要想到这事与别事的关系，想到这事和别事的相互影响。我们要从具体想到抽象，从我相想到共相，从片段想到系统。这都是在劳力上劳心的功夫，不如此，便不是在劳力上劳心，便不是做"。[①]

确切来说，陶行知先生的"在劳力上劳心"是强调理论与实际相联系，强调"手脑并用"。对于教育来说，教学合一、知行合一、教师与学生都作为主体，教育与生产劳动紧密结合。

4. 以"创造"为宗旨

陶行知先生的"教学做合一"是一种以"手脑并用"为基础，思想与行动相统一的有新价值的创造性学习。他曾在《生活教育之特质》中说："行动产生理论，发展理论。行动所产生发展的理论，还是为了要知道行动，引着整个生活冲入更高的境界。为了争取生活之满足于存在，这行动必须是有理论、有组织、有计划的战斗的行动。"[②]

陶行知先生认为，儿童是生而具有创造力的。"儿童的创造力是千千万万祖先，至

---

① 陶行知.陶行知文集[M].南京：江苏教育出版社，1991：224.
② 陶行知.陶行知文集[M].南京：江苏教育出版社，1991：529.

少经过五十万年与环境适应斗争所获得而传下来之才能之精华。发挥或阻碍,加强或削弱,培养或摧残着创造力的是环境。"①因此,陶行知先生主张启发培养儿童的创造能力,解放儿童的创造力。

陶行知先生的"教学做合一"与杜威的"做中学"虽然具有一定的区别,但是他们都强调儿童是具有创造力的,"教""学"与"做"需要一定程度结合,尤其强调"做"在教与学中的作用。三十七中在这种理念的指引下,尤其强调学生为主体与实践参与,通过设计学校教学与课外实践活动的相互联动的课程体系,为学生"自得"精神的培养搭建了良好的平台。

二、掌握教学理论

> 教育的基本功能是使个人获得发展,学校的中心任务是:发展能使学生在一个复杂社会中有效地生活的那些特性。通过教育手段能够发展英才;学校的主要资源应当用于增进每个人的工作能力,而不是用于预测或选拔英才。
>
> ——[美]本杰明·布鲁姆

掌握教学理论是在重视传授知识的传统教育的基础之上提出来的,强调对学生运用知识解决问题的能力的培养。主要的代表人物是布鲁姆。

布鲁姆的掌握教学理论,是建立在他的教育目标分类学的基础之上的。1956年,布鲁姆出版了《教育目标分类学·认知领域》,后来成了教育评价方面的重要著作。简言之,也就是教学应该首先要确定教学目标,然后运用评价去评估学生达到教学目标的程度。

(一) 教育目标分类学

完整的教育目标分类学主要包括三个部分,认知、情感与动作技能领域。认知领域的教育目标主要包括知识的回忆与再认,理解智力和技能的形成等;情感领域主要包括兴趣,态度和价值观等方面的变化以及形成鉴赏等方面的顺应行为;动作技能领域主要包括肌肉和运动技能和对材料客体的某些操作或需要神经肌肉协调的活动。

目前已知的教育目标的分类是在20世纪中叶由美国的心理学家们创立的,除了

---

① 叶上雄.生活教育十讲[M].成都:四川教育出版,1989:199.

布鲁姆之外,克拉斯沃尔在1964年出版了情感领域的教育目标分类学,哈罗于1972年与辛普森出版了动作技能领域的教育目标分类学专著。

具体来说,认知领域的教学目标分类包括:知识(描述、认出、界定、说明、列举)、理解(转换、举例、摘要、归纳、重写);运用(证明、解决、修改、发现、预测)、分析(判断、辨别、分解、指出、细化);综合(设计、组织、筹划、创造、整合);评价(比较、支持、批判、评论、鉴赏)。情感领域主要包括接受、反应、价值判断、价值组织(人生观)、价值个性化(价值观内化)。动作技能领域主要包括知觉(感官刺激、线索选择);准备状态(心理、身体与情绪);引导的反应(模仿与尝试错误);机械练习(由熟练而成为习惯);复杂的反应(复杂的动作行为);创作(新的行为方式及动作)。

这三个领域的教学目标还具有连续性、积累性、层次性和超越性四个特征。

(二)教学评价理论

基于教学目标分类学,布鲁姆在1971年提出了教学评价的三个重要概念,分别是诊断性评价、形成性评价和终结性评价,这三种评价主要都聚焦于学生的学习评价。其中形成性评价是其评价理论中的重中之重。形成性评价强调的是教学过程中及时反馈与矫正,也就是说,及时地对教学情况进行诊断,并采取补救措施,进而促进教学目标的实现。形成性评价包括教学进程中、单元、学期与学年的形成性评价。布鲁姆认为,形成性评价的作用是可以调整学校的活动,通过评价确认学生学习成果以及存在的问题,并提出补救的策略。

(三)掌握学习理论

20世纪60年代末,为了提高学生的学习主动性和学习能力,进而全面提高教学质量,布鲁姆提出了教学理论的核心——"掌握学习"理论。这一理论的基本思想是,在教学的过程当中,除了提供恰当的材料外,还应该给予学生充分的学习时间和适当的帮助,那么大部分学生都能达到相应的学习目标。因此,他强调学生学习的关键不在于智力而在于给学生提供所需的帮助与充足的时间。

掌握学习是一种将群体教学与个别教学相结合的教学形式,可以帮助学生树立信心,让每一个学生都能学好。实际上,布鲁姆所持有的是一种教与学的乐观主义,"只要提供适当的先前和现时的条件,几乎所有的人都能学会一个人在世界上所能学会的东西"[①]。掌握学习包括两个学习阶段。在准备阶段,首先要让学生具有掌握的信心,

---

① 续润华.苏霍姆林斯基和谐发展教学思想研究[M].北京:中国档案出版社,2004:207.

然后确定该学科的内容、目标以及测量手段,再制定单元教学计划,最后进行诊断性评价。在教学实施阶段,首先向学生介绍掌握学习的程序,并让学生适应此类学习方式,然后进行系统的教学,最后进行总结性测验。

总的来说,掌握学习理论虽然是一种乐观主义的理论,但是它也是一种有效的教学策略。有关研究发现"在掌握学习条件下的学生:能记住更多的已经掌握的内容;能更有效地学习;对学习对象有更积极的态度;对他们的学习能力有更大的信心。"[①]

三、发展性教学法

> 所谓真正的教育就是指不仅让儿童完成教师的要求,而且使他们的个性、他们的精神生活得到自然的成长。
>
> ——[苏联]赞科夫

发展性教学法是赞科夫提出来的,他是苏联心理学家,教育科学院院士与普通教育学研究所教学与发展问题研究室领导人。他主张教学应该从知识转向智能培养,教师在进行知识讲授时应该进行智能技能训练和个性品质的培养,关注学生的创造性培养。赞科夫还强调,教师应该将教师的教转化成学生的自学能力,达到教学促发展和发展促教学的目的。

在赞科夫的教学论中,他强调,以"一般发展"为出发点与归宿。一般发展指的是儿童的智力、道德、情感和性格等方面全面和谐的发展,并以智力发展为核心,然后促进学生观察能力、创造能力、思维能力和操作能力的发展。在赞科夫长期的教学实验与理论研究的背景下,他提出了"以最好的教学效果来达到学生最理想的发展水平",并归纳与总结了五条教学原则。

第一,以高难度进行教学的原则。高难度教学原则指教学不应过于容易,应该建立在较高水平难度上,但是要把握难度的分寸。赞科夫认为,"儿童的智力也像肌肉一样,如果不给以适当的负担,加以锻炼,它就会萎缩、退化。"因此,教学应该在儿童经验的基础上,让儿童充满求知欲,同时,发动儿童精神力量努力克服学习的障碍。

第二,以高速度进行教学原则。高速度教学原则并不是指教学的速度越快越好,

---

① 联合国教科文组织国际教育发展委员会.学会生存——教育世界的今天和明天[M].北京:教育科学出版社,2008:195.

而是尽可能避免教学过程中的重复教学。赞科夫认为"传统教育学为追求所谓的知识'牢固掌握',就让学生反复地咀嚼他们已知的东西,这种做法导致学生不动脑筋,精神消沉,这就阻碍了学生的发展。"因此,他主张在教学的过程当中,应该以知识的广度来促进知识的巩固,或者说以丰富的知识来促进儿童深刻地理解知识内容,形成一个广泛的知识体系。

第三,理论知识起指导作用原则。赞科夫认为,传统教育学强调的由近及远、由简单到复杂、由具体到抽象的教学原则一定程度上低估了儿童的思维能力,传统教学内容中缺乏理论知识的指导。他认为,人的感性认识和理性认识处于不断地相互作用中,因此,在教学过程中,应该涉及抽象的概念,帮助儿童理解事物的内在联系。

第四,使学生理解学习过程原则。理解学习过程原则,是指教学应该关注学习活动本身,而不是像传统的自觉性原则那样着眼于外部因素。换句话说,使学生理解学习过程,就是指通过教学教会学生如何学习。

第五,使全班学生得到发展的原则。赞科夫认为,后进生更需要得到老师的关注,而不仅仅是培养少数的拔尖生。也就是说,教学应该是面向全体学生的,教材的设置也应该适合绝大多数的学生。

赞科夫说,"教学论原则对于形式多样的过程来说,具有指导和调节的作用……我们创立的原则,其目的是使教学在最大程度上促进学生的一般发展。"[1]在这五个教学原则中,赞科夫认为,以高难度进行教学原则起决定性作用,"每一个原则都是根据它在教学论体系中的作用,根据它的职能,以及根据它与其他原则的联系的特点而具体地表现出来的。"[2]从这五条教学原则可以看出,赞科夫肯定了学生的能力或潜能,教学应该引导和培养独立的学习个体,使全体学生都能在原有的基础上得到进一步的发展。

四、理论指导下的自得教育之教师教学

根据学校的渡口文化,学生好比学海作舟,前路终究需由学生自己探索。当学生遇到障碍,"迷津问渡"而"欲渡不能"之时,教师指明欲往的方向、过渡的方法,引领学生的思想、思维从此岸到达彼岸,让学生继续扬帆远航。概括来说,学校的教师教学主要有以下特征:

---

[1] [苏]赞科夫.教学与发展[M].杜殿坤,张世臣,俞翔辉,等译.北京:人民教育出版社,1985:41.
[2] [苏]赞科夫.教学与发展[M].杜殿坤,张世臣,俞翔辉,等译.北京:人民教育出版社,1985:50.

(一) 以学生为主体

在宏观层面看,学校围绕"七维素养",践行"教育两翼"调动全员力量分级、分类、分层将育人落到实处;从微观层面看,学校建立了"四主五环"自得课堂(如图3-3),遵循"教师主导、学生主体、课堂主攻、活动主线"教学原则,按照"目标导向—预习奠基—合作解疑—展示提质—评测达标"五步教学环节组织课堂教学,实现"学习自为"意义建构的一种开放性教学。

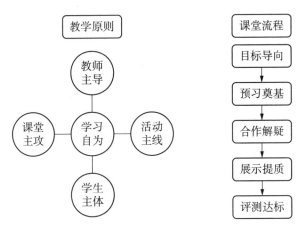

图3-3　学习自为教学模式

教师主导,指教师在学习目标的设计、学习内容的选择、学习环境的创设等方面占据主导地位,并在学生自学、互学的过程中为学生提供有效的指导、反馈、矫正、激励,引导学生学习从简单到复杂,实现低效到高效的转变。学生主体,指学生在学习过程中有主动学习的"时间""空间""工具""提问权"和"评议权",教师应该以此来激发学生学习的兴趣,改变学生的学习方式,让学生真正成为课堂的主人。课堂主攻指把课堂教学始终作为改革的主要载体与突破口,教师应该从知识传授转向引导学生自主探究,激活思维,诱导自学,先学后教,不教而教,让课堂回归学生的世界,让课堂变成阳光灿烂、灵性生长、青春飞扬的舞台。活动主线指课堂学习过程应以问题为导向,把组织学生以自学、合作、展示等方式参与到问题解决的系列活动之中,让外在的动口、动手、互助交往与内在的思维活动和情感体验协同配合,促进学生对新知的理解和内化,不断丰富学习经验,实现知识与技能、过程与方法、情感态度与价值观的协调发展。

另外,在强调学生主体的教学过程中,课题流程的五个步骤始终贯穿着对学生自主探索与体验自主的关注,如预习奠基贯彻先学后教原则,将学生对新知识的预备性尝试学习作为教学起点,让学生养成面对新问题首先进行自主探索、尝试解决的习惯;合作解疑是强调学生通过共同自主学习,通过小组成员间的有效沟通、取长补短,解决学生在预习中产生疑问;展示提质指学生通过同学们相互间评价,实现深度学习,提高学习品质。

(二) 以实践为主线

依据杜威、陶行知、布鲁姆等教育家的理论,实践是获得知识的重要途径,尤其在21世纪,学生更要通过实践,实现自主学习能力的提升。三十七中以理论为指导,贯彻教、学、做合一的理念,构建完善的课堂体系,促进学生自得。杜威曾说:"一个儿童要学习的最难的课程就是实践课,假如他学不好这门课程,再多的书本知识都补偿不了。"[①]无论是杜威所主张的"做中学",还是陶行知所主张的"教学做合一",都强调了"做",即实践的重要性,都强调了在"做"中去体验、去反思。三十七中"自得文化"体系将实践定为育人立人的主要载体,不断搭建平台、创设场景,让学生走出校园,走进生活,在可感可知可触摸的生活情境中去体验、去磨砺、去陶冶、去成长,真正做到自悟自成,自行自得。具体来说,紧扣社会主义核心价值观和中国梦核心主题,从爱国主义、理想信念、行为规范、传统文化、基本素质五个维度,开展核心价值观教育、优秀传统文化教育、公民素质教育、法治精神教育、中国梦教育、"三爱""三节"教育、心理健康教育、班级文化建设等重点工作,逐步形成了德育实践活动的主题化、序列化、生活化和品牌化。

在具体的实践操作中,主要从五个方面推进。一是分段设计方案,注重吸取学生建议,注意活动的主题性、价值性、实效性、可行性。二是事前开展安全、礼仪、社会公德和法治教育。三是强调项目开展的计划性。四是强调老师的指导作用。五是总结评价,即扩大实践的外延,尽可能将学生课外的行为纳入评价,载入学生发展档案。

(三) 以创造为主旨

学校在培养目标的指导下,形成了基础课程、发展课程、实践课程等促进学生个性发展的"三向度"课程群,聚焦课程学习的自我效能的提升,尽可能挖掘和培育学生的活力,尊重每一个学生的个性差异及创造性。为了弘扬学生的个体创造性,学校主要从以下几个方面做出探索:

第一,整合日常活动,发掘育人因子。学校对传统日常教学活动进行分类,将各项

---

① 邱磊."偷师"杜威:开启教育智慧的12把钥匙[M].北京:中国轻工业出版社,2014:114.

教育活动课程化。学习的过程,对学生而言,是知识内化、能力提升的动态过程。因此,学校将读书节、艺术节、科技节、体育节、运动会及入学教育、毕业教育等20多种传统教育活动进行课程化、规范化处理,对学生体能和心智进行双重锻炼。另外,学校的实践活动融入爱国主义教育、乡土文化教育,引导学生对周边环境进行细致观察和深入思考,激发学生创造性。

第二,开发选修课程,关注创造性培养。学校开设近百门精品选修课,为学生多样化发展提供专业化、个性化的教育课程选择,既立足学科素养,又联系生活实际,能够很好地拓宽学生的学科视野、培养学生的创造品质,如化学"衣食住行见化学"课程、数学"生活中的数学"课程、生物"魅力人生—生物学职业"课程、信息技术"智能硬件DIY"课程,引导学生对自然科学真理展开不懈追求。

第三,挖掘艺体特色,以艺术推进创造力的培养。弗格森说:"每个人都守着一扇只能从内开启的改变之门。不论动之以情或晓之以理,我们都不能替别人打开这扇门。"[1]学校通过艺术课程建设,为学生提供不同基础的艺术知识和技能,培养学生发现美、创造美的能力,塑造学生热爱艺术、热爱生命的情感。"自得教育"背景下的艺体课程,不只是教授给学生艺术体育知识,更在于引导学生在艺术创造中感悟平凡生活的美丽。

关于教学,其实"教风"是其重要精神的凝练。"迷津问渡,启悟自行"作为三十七中的"教风",传达出一种现代的教育理念和教学策略,把"启悟"作为最重要的教学策略,通过"指点迷津"唤醒和激励学生"自我探究"。为教之道,乃在于启发学生自我反思,领悟学习的路径,自奋其力达到从不知到知,从不会到会。这正是现代教育对教师职能的重新确立,也正是渡口文化对我校教风的滋养。在"迷津问渡,启悟自行"教风的熏陶下,三十七中形成了独特的教师精神:

勇于担当:天降大任　舍我其谁
勤于钻研:教海无涯　上下求索
乐于奉献:潜心耕耘　不计得失
敢于争先:意在斯乎　何敢让焉

---

[1] 庞尔成.师本之路[M].长春:吉林大学出版社,2015:69.

哲学家大卫·休谟提出"人类刻苦勤勉的终点就是获得幸福"[①]。教育在于观照学生生命的成长,在于提升学生的幸福感。重庆市第三十七中学校秉持"自得其乐,幸福一生"的"自得教育"理念,经过一代代三十七中人的辛苦努力、积极探索、认真实践,完善了"自得教育"体系。"自得教育"坚持以人为本的教育理念,以育人为根本宗旨,主张自我的主体性,尊重每一个学生的主体性,注重发掘学生的智慧潜能;同时张扬个体的创造性,强调亲身的体验性,强化个人的反思性,促进学生洞察自己的内心,明确自身的需求,进而不断超越自我、全面发展,体验多彩生活、成就精彩人生。

[①] 徐老丫.让幸福来敲门:哈佛幸福公开课[M].武汉:长江文艺出版社,2012:194.

第四章 自得教育下的党建工作

党建引领是在中国共产党的领导下,通过发挥党建的组织优势、政治优势引领政府工作、社会治理、企业生产、组织发展、人民群众等,夯实组织基础,保证正确的政治方向,从而促进各项工作健康发展[①]。区域和学校发展的第一要义是筑牢党建堡垒。要全面推进党的建设,做好党的建设的伟大工程,就需要毫不动摇地坚持党建引领,充分发挥党的建设在新时代的法宝作用[②]。

重庆市大渡口区以教体系统机构改革为契机,健全基本组织,理顺隶属关系,积极建立了守正与出新的党建工作体系,实现所有学校党组织全覆盖。大渡口区持续加大基层党建投入力度,让基层党组织管事有专人、办事有经费、议事有场所,严格落实各项基本制度,以党史学习教育为契机,压实压细基层党组织活动。全区积极打造大渡口区教育系统党建工作品牌,不断提升党建工作科学化水平。

本章主要介绍了重庆市大渡口区立足于"多维一体 教育大渡"的区域教育理念建立的"守正与出新的党建工作体系"。多年来,重庆市大渡口区在守正与出新的党建工作体系的引领下,区域的党建工作的质量和效果得到了有效提升,党旗始终高高飘扬在教育一线。

第一节 守正与出新的党建工作体系的背景

党的十八大,特别是党的十九大以来,以习近平同志为核心的党中央更加重视加强党的建设,全面从严治党稳步推进,党建取得一系列重大成果。党的十九大报告提

---

① 王韶兴.现代化国家与强大政党建设逻辑[J].中国社会科学,2021(3):26—45.
② 沈胜林.党建引领学校教育治理现代化的理论思考与实践策略[J].黄冈师范学院学报,2021(2):16—21.

出,党的建设新的伟大工程在"四个伟大"中起决定性作用[①],这进一步明确了党建的地位。

党的建设新的伟大工程呼唤党建引领,也提出了加强党建引领的新要求。新形势下做好基层党建工作,要认真学习习近平总书记十八大以来就"建设一个什么样的党"和"怎样建设党"所提出的一系列党建工作新理念新思想新战略。重庆市大渡口区深刻理解、积极落实党对教育事业的全面领导,推出守正与出新的党建工作体系,把党的政治建设摆在首位,牢牢把握意识形态工作领导权,始终坚持党对教育事业的全面领导的价值定位。

一、响应党对教育事业全面领导的总体号召

教育是国之大计、党之大计。培养什么人,是教育的首要问题。我国是中国共产党领导的社会主义国家,这就决定了我们的教育必须把培养社会主义建设者和接班人作为根本任务,培养一代又一代拥护中国共产党领导和我国社会主义制度、立志为中国特色社会主义事业奋斗终身的有用人才。这既是教育事业的根本任务,也是教育现代化的方向和目标。

习近平总书记在全国教育大会上的重要讲话,站在党和国家事业发展全局的战略高度,深刻回答了培养什么人、怎样培养人、为谁培养人这一根本问题,对加快教育现代化、建设教育强国、办好人民满意的教育作了全面部署,是指导新时代教育改革发展的纲领性文件[②]。习近平总书记关于教育的重要论述举旗定向、思想深刻、内涵丰富、博大精深,就新时代教育改革发展提出一系列新理念新思想新观点,集中阐述了"九个坚持",即坚持党对教育事业的全面领导,坚持把立德树人作为根本任务,坚持优先发展教育事业,坚持社会主义办学方向,坚持扎根中国大地办教育,坚持以人民为中心发展教育,坚持深化教育改革创新,坚持把服务中华民族伟大复兴作为教育的重要使命,坚持把教师队伍建设作为基础工作。

习近平总书记将"坚持党对教育事业的全面领导"列在"九个坚持"中的第一位。重庆市大渡口区的守正与出新的党建工作体系是响应党对教育事业全面领导总体号

---

① 习近平.决胜全面建成小康社会夺取新时代中国特色社会主义伟大胜利——在中国共产党第十九次全国代表大会上的报告[R].北京:中国共产党中央委员会,2017.
② 王炳林.党对教育事业全面领导的科学内涵和基本路径[J].马克思主义理论学科研究,2020,6(5):29—36.

召的积极举措和探索,将坚持党对教育事业的全面领导作为教育工作最宝贵、最重要的经验,突出强调了党对教育事业领导的极端重要性,为我国教育事业贯彻落实党的领导提出了明确要求,也为我国实现教育强国、教育现代化、办好人民满意的教育指明了政治方向和根本保障。

二、确保社会主义教育办学方向的必然选择

在2018年全国教育大会上,中共中央总书记、国家主席、中央军委主席习近平出席会议并发表重要讲话。习近平总书记讲话的主要精神是在党的坚强领导下,全面贯彻党的教育方针,坚持马克思主义指导地位,坚持中国特色社会主义教育发展道路,坚持社会主义办学方向,立足基本国情,遵循教育规律,坚持改革创新,以凝聚人心、完善人格、开发人力、培育人才、造福人民为工作目标,培养德智体美劳全面发展的社会主义建设者和接班人,加快推进教育现代化、建设教育强国、办好人民满意的教育[①]。

教育是一种社会存在。不同社会制度决定着教育的不同目的。习近平总书记指出,"培养什么人,是教育的首要问题。我国是中国共产党领导的社会主义国家,这就决定了我们的教育必须把培养社会主义建设者和接班人作为根本任务,培养一代又一代拥护中国共产党领导和我国社会主义制度、立志为中国特色社会主义事业奋斗终身的有用人才。这是教育工作的根本任务,也是教育现代化的方向目标。"我国教育的发展方向必须与我国发展的未来方向相一致。教育战线及其各类学校是社会主义意识形态的前沿阵地,是教书育人、立德树人、传承社会主义文明的基地,是党的教育事业的载体。

重视教育就是重视未来,重视教育才能赢得未来。在未来的30年,全国教育战线培育出的人才,将亲手把我国建设成为社会主义现代化强国。对于教育部门和各类学校来说,要完成新时代教育的伟大使命,就必须坚持社会主义的办学方向。习近平总书记强调,"加强党对教育工作的全面领导,是办好教育的根本保证。教育部门和各级各类学校的党组织要增强'四个意识'、坚定'四个自信',坚定不移维护党中央权威和集中统一领导,自觉在政治立场、政治方向、政治原则、政治道路上同党中央保持高度一致。"因此,加强党对教育工作的全面领导,首先应该从政治上和领导体制上加深认识,在党建工作体制中深化改革。

---

① 习近平在全国教育大会上强调:坚持中国特色社会主义教育发展道路　培养德智体美劳全面发展的社会主义建设者和接班人[N].人民日报,2018-09-11(1).

三、严格区党员干部管理与培训的现实需求

随着社会的不断发展进步,干部队伍发生了很大变化。一是干部队伍的年龄层次、知识结构和整体素质发生了重大变化,呈现出年轻化、知识化、专业化的新趋势①。二是干部成长环境和对干部的能力要求发生了重大变化。当前,党对干部能力要求的重点有所转变,从注重对党员的党内政治考验转向注重对党员建设中国特色社会主义的考验。三是干部的学习需求发生了重大变化。在经济、政治、文化、社会等多种因素相互作用下,干部的综合素质,包括理论素养、道德品质、工作能力等,得到了大幅度提升。他们的个性化学习需求也不断增强、不断变化,面临从提高知识层次向提高综合素质的转变,从政治思想学习为主向运用理论解决实际问题转变的问题。干部队伍情况的改变,加之部分党员干部忽视党性锻炼、执政意识淡化,都给党校干部的教育培训职能提出了新要求,增加了新难度。

干部教育培训是提升干部队伍建设的先导性、基础性和战略性的重要工程,在实现伟大中国梦过程中具有不可替代的作用。党的发展壮大离不开干部教育培训工作。因此,在新时期需要针对干部教育培训工作提供明确的要求,进一步提升教育培训的内生动力,更好地突出干部教育培训工作的问题导向、实践导向,积极引导广大党员干部不断提升综合素质和解决实际问题的能力,并通过开展专题培训工作,以此来造就一支具有专业能力、专业精神和专业作风的干部队伍。因此,重庆市大渡口区通过开展切实可行的干部教育培训,使广大党员干部通过不断学习,勇于创新,进一步促进党的建设事业的健康、持续发展。

四、推进区教育事业创新机制发展的重要保障

改革创新是时代发展的不竭动力,更是教育发展的时代主题。教育改革是全面深化改革的重要内容②。中国共产党历来高度重视党对教育事业创新机制引领的发挥,并且始终随着党面临形势和任务的发展变化,不断调整、改革、创新和发展干部教育的方向、内容、方法和体制机制。

党的十八大以来,以习近平同志为核心的党中央高度重视教育,提出了一系列新

---

① 杨曼,胡永洲.找准职责定位,提升工作绩效——基层党校充分发挥干部教育主阵地作用的思考[J].兵团党校学报,2012(4):64—67.
② 朱新均.改革创新体制机制 加强教育系统党建[J].基础教育改革动态,2010(8).

理念新思想新战略,为坚决破除制约教育事业发展的体制机制障碍指明了方向。推进教育改革创新,要坚决贯彻落实深化教育体制改革的各项任务,着力从教育评价、办学体制和教育管理、人才培养、教育开放等领域下功夫,坚决破除制约教育事业发展的体制机制障碍,真正形成高质量发展的教育体制机制,这一过程离不开党的引领[①]。因此,教育事业必须不断改革创新发展,才能跟上和不断适应党的事业发展需求。只有不断加强党建对教育事业的科学化研究和规律化探索的指引,才能努力实现党的教育事业的与时俱进和创新发展。

重庆市大渡口区真抓实干,开拓进取,以育人为根本,以提高质量为目标,以改革创新为动力,以教育公平为追求,积极推进教育事业创新机制发展与改革,加快推进教育事业均衡发展,不断探索改革创新与科学发展的双赢之路。大渡口区选优配强基层党组织班子,优化基层党组织队伍,使"一岗双责"落地落实,推动学校党建和业务工作互促共进。多年来,大渡口区坚持党建和业务并重并举,做到党建和业务同部署、同推进、同落实,确保业务工作推进到哪里,党建工作就覆盖到哪里。此外,重庆市大渡口区把党建考核结果作为业绩评价、党员奖励与干部任免的重要依据,严格考核、严格兑现,让党建促发展看得见、摸得着、有内容、出效果,为争创教育现代化先进区奠定了坚实基础。

第二节 守正与出新的党建工作体系的构想

党的十九大强调,要"把企业、农村、机关、学校、科研院所、街道社区、社会组织等基层党组织建设成为宣传党的主张、贯彻党的决定、领导基层治理、团结动员群众、推动改革发展的坚强战斗堡垒","打造共建共治共享的社会治理格局"。全国城市基层党建工作经验交流座谈会指出,"要充分发挥党组织领导核心作用,积极探索党建引领基层治理的有效路径"。重庆市城市基层党建工作推进会提出,要"以党的建设贯穿基层治理、保障基层治理、引领基层治理"。这些都对新时代如何强化党建引领基层治理提出了新要求。

中共大渡口区委教育工委以习近平新时代中国特色社会主义思想为指导,认真贯彻落实全国教育大会精神,围绕习近平总书记提出的坚持党对教育事业的全面领导这

---

① 张海波.习近平坚持深化教育改革创新重要论述的基本遵循[J].东北师大学报(哲学社会科学版),2021(1):22—28.

一重要讲话精神,结合重庆市大渡口区教育实际,构建了"守正与出新"的党建工作体系。其目的在于全面加强和改进重庆市大渡口区教育系统党的建设,积极打造重庆市大渡口区教育系统党建工作品牌,不断提升党建工作科学化水平。

一、大渡口区党建工作的基本情况

重庆市大渡口区属重庆主城区、重庆大都市区,地处重庆市西南部,是重庆都市圈重要组成部分,也是重庆市中心城区十二个组团之一,于1965年建区。大渡口区东临巴南区,南界江津区,西、北靠九龙坡区。至2017年末,重庆市大渡口区下辖5街3镇,面积102.83平方公里。重庆市大渡口区委教育工委现有党员1828名,所属基层党组织共有69个,含党委、党总支、党支部。其中公办学校党组织有62个,民办学校(非公)党组织4个,教委机关党组织3个。基层党组织中设立党委的有6个,设立党总支的有3个,党支部共有60个。近年来,大渡口教育既坚持高位均衡发展,又注重优质特色发展,形成了拥有市级示范幼儿园、小学、初中、重点高中,国家级重点职高和国家级示范性中职学校的立体化优质教育体系。

为落实中央和重庆市委部署,重庆市大渡口区委教育工委坚持问题导向,全面加强党建工作,积极构建了守正与出新的党建工作体系。党委积极组织教师系统学习党的历史,全面加强教育系统党的建设,教育普及水平实现历史性跨越,教育教学质量保持高位运行,给重庆市大渡口区的教育事业发展带来了全新气象和勃勃生机。目前,重庆市大渡口区委教育工委系统已做到了基层党组织的全覆盖,正奋力迈向全区教育事业的高质量发展。

二、守正与出新的党建工作体系的基本内涵

为深入贯彻习近平总书记在全国教育大会上的重要讲话精神,在党的坚强领导下,坚持中国特色社会主义教育发展道路,培养德智体美劳全面发展的社会主义建设者和接班人,重庆市大渡口区委教育工委守正与出新的党建工作体系紧紧围绕"中小学教育改革发展稳定、落实立德树人根本任务"的根本目标,围绕"守正"与"出新"的两大重点任务,加快推进大渡口区教育现代化,为办好人民满意的教育作出新的贡献。

(一)总体目标

习近平总书记在中央政治局第十五次集体学习时指出,牢记初心和使命,推进党

的自我革命,要坚持守正和创新相统一①。2019年,重庆市大渡口区提出了以"多维一体,教育大渡"的区域教育发展理念,据此,重庆市大渡口区委教育工委守正与出新的党建工作体系紧紧围绕"中小学教育改革发展稳定、落实立德树人根本任务"的总体目标稳步推进。

(二)两大重点任务

基层党组织是党执政的组织基础,是党的全部工作和战斗力的基础所在。面对新形势新任务新要求,要以守正促创新,以创新强守正,唯其如此,基层党建工作才能更好地完成新时代赋予的历史使命,为完成党的建设新的伟大工程打牢基础、做好支撑②。深刻理解重庆市大渡口区委教育工委区守正与出新的党建工作体系必须厘清"守正"与"出新"的关系。

"守正"是"出新"的基础,即坚守正道,基层党建工作要解决好什么是正、守什么正的问题,才能保持正确的前进方向,不会迷失自我。重庆市大渡口区委教育工委以"加强党支部的标准化、规范化建设"为重点任务,以"突出政治功能、优化组织设置、建强支部班子、抓实党员教育管理、严肃组织生活、强化制度保障"为主要抓手,促使党支部的日常工作能做到有章可循、有规可依,形成长效机制。进一步推动全面从严治党向基层延伸,全面提升重庆市大渡口区基层党组织的组织力,巩固党长期执政的组织基础。

"出新"是"守正"的条件和实现路径,就是要从事物的本质、规律出发,积极探索推动事物发展的新方法新途径,基层党建工作只有以创新来解决好怎样守正、如何守正的问题,才能达到真正意义上的守正。重庆市大渡口区委教育工委以"打造党建特色品牌"为重点任务,遵循"围绕中心、服务大局""与时俱进、务求实效"两大原则,力求做到"一校一品、一支部一特色",不断激发基层党组织的内在动力和创新能力,发挥党建品牌的影响力和推动力,调动教育系统广大党员的积极性和创造性,努力办有品质、有内涵、有情怀的大渡教育。

第三节 守正与出新的党建工作体系的探索

重庆市大渡口区委教育工委紧紧围绕"为党育人,为国育才"的工作基调,以"党建

---

① 中央"不忘初心、牢记使命"主题教育领导小组印发《关于认真学习贯彻习近平总书记在中央政治局第十五次集体学习时重要讲话的通知》[J].党的建设,2019(8):13.
② 张宏.基层党建工作的守正与创新[J].人民论坛,2019(12):56—57.

质量年""支部建设年""制度建设年""党史学习教育"等为载体,建立"守正与出新"的党建工作体系。多年来大渡口区教育系统按照"党要管党,全面从严治党"要求,坚持抓好中小学党建工作,实现中小学党建与教育教学工作的深度融合、双向提升,以"两学一做"为主线,夯实党建工作,为践行生命教育,点亮生命精彩保驾护航。

一、明确方向,开展区域调研

为落实中央和重庆市委部署,大渡口区委教育工委坚持问题导向,明确了调研的方向,通过开展党建工作督导、基层实地调研、召开座谈会等方式,先后深入全区 8 个镇街 20 多个社区调研。一是调研目前重庆市大渡口区教育系统党建工作中存在的问题,特别是党建工作的薄弱环节,明确"标准化、规范化"的建设目标。二是对"标准化、规范化"工作的瓶颈和风险进行研判,确定工作的着力点,明确党建工作标准化、规范化建设的重点、难点,有针对性地厘清党建工作标准化、规范化项目清单。

基于以上两项工作的基本要求,重庆市大渡口区委教育工委在区域内部展开了机制体制的建立和落实,积极构建"开放融合、全面统筹、系统推进"的基层治理大格局。

二、夯基垒石,创设工作品牌

党建融入中心、推动发展,关键点在于如何做。一直以来,重庆市大渡口区各支部积极结合核心业务开展,探索党建融入中心的新形式和新方法。为研究和制定出重庆市大渡口区教育系统党支部标准化、规范化建设等相关党建工作制度,为党支部标准化、规范化建设工作提供指导性和方向性建议,重庆市大渡口区委教育工委结合调研现状制定了重庆市大渡口区教育系统党建特色品牌创建实施方案,为"一校一品""一支部一特色"的建设提供具体可操作性建议。

根据不同学段,大渡口区委教育工委开展了党支部标准化、规范化试点示范建设和党建特色品牌创建活动。通过试点示范建设,大渡口区委教育工委不断积累经验,形成可复制、可推广的模式,同时不断完善标准化、规范评价体系和品牌创建评价标准,用于评价、指导两大重点工作的落地和实践。

(一) 建章立制,定规矩

为形成规范的制度和章程,大渡口区委教育工委印发了《关于在教育系统党员中开展"学党章党规、学系列讲话,做合格党员"学习教育实施方案》《区教育系统 2017 年党风廉政建设和反腐败工作分工责任制》《学校党组织书记责任清单》等相关文件,以促进学校党建工作的规范化、制度化和科学化开展。同时,大渡口区委教育工委引导党员亮身份作表率,充分发挥"一个党员一面旗"作用。

1. 构建教育集团"党建共同体"

党的群团工作是党通过群团组织开展的群众工作,是党组织动员广大人民群众为完成党的中心任务而奋斗的重要工作。在大渡口区委教育工委的引领下,大渡口各级学校党委全面贯彻党的教育方针,落实立德树人根本任务,培养德智体美劳全面发展的社会主义建设者和接班人,始终秉承"党建引领学校高质量发展"理念,不断优化学校教育教学工作途径,积极构建教育集团的"党建共同体"。

重庆市大渡口区实验小学以党建带团建、队建、妇建、工建,不断加强阵地建设,积极探索集团党建工作新模式,构建了教育集团"党建共同体"。多年来,学校在李竹校长的带领下,创办了"启慧"教育,为学生终身发展和幸福人生奠基,引领学校跻身一流名校行列。

图4-1 《重庆教育》专访大渡口区实验小学李竹校长

重庆市大渡口区实验小学的"党建共同体"通过"三大目标"引领学校品质提升。一是成长好每个学生。学校党委重视学生道德品质教育,为学生扣好人生第一粒扣子,科学实施入学礼、入队礼、护旗礼、毕业礼四大典礼活动,培育红色基因,厚植家国情怀。创造性地将武术的普及与提高相结合,推动武术的弘扬与传承,先后培养出刘艳艳、汤露、袁梦洁等5名武术世界冠军,李咏虎、徐鹏两名洲际冠军,数名全国冠军,多次组队代表重庆市参加全国学生运动会,获"重庆市特别贡献奖"。学校武术队员多次出访英国、加拿大等国家,弘扬国粹,传播中华传统文化。

二是发展好每个教师。大渡口区实验小学党委高度重视教师队伍建设,成立李竹"名校长工作室",强化思想政治龙头作用,强化师资队伍建设。近五年来,学校先后培养校级干部10余人,中层干部60余人,教师参加各级各类比赛荣获国家级、市级奖励400余人次。

图4-2 重庆市大渡口区实验小学学生

三是服务好每个家庭。坚持聚焦民生、服务社会的理念,通过家长督学进校园、教师家访等活动,提升家校育人合力。学校打造了"有温度"的课后延时服务,缓解了家长下班接送难的问题,又让学生把兴趣和学习延伸到课外,真正做到了让家长放心、满意。

启慧文化如春风化雨,催生了学生、教师、学校的共同成长。学校先后荣获全国中小学NOC信息化教育试验学校、全国优秀少先队集体、全国红旗大队、重庆市示范小学等荣誉称号。《中国教育报》《人民教育》多次报道学校"启慧"教育特色及办学成果。

学校作为"国培"基地,先后承办了"小学语文片区帮带校本研修国培"等项目10余项,接待了来自四川、广西等地教育同仁来校交流学习共计3000余人次。作为重庆市"领雁工程"示范学校,学校先后与忠县双桂仁和中心小学、忠县汝溪镇中心小学等结为项目学校。作为区域内首个教育集团,学校有效缓解了"择校热",为区域教育集团化办学提供了可鉴样板。

2. 开创中学团员教育管理

青年是祖国的未来,是民族的希望,在任何一个时代,青年都是社会上最有朝气、最富有创造性、最富有生命力的群体。中国共产主义青年团是中国共产党领导的先进青年的群团组织,是广大青年在实践中学习共产主义的学校。新团员是团组织的新鲜血液,为团组织注入了新生力量。

为进一步深化共青团基层组织改革,改革团员发展和教育管理机制,建强团员青年教育管理阵地,强化青年团员思想政治教育和理论武装,全面提高青年团员队伍素质能力,大渡口区委教育工委与大渡口区团委高度重视团员青年组织的培养,多措并举,开创了中学团员教育管理新格局。

"我志愿加入中国共产主义青年团,坚决拥护中国共产党的领导,遵守团的章程,执行团的决议,履行团员义务,严守团的纪律,勤奋学习,积极工作,吃苦在前,享受在后,为共产主义事业而奋斗。"重庆市商务学校举行的2021年离队入团仪式结束后,初三(4)班学生代表黄翕然激动不已,铿锵的誓词,豪壮的誓言,激励着在场的每一位青年团员,表达了对祖国的热爱和对共青团的向往!

图4-3 大渡口区95中队入团仪式

从成为入团积极分子,进行3个月的培训,到成为一名团的发展对象,再到成为一名共青团员,大渡口区每位学生团员都经过了严格的入团标准和程序。在此过程中,他们不断接受政治熏陶、理论学习、实践教育,一步步学习成长为讲政治、有知识、有信仰的共产主义接班人。

(1) 严格入团标准和程序

根据团中央、团市委关于县域共青团基层组织改革试点安排部署,团大渡口区委结合《新时代共青团激励机制指导大纲(试行)》,探索大渡口区团员积分入团制度,引导全区中学在"有信仰、讲政治、重品行、争先锋、守纪律"5个方面基础上,坚持政策引导和自主探索结合,做好积分入团工作。

重庆市第九十五中学校团委在"有信仰、讲政治、重品行、争先锋、守纪律"5个方面,结合学校教学理念,创新先进性评价指导标准,增加了强体魄、有智慧、自我评价等标准。重庆市钢城实验学校要求学生最终总积分大于等于80分才能成为入团积极分子。重庆市长征学校实行对理想信念有问题、不遵纪守法的入团积极分子"一票否决"制,从源头保证团员先进性、纯洁性等。另外,大渡口区其他中学也按要求探索和开展积分入团制,进一步规范入团标准,构建团员发展全过程培养评价机制,推动入团标准可量化、可评估、可检验。

(2) 改进团员政治教育

大渡口区以开展主题活动和社会实践为重点,不断改进团员政治教育。大渡口区学生参加社会实践活动作为入团审核必备条件。在校园内,学生可自愿加入校园志愿岗,参与安全宣讲、校园环境清扫、开学迎新生等学校志愿服务。在校园外,主动参加团区委开展的"团员到社区报到"实践活动,积极参与基层治理、志愿服务等实践。

大渡口区委教育工委和区团委高度重视团员青年的主题教育活动。2021年8月31日,在重庆市第九十五中学校开学典礼上,学校少先队员、共青团员集体朗诵《以青春之我践行强国誓言》,借李大钊、王瑞俊、张桂梅、黄文秀、王红旭等人物故事,喊出了"请党放心,强国有我"的铮铮誓言。

此外,大渡口区委教育工委和区团委以学生参与志愿服务为抓手,积极探索"入团先当志愿者"制度,一方面在校内组织入团积极分子分批参加校园志愿岗,另一方面在校外积极组织团员到社区报到,形成校内校外实践锻炼闭环,不断改进团员实践教育和政治教育。大渡口区教育团工委与学校团委探索从注册、参与、时长3个方面规范量化校内、校外志愿服务考评标准,使团支部在考察入团积极分子时有据可依。

图 4-4 团组织、团员、团干部代表集中收看大会直播

图 4-5 重庆市三十七中五四表彰暨新团员入团仪式

2021年全区有500余名学生向居住地团组织报到,这不仅为基层贡献了青春力量,还进一步强化了团员实践教育活动,体现共青团员先进性,积极发挥了共青团组织实践育人作用。学生在"入团先当志愿者"后,担当意识更强了,在志愿服务和主题团日活动中更积极了,同时在学习上更加发奋努力,在向着新时代优秀团员青年的方向上不断前进。

自县域团组织改革以来,团大渡区委突出政治训练,强化思想引领,常态抓好团员理论武装,引导各学校落实"三会两制一课"、主题团日等组织生活制度,区内中学普遍建立了团校,选拔九十五中、三十七中作为示范团校,切实提升团组织的吸引力、影响力和战斗力。

(3) 改革团的激励和团员先进性评价机制

坚持党建带团建,以特色团建引导新时代下的学生团员全面发展是抓好大渡口团建工作的一项关键举措。大渡口区各学校开展学习教育系列活动,充分用好市区红色资源,培育引导团员坚定不移学党史、强信念、跟党走,让爱党、爱祖国的信念在每一个学生心中生根发芽。

学校团建的质量关系着学生团员发展的质量。以前发展学生团员存在政治标准不够鲜明、具体,团课教育质量不高、团员先进性不足等问题,自从团大渡口区委开展县域共青团基层组织改革试点工作以来,以党建带团建为关键,严格要求学校团组织开展组织生活会、开展团员先进性评价、落实共青团"两制"及"智慧团建"系统同步跟踪记录等,切实提高了团员的质量。

图 4-6 重庆市商务学校五四表彰仪式

此外,团大渡口区委全方位落实推优入团、推优入党制,制定了大渡口区"红领巾奖章"基础章、一星章、二星章、三星章评选方案,从生活作风、学习成绩、思想道德、政治启蒙等方面对星级章获得人(集体)作出严格要求。2021年6月进行了基础章、一星章的评选,共1000余名少先队员(集体)获得表彰,同时将获章少先队员作为推优入团预备人选,健全入团激励等激励机制。

同时,为增强对《新时代共青团员先进性评价指导大纲(试行)》等文件的宣传和引导,团大渡口区委指导各级各类学校团组织落实大纲要求,围绕理想信念、政治素质等维度,逐步建立团员先进性评价常态化机制,改革团的激励和团员先进性评价机制。

3. 抗击疫情教学管理机制

2020年新型冠状病毒感染的疫情防控形势严峻复杂,牵动着每一个中国人的心,党中央高度重视。在防控新型冠状病毒感染的疫情的关键时刻,大渡口区委教育工委组织区域党员教师把做好疫情防控工作与巩固拓展"不忘初心、牢记使命"主题教育成果结合起来,在疫情防控中践行初心使命,充分发挥先锋模范作用,坚定不移地把党中央决策部署落到实处,全力以赴、众志成城,坚决打赢这场疫情防控阻击战。

新型冠状病毒感染的疫情发生后,大渡口区委教育工委积极贯彻落实习近平总书记关于疫情防控重要指示精神和党中央相关部署,贯彻区委区府、区教委相关要求,明确政治站位,研制方案,搭建平台,加强指导,重视服务,以实际行动扛起"停课不停学""停课不停研"的使命担当,做实做好疫情防控延迟开学期间教育教学服务指导工作。大渡口区委教育工委的党员教师们为全区教育系统教育教学工作提供高质量服务指导,践行初心使命,勇于担当作为,展现出新时代新型教科研机构的风采。

疫情推迟了开学时间,延长了寒假,然而,"停课不停学",大渡教育从教委到学校到老师都在积极思考,迎接线上教学这个新生事物。如何让宅家的孩子,既能身心愉快,又能因时、因地、因人地学习呢? 各学校在准确领会教育部、市教委"线上教学指导"等精神基础上,制定出一校一策,一班一案,一生一案策略,为线上教学交出了一份份满意的答卷。大渡口区委教育工委为更加自觉主动地履行好"服务学校,成就师生"的工作职能,组织优秀党员教师把指导服务基层学校教育教学工作作为抗击疫情的第一线,以实际行动支持全区师生"停课不停学""停课不停研"。

2020年1月27日,重庆市大渡口区各学校的党政干部回到学校,共同商讨部署学校新型冠状病毒疫情防控工作,研制了《大渡口区教师进修学校新型冠状病毒疫情防控方案》。1月28日,大渡口区各级各类学校党支部接连召开防控疫情工作推进会,在学校微信工作群、QQ工作群中发出了《致全体党员同志的一封信》,进一步凝聚党员教师战斗力,激发党员教师初心使命。

如何陪伴远离校园的学生们认知疫情、呵护健康、懂得生活、学会学习、感悟大爱是大渡口教育人的应有思考。大渡口教育人立足本职工作,从不同的角度细心呵护、真情陪伴、精心引导,上演了一幕幕大渡口教育人传递爱的"大片"。

一是深刻领会"停课不停学"要义不放松。在大渡口区各级各类学校很好处理了统一步调与"一校一策"的辩证关系,既有执行力,又有创新度。学校在各级党委的引领下,进一步明确线上教学不是单纯意义上的网上上课,也不只是学校课程学习的简单延伸,而是更为广义的学习,是疫情防控大政治下的大学习。学校进一步明确了有助于全社会疫情防控、学生健康成长的内容和方式是可行的,这也是大渡口区遵循教育规律的有益尝试和大胆实践。

图4-7 重庆九十五中党委书记彭英杰主持召开疫情防控动员会

二是坚持立德树人的导向不放松。大渡口区各类学校新招层出不穷,创意连连,大家分享的举措与抓手都显著体现了国家课程学习与疫情防控学习相结合,注重疫情防护知识与生命教育相结合,注重社会认知与奉献大爱相结合。各校以不同形式注重先进事迹的宣传、社会美德的弘扬,爱党爱国爱人民爱社会主义思想情感的培育等等,真正践行着"培养什么人"的首要问题和根本任务。

三是教师教书育人一刻也不放松。首先,大渡口区全区1 000余名班主任每天坚持摸底学生疫情接触史、旅行史,日常生活轨迹,对身体健康出现异常的学生嘘寒问暖、关怀备至,每一天的电话微信互动都传递着班主任最真挚的关爱。其次,大渡口区开拓空中课堂的老师们勇于开拓,披荆斩棘,努力尝试与推进全新领域的全新模式。

图 4-8　茄子溪中学教师为学生上网课

再次,大渡口区教师进修学院未成年人心理健康指导中心专门成立疫情防控"心育"工作组,为学生和家长提供专业服务,积极推送丰富的活动资源,提供市区心理援助热线,制作的《新型冠状病毒心理防护手册》美篇,阅读量两千余人,7 位专兼职心理教育教师还参与重庆市中小学疫情防控远程心理教育与辅导设计。

最后,才情横溢的艺术教师们,发挥专业特长,给予孩子们心灵的滋养。音乐舞蹈教师创编主题舞蹈小品、家居亲子舞、抗疫手语歌;美术创新实验室的 11 位美术教师集体创作"新冠疫情"创新微课视频和美术作品;书法教师创作抗击疫情书法作品,12 位教师的 15 件作品在市区专业平台展播。在这场人民战役中,大渡口区教师付出了极大的努力与智慧,人人都是这场战役中的英雄。

四是组建"应急支援组"志愿者行动不放松。在疫情防控进入关键阶段,传递大爱、奉献大爱是大渡教育人应有的责任与担当,理应参与更多的工作,付出更多的情怀。因此教育工委谨慎研究后,在志愿报名的基础上,特别组建了一支"应急支援组"。如育才小学反应迅速,老师报名积极,经反复研究与审定,最终暂时确定 100 名成员,其中党员人数为 78 人,占比 78%;男女比 60∶40,年龄基本为 70 后与 80 后,其中 80 后 66 人,占比 66%。

图4-9 九十四中老师上网课

在组建队伍过程中,大渡口区始终以卫健部门的专业要求为指导,对人员进行了严格审查,建立了志愿者的生活轨迹及健康档案等工作台账,同时也对各学校工作进行了科学评估,在不影响学校正常工作前提下,力争做到人员结构合理,素质、业务一流,绝对做到一切行动听指挥。一旦区里疫情防控工作有需要,这支代表大渡教育人崭新形象的志愿者队伍随时随地支援到位。

(二) 入脑入心,学知识

学懂弄通做实习近平新时代中国特色社会主义思想是机关党的工作的首要政治任务。要推动不忘初心、牢记使命制度化常态化,把不忘初心、牢记使命作为加强党的建设的永恒课题和全体党员、干部的终身课题。

为加强党对教育工作的全面领导,大渡口区委教育工委意识到首要任务是深学笃用习近平新时代中国特色社会主义思想,从而实现第一个百年奋斗目标、推动高质量发展的战略高度,深刻理解抓好教育工作的重要意义。因此,大渡口区委教育工委的各党支部通过"三会一课"和"12371"党建信息服务平台站稳以人民为中心的立场,解决认识上的差距、工作上的短板、落实上的问题,切实办好人民满意的教育,不断增强教育服务高质量发展的能力。

1. 夯实"三会一课"党组织生活

党的组织生活是党组织对党员进行教育管理监督的重要载体,是推动全面从严治党向纵深发展的有力抓手[①]。"三会一课"是衡量党的基层组织运行状况和党员教育管理监督情况的重要标尺,在革命、建设和改革进程中始终承载着思想建党和制度治党功能。大渡口区委教育工委严格党内生活纪律,落实组织生活五项规范,夯实"三会一课"党务基础,引导各个学校分类制定学习计划、组织生活计划表,列出学习任务清单。

图4-10　大渡口区党员观看庆祝中国共产党成立100周年大会

大渡口区委教育工委各支部设定每月15日为"党员活动日",开展组织生活,严格落实"三会一课"制度。2016年以来,重庆市大渡口区委教育工委各党组织累计进行各类学习420余次,上党课140余次,民主评议40余次。同时,重庆市大渡口区积极打造学习型党员队伍,每学期除规定的政治理论学习外,还要求每位教职工每学期固定学习5本文集。

此外,自2016年以来,大渡口区委教育工委积极创新党课形式,探索推行"故事党课",让党员在聆听故事的同时受感染、受教育、受启迪,极大地增强了党课教育的感染力和吸引力,让"枯燥"党课"活起来"。"三会一课"制度是党的基层支部长期坚持的重要制度,是加强党员教育的重要制度。但是,有的基层党支部在组织党课教育时流于形式,变成了灌输式教育;有的党课枯燥乏味,失去了吸引力和感染力;有的党课千篇

---

① 朱洪春.组织生活质量提升的路径选择[J].人民论坛,2021(3):108—109.

一律,都是"老把式""老一套"。

如何让"枯燥"的党课"活"起来,让党课更好地发挥作用,是大渡口区委教育工委一直在研究、思考的问题。2016年初,大渡口区委教育工委采用全新宣讲团成员精彩演讲的讲述方式,变"理论灌输"为"故事感染",变"硬性要求"为"适时启发",变"刻板说教"为"共同勉励",通过"故事党课",把"枯燥"的党课变成深受广大党员干部欢迎的思想洗礼课。

图4-11　大渡口区实验小学教育集团党课

此外,大渡口区委教育工委精心谋划"三类故事"在"故事党课"教育中,大渡口区建胜镇党委结合全镇实际和时代特点,着重讲好革命先辈的故事、身边的故事以及在建设社会主义进程中涌现出来的典型故事。一是讲述革命战争时期共产党人为实现民族独立、解放,不畏艰难、执着追求的故事;二是讲述在新时期共产党人为实现国家繁荣富强,信念坚定、一心为民、乐于奉献、公而忘私的故事;三是讲述建胜镇党员在作用发挥、脱贫攻坚进程中,立足岗位、带头奉献的感人故事。

为了讲好这三类故事,大渡口区委教育工委还专门成立了"故事党课"领导机构,负责活动的组织领导和统筹协调,加强跟踪问效,加大督查力度,上下联动,并且把"故事党课"的好经验、好做法以制度的形式固定下来,长期坚持。为切实让"故事党课"真正启迪人、感染人,大渡口区委教育工委还从各基层党组织抽调了一批政治素质好、语言表达能力强、演讲气质佳的年轻人组成宣讲组,确保"故事党课"有血有肉、生动形象。

2. 构建"12371"党建信息服务平台

重庆市大渡口区委教育工委基于"12371"党建信息服务平台,丰富学习手段,拓展教育渠道。首先,重庆市大渡口区开设了"七一书院"。依托"12371"党建信息服务平台建立开放式教育培训系统"七一书院",鼓励全区党员根据自身需求学习1500余个精品课件内容,并建立学习培训电子档案,实现教育培训的精确管理。目前,大渡口区委教育工委党员利用"12371"党建信息平台"七一书院"观看学习视频资料3000余人次,开展党的十八大、市区精神专题辅导10余场次,极大丰富了党员接受教育的途径。

其次,大渡口区委教育工委开设了"掌上党校",研发了"12371党建手机平台",为广大党员提供图文、视频资料,打造随身携带"图书屋",并可以进行实时多边互动交流,党员学习的自由度、灵活性明显增强。最后,大渡口区委教育工委采用定向辅导,邀请区委党校教师作为11个直属党组织教育培训辅导员,定期为入党积极分子进行授课,同时结合当前形势,对党的十八大等中央、市区精神进行宣讲,帮助党员及时了解掌握有关精神和要求。

图4-12 九十五中党员教师学习习总书记重要讲话精神

重庆市大渡口区钢花小学采用多形式强化教育培训,结合集中学习、专题辅导、外出培训、交流研讨、红色实践等形式,把一批优秀党员培养成为能实践、善研究、懂创新的新时代骨干名师,把一批骨干教师培养成为思想进步、作风扎实、业务精良的优秀党员。2021年2月以来,钢花小学的党史宣讲共31次,受众7100余人,党课2次,组织参观党史学习2次,看党史电影2部,学习党史专著4本,实现党史学习教育全覆盖。

此外,钢花小学以党史学习教育为契机,让每一个钢花人汲取奋进新征程力量,躬身讲台,兴教育人,做好平凡岗位的无名英雄。钢花小学成立了"红领巾宣讲团",10名少先队员在暑期,深入到大渡口区茄子溪街道、八桥镇等各个社区及幼儿园进行10场英雄故事宣讲,通过《小萝卜头》《江竹筠的故事》等10个英雄故事向大家展示了共产党员勇敢坚贞的优秀品质。同学们饱含深情的讲述,感染着在场的每一个人。

(三)创新宣传,造氛围

随着新媒体时代的到来,无论是传媒格局、传播手段、传播载体还是受众对象、关注热点、舆论环境都在发生着深刻变革。新媒体时代信息传播的渠道和方式呈现出许多新的特点,这给主题宣传和党建宣传工作带来了新的机遇[1]。重庆市大渡口区委教育工委充分重视并掌握这一媒体宣传的新形式、新阵地、新平台、新渠道,以更好地服务党建宣传工作,使党的声音始终占领各类舆论阵地。大渡口区适时更新党建宣传阵地,充分利用互联网平台,通过建立区校微信公众平台、建设党员QQ群等方式,增设网上学习专栏。

1. 大渡口区各级各类学校党建宣传工作

为进一步加强大渡口区中小幼德育一体化建设,培育"义渡+"德育品牌,夯实未成年人思想道德建设,助推全国文明城区创建工作,深入推进教育强区建设,大渡口区委教育工委从2019年启动大渡口区中小学(幼儿园)育人示范微项目建设,各级各类学校在教育教学活动中积极将党建宣传工作与德育工作深度结合。

重庆市茄子溪小学始终将学生的理想信念、社会主义核心价值观方面的教育抓细、抓小、抓实,将党史学习教育与德育教育充分结合,从根本上帮助孩子成长、成才。重庆市茄子溪小学于2017年开启"孝善"德育课程探索,学校积极构建了孝德素养的课程体系,编制出双导向校本教材,架设"孝善+环创""孝善+课程""孝善+生活""孝善+现代技术"路径。基于"孝行义渡"三维目标,学校构建评价手册《闪闪"孝"星耀子溪》,丰盈成长档案,完善星级评价。

重庆三十七中积极举办了"红星照耀我成长"党史进校园主题教育活动,通过构建红色精神、红色阵地、红色师资、红色课程、红色实践和红色督导六大要素有机统一的"六个红色"党史进校园实施策略系统,引导青年学生学党史听党话,爱党敬党,积极向

---

[1] 周倩.新媒体时代党建宣传工作研究[J].人民论坛,2019(21):90—91.

图 4-13　茄子溪小学"孝善"德育课程探索

党组织靠拢,为实现中华民族伟大复兴而勤奋学习。重庆三十七中也被评为"大渡口区党史工作先进集体"。

图 4-14　重庆三十七中"党史进校园"活动

追寻红色记忆,传承红色精神。重庆市大渡口区实验小学校园的红色长廊通过手作展板重现经典画面,将班级打造成"小小党史馆",尽展百年党史。六年级的红色长廊展出了百年红色家书的印记,学生们共同品读红色家书,从"信仰如铁""忠贞爱国""舐犊情深""责重山岳""修身正己"等不同的主题,走进革命先烈的故事。此外,大渡口区实验小学还开展"同上一节思政课"的红色主题宣讲。作为钢城小学红星党史宣讲团的党员,陈钢贵老师从自己的亲身经历讲述《棚改蝶变美 青山绿水心》的青山故事,带领同学们感受钢城巨变,鼓励学生爱家乡、爱祖国,厚植家国情怀,让红色基因、革命薪火代代传承。

图4-15 大渡口区实验小学"红色文化"走廊

此外,重庆市九十五中党委创建了"巧用'微'元素,激活"党建大能量"、"党建+"模式、"一亮二带扬三气"等特色党建,创新党建载体,筑牢战斗堡垒,使党建工作更有底气,更接地气,永葆朝气。在党员知识宣传方面,学校积极建立"微园地",在党建橱窗、党建展板、党员活动室一角建立微园地,营造良好的学习氛围。重庆市九十五中积极订阅党报党刊,还把党的十八大、十九大重要内容,日常党务工作,支部建设基本情况等编印成《基础党务知识学习手册》口袋书。在党性教育之后,重庆市九十五中的党员们立即用微信就党性教育内容进行扫码测试。打造"微平台",建立 QQ 群、微信公众号……及时发布党委、各党支部最新动态、党课资讯等内容,让重庆市九十五中的党员们随时、随地、随身学习。

在党课方面，重庆市九十五中积极开展"微党课"，在开展"主题党日"时，把大政方针、习近平新时代中国特色社会主义思想、"两学一做"学习教育、党的十九大精神、"不忘初心、牢记使命"主题教育、习近平关于教育的重要论述、党史学习教育等的丰富内涵分解成易懂、易学的微话题，借助精美课件，将"大主题"根植于党员心中。

此外，重庆市九十五中还积极举办了"微活动"，组织党员开展为远郊学生及社区群众的义工服务、结对帮扶、环境卫生整治、文明劝导、家访等活动。各党员教师积极参加志愿者服务活动、到社区报到、"文明劝导"、结对帮扶等活动，以扩大影响力、增强党的凝聚力。学校中共重庆市第九十五初级中学校委员会也获得了重庆市教育系统"先进基层党组织"、大渡口区"先进基层党组织"的荣誉称号。

2. 大渡口区"身边的优秀党员"公众号宣传

榜样，是时代的力量，是前行的坐标。一直以来，大渡口区委教育工委的优秀党员教师，坚持用爱心和知识践行理念，用数十年如一日的披星戴月诠释信仰。回首过去，身边一个个优秀党员就好像一面面鲜红的旗帜，激励和引领着广大党员、教师不忘初心，牢记使命。

大渡口区委教育工委在官方公众号"大渡教育"陆续推出"身边的优秀党员"专栏，以"一名党员一面旗帜，一枚党徽一生承诺"为引领对大渡口教育队伍中涌现的部分优秀共产党员进行推介，以此生动展现大渡口教育人兢兢业业、奋发有为的共产党人群像，强化模范带动，凸显榜样力量。以下为重庆市大渡口区部分优秀共产党员代表的优秀事迹。

> 吴昌平，获得市教育系统优秀共产党员、区优秀共产党员，重庆市商务学校后勤主任兼安稳办主任，中共党员，重庆市中小学基建管理先进个人，重庆市教育系统法治宣传教育工作先进个人。吴昌平作为一名忠诚的共产党员，深入学习贯彻习近平新时代中国特色社会主义思想主题教育，不断增强"四个意识"、坚定"四个自信"、做到"两个维护"，理想信念坚定，道德高尚，爱岗敬业，作风正派，事事以一个优秀共产党员的标准严格要求自己，早出晚归、无私奉献。疫情暴发之初，在筹措防疫物资异常艰难的情况下，吴昌平不分白天黑夜筹措到了口罩、体温枪、消毒液、洗手液等防疫物资，组织安装防疫设施设备，准备隔离室，组织人员每天消毒、测体温登记等工作。更难能可贵的是他在出色地完成了学校的疫情防控工作以外，主动申请到社区成为一名疫情防控志愿者。

图4-16 重庆市教育系统优秀共产党员吴昌平

在1个多月的志愿者工作中,吴昌平同志全身心投入,不畏艰辛,不畏危险,早出晚归,走街串巷,出色地完成了志愿者工作任务,得到了社区、街道等同事及领导的高度评价。大渡口发布、《大渡口报》、"学习强国"、《重庆日报》、《智德教育》等媒体对吴昌平的先进事迹相继进行了报道,2020年9月教师节之际,市教委领导、区教委主要领导到学校对他作出的突出贡献专程进行了慰问。

张亚,区教育系统优秀共产党员,重庆市大渡口区育才小学二级教师,中共党员。2021年6月1日,大渡口区中交茄子溪港江边处,两名儿童不幸落水。张亚毫不犹豫地参与到救援的"人链"当中,手拉手和众人一起救出落水儿童。危急时刻,她放下个人安危,义无反顾地参与到救援中,以高尚的情操践行了新时代公民见义勇为的英雄本色,用坚实的行动生动诠释了人民教师初心如磐的深刻内涵,以大义的担当铸就了共产党员使命在肩的光辉形象。

身为一名党员教师,张亚同志不仅严于律己,还在体育教学工作中甘当重任、甘于奉献。每天完成自身的锻炼后,张亚还会组织学校的田径队、啦啦操队进行技能训练,她认为能跟孩子们在一起便是最大的开心,即使没有额外的加班费也值得;在日常的教育教学中,不论严寒还是酷暑,她对每一节课都从不懈怠,针对

图 4-17 重庆市区教育系统优秀共产党员张亚

孩子们的身心发展特点,用不同的方法来教育孩子们,努力做到让班里每一个生命都精彩。

图 4-18 重庆市教育系统优秀共产党员李竹

李竹,1998年11月加入中国共产党,重庆市大渡口区实验小学党委书记、校长兼重庆市大渡口区新工小学校长,正高级教师,南洋理工大学教育管理学硕士,北师大教育学部教育家书院兼职研究员,教育部第七期全国优秀小学校长,中国共产党重庆市第五次代表大会代表,重庆市第五届先进工作者,重庆市特级教师,重庆市骨干校长。

李竹同志政治信仰坚定,对党忠诚,始终听党话、跟党走,在基础教育一线,30余年如一日,青丝变白发,在平凡的岗位上做出了不平凡的事业。作为市、区新课程实验排头兵,带领学校教师最早开始综合实践活动课程实验,为全市全面开展综合实践活动课程奠定了基础。深入四川凉山、湖南长沙等全国十余省市,开展专题讲座130余次,受益教师11000余人次。

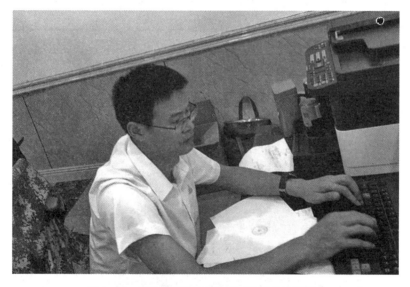

图 4-19　重庆市区教育系统优秀共产党员万明富

万明富,区教育系统优秀共产党员,重庆市大渡口区跳磴小学副校长。2016年4月,万民富主动申请成为国家首批组团式教育人才援藏教师,到西藏昌都市开展教育援藏工作。组织需要的地方就是他战斗的地方。在西藏,根据组织安排,他先后在昌都第一高级中学、市教育局、西藏自治区教育厅担任相关工作。在西藏昌都第一高级中学,他积极推进信息学科建设,所带教研组被评为优秀教研组。因为表现突出,他被抽调到昌都教育局,为教育信息化建设提供技术支持,其工作作风和能力深受领导和同事好评。

在重庆教育援藏临时工作组,万明富同志担任副组长,积极协调组内各项事务,担任财务总监,负责援藏组财务工作,通过自学,财务工作做到规范、有序、严谨、平稳。2017年11月借调西藏自治区教育厅,在人手紧缺的情况下,主动担任三个受援组组长职务。他的实干、肯干、敢干,感动了身边的每一个人,连续三年被评为教育援藏优秀共产党员,树立了重庆市援藏团队良好形象和榜样。

3. 大渡口区"新时代好教师"专题报道

古语有云:"不忘初心,方得始终。"教育的初心,是引导和激发,是鼓励从善,是温暖心灵。为深入学习贯彻习近平总书记关于教育的重要论述和建党100周年庆祝大会重要讲话精神,展示广大教师爱党爱国、仁爱奉献的精神风貌,团结凝聚广大教师更好担负起立德树人根本任务,大渡口教育开设"新时代好教师"特别专栏。

图4-20 大渡口区"新时代好教师"宣传海报

大渡口区"新时代好教师"专栏主要对获得重庆市大渡口区优秀教师、区优秀教育工作者、"兴明"红旭奖的教师进行宣传,展示新时代大渡口区教师风采,从而引导区教育系统广大教师增强教书育人的使命感、荣誉感和责任感,为办好人民满意的教育做出积极贡献,以下为他们的优秀个人事迹。

图4-21 大渡口区优秀教育工作者彭英杰

彭英杰,中共党员,重庆市第九十五初级中学校党委书记。他切实履行全面从严治党主体责任,抓细抓实学校党建工作,积极探索创新学校党建工作的路径,先后提出了"一二三四"党建路径、巧用"微"元素激活党建大能量、"党建+"工作模式等党建工作新模式,成效显著;他积极参加社区民生服务团,带领学校党组织加强与社区的组织共建、活动共联,成效明显。在他的推动下,学校党委主动与社区联系,与社区构建起了共同参与、共同关心、共同建设的开放型区域性社区大党建工作新格局。2021年学校党委被评为大渡口区先进基层党组织、重庆市教育系统先进基层党组织、大渡口区教育系统先进基层党组织。

图4-22 大渡口区优秀教育工作者张建林

张建林,中共党员,大渡口区教委机关党总支书记、二级主任科员,主要从事教育系统教师职称、岗位考核和机关及直属事业单位人事等工作。自2016年公开选调到区教委系统以来,张建林同志工作积极主动,能够高质量完成本职工作,特别是在区教育"三名"工程建设配套文件起草、教育系统人事调配管理暂行办法起草以及校级干部考察等方面敢于担当,表现较为出色;工作能力较强,多次被市委组织部、区委组织部抽调,参与了区委组织部选人用人专项检查、市委组织部集中选调考察等阶段性工作;敢于冲锋陷阵,积极投身一线,圆满完成工作。

图4-23 大渡口区优秀教育工作者吴艺

吴艺,中共党员,重庆市钢城实验学校德育主任。她忠诚于党的教育事业,从教17年以来,始终充满热情,认真完成学校安排的各项教育教学任务。她师德高尚,曾获得"师风师德先进个人""区优秀德育工作者""最美少先队辅导员""先进教师""先进个人"等称号,深受学生和家长的好评;撰写的论文多次获得市、区级一等奖;辅导的学生在全国、市、区级各级比赛中成绩硕果累累。

韩素花,中共党员,区骨干教师,现任重庆市大渡口幼儿园教育集团副园长、总园执行园长,自1996年7月参加工作以来,忠诚于党的教育事业,对本职工作精益求精,有多年一线工作经验和教研管理经验,曾多次参与区新教师培训任务,承担重庆市幼儿教师国培任务。撰写的论文多次发表和获奖,作为主研的两个市级课题成功结题,三个小课题获奖,参加赛课、论坛交流等多次获得市、区级一等

图4-24 "兴明"红旭奖韩素花

奖,因工作成绩突出,先后荣获市级"优秀教师"市级、"教学能手"和大渡口区"优秀班主任"荣誉称号。

图4-25 "兴明"红旭奖丁胜峰

丁胜峰,中共党员,重庆市民族初级中学数学教师。自2010年踏入教师队伍后,一直孜孜不倦地工作与学习,担任班主任工作10余年,教学教育效果突出,深受学生和家长的好评。工作中无私奉献,德行兼备,曾多次在国家级、区校级赛课活动中获奖;曾被评为区级骨干教师,优秀党员,优秀教师,优秀班主任;所带班级曾被评为区优秀班集体。终身学习,立足教改,2019年曾参加重庆市初中数学骨干教师培养对象项目培训,2020年加入廖帝学名师工作室学习,所撰写的论文多次获市、区级奖项。辅导学生，成就梦想，指导学生多次获市区级奖项。至今，他仍在路上……

4. 大渡口区王红旭"时代楷模"先进事迹报告会

2021年6月1日，重庆市大渡口区育才小学体育教师王红旭为救两名落水儿童，献出了35岁的宝贵生命，用短暂一生诠释了为人师表、行为世范的深刻意义。工作上，他传承家训师风，立德树人、爱生如子，如一束阳光，照亮学子前程。生活中，他热情温暖、乐于助人，像一团火焰，传递爱与善良。危急时，他心怀大爱，义无反顾，似一道闪电，托举生命与希望。

重庆市大渡口区育才小学体育教师王红旭是一线人民教师的优秀代表，是新时代"四有"好老师的典范，是全市党史学习教育中涌现出的榜样楷模。中宣部授予他"时代楷模"称号，教育部追授他"全国优秀教师"称号，重庆市委追认他为中共党员，市政府评定他为烈士。

图4-26 《重庆日报》深度报道王红旭教师事迹

习近平总书记指出,新时代是需要英雄并一定能够产生英雄的时代。王红旭同志平常时候看得出来、关键时刻站得出来、危难关头豁得出来,正是新时代重庆涌现出的英雄。他以生命托举生命,展现出见义勇为的人间大爱;他潜心施教、勤奋耕耘,展现出爱岗敬业的奉献精神;他热爱学生、师者仁心,展现出爱生如子的高尚境界;他心地善良、古道热肠,展现出乐于助人的优秀品质。

图 4‐27　重庆广电大厦授予王红旭及 9 名市民感动重庆特别奖

王红旭同志家中三代均为教师,奶奶范信秀是有着 50 年党龄的老党员,爱人陈璐希是大渡口区育才小学的优秀共产党员。从小受到党的教育和良好家风熏陶的他在入党申请书中写道:"在父母亲的言传和老师的引导下,幼小的心灵萌发了对中国共产党的敬慕和向往。"2019 年 10 月 25 日,王红旭向区育才小学第二党支部递交了入党申请书,多次向党组织口头表达入党愿望,2021 年 5 月 6 日被吸纳为入党积极分子。王红旭同志虽然尚未加入党组织,但他坚持用共产党员标准要求自己,时刻向优秀共产党员学习,舍生忘死,用生命向党递交了一份满怀深情的入党申请书。

王红旭以生命践行了入党誓言,是党史学习教育中涌现出的优秀共产党员。2021 年 9 月 16 日,中宣部授予大渡口区勇救落水儿童牺牲的王红旭老师"时代楷模"称号,当晚,中央广播电视总台央视综合频道"时代楷模发布厅"栏目播出了王红旭老师的感人事迹。大渡口区委教育工委第一时间组织全区广大师生观看。王红旭老师甘当人梯的奉献,舍己为人的牺牲无不彰显了人民教师崇高的价值追求,激励着我区广大党员干部特别是教育工作者在平凡岗位上担当使命、建功立业。

图4-28 中央广播电视台播出王红旭老师的感人事迹

随后,为深入学习宣传"时代楷模"王红旭同志的先进事迹和可贵精神,进一步推动重庆市大渡口区党史学习教育走深走实,按照市委有关工作安排,重庆市党委宣传部会同市委教育工委、大渡口区委在全市举办王红旭同志先进事迹巡回报告会,各级各类学校也纷纷展开了事迹报告会。

图4-29 互助小学教师观看王红旭教师事迹表彰活动

互助小学党支部书记、校长李文刚表示,观看王红旭老师的先进事迹仍然让人哽咽,王红旭老师塑造了新时代人民教师的光辉形象,是我们党员同志学习的榜样,更是我们大渡口教育人的骄傲。学校全体教师要以王红旭同志为榜样,发扬乐于奉献的博爱情怀,潜心育人,以德施教,全面贯彻党的教育方针,深入落实立德树人根本任务,以实际行动推动为党育人、为国育才工作。

互助小学教师刘书伶表示,王红旭老师舍己救人、敢于担当的新时代"四有"教师精神让人敬佩,是大渡口教育人的骄傲,作为他的同仁自己也深感责任重大。愿以他为榜样,立足本职岗位,心怀大我、无私奉献、敢于担当,做一名让党放心、让家长满意的"四有"好教师。

互助小学教师徐巧宁表示,王红旭同志一腔赤诚爱党爱教,以生命托举生命、以大我彰显大爱的事迹感人至深。应该以王红旭同志为榜样,坚定理想信念,厚植教育情怀,立足本职岗位,立志为祖国和人民贡献力量,创造无愧于时代的一流业绩。

图 4-30 双山实验小学师生观看王红旭教师事迹表彰活动

双山实验小学教师包钰晗表示,王老师为人师表、爱生如子的模范言行,见义勇为、舍己救人的英雄壮举,胸怀大爱、无私奉献的师者仁心给她这样一名年轻教师树立了榜样。在日后的教学工作中,她将学习王红旭同志爱岗敬业、忠于职守的职业精神,恪守职业道德,弘扬职业精神,铭记师德师风。坚持心中有学生,全身心地投入教育工作中,严格要求自己,督促自己不断进步,提高教学质量,做一名优秀的人民教师。

双山实验小学教师陈婷婷表示,作为一名教师,应该以王红旭同志为榜样,弘扬高尚师德,潜心立德树人,努力培养德智体美劳全面发展的社会主义事业建设者和接班人;以王红旭老师为榜样,心怀大我,无私奉献,不断增强社会责任感和职业使命感,用模范行动践行新时代人民教师的光荣职责和神圣使命。

图 4-31　跳磴小学师生观看王红旭教师事迹表彰活动

跳磴小学校长周余表示,王红旭老师的事迹,每聆听一次,每观看一次,都忍不住泪目。他是离他们最近的平民英雄,也是最平凡普通的教育同仁。王老师用自己的生命践行着对党和人民的承诺,是新时代"四有"好老师的典范,是教育系统的荣耀,是所有教育人的榜样。学为人师,行为世范,作为人民教师更应珍惜伟大的时代,珍惜美好的生活,珍惜教师身份,保持仁爱之心,能担当、敢作为,为教育事业谱写出自己的生命华章。守教育报国初心、担筑梦育人使命,以"时代楷模"为榜样,在育人路上,作为教师他们也会全力以赴,努力修炼自己,让自己活成一道照亮孩子们稳步前行的光!

(四)聚焦短板,查症结

聚焦党员个人"信念""师德"等问题,大渡口区委教育工委建立个人问题清单,拟定整改措施2000余条。为突出针对性,大渡口区委教育工委结合全区转型发展和社会管理创新,采取电话问询、召开座谈会等方式,广泛征求党员的培训意见建议,制定培训内容"菜单",党员根据自身需求针对性自行选择,进一步增强了党员学习主动性、兴趣性。

为突出工作的互动性,重庆市大渡口区委教育工委加强教师与党员干部互动双向交流,运用问答式、研讨式等方式,改变培训"一言堂"为"群言堂",让广大党员参与到培训中来,切实激发党员干部勤学、勤思。为突出工作的实践性,重庆市大渡口区在集中理论授课的基础上,运用现场教学方式,经常安排组织培训党员到周边区县、区内先进党组织进行现场学习,方便培训与日常工作有机结合,促使广大党员更加直观掌握培训内容。

目前,重庆市大渡口区委教育工委的党建工作对照党员自查情况,共查找梳理出党内组织生活不够规范等8个问题,100余例"整改措施""整改时限"和"责任人",共制定针对性、互动性、实践性培训课程10余门,进一步提升了培训的实效性,得到了广大党员的充分认可。

(五) 表彰先进,树典型

为表彰先进、弘扬正气,激励重庆市大渡口区各级党组织和广大党员在统筹推进"五位一体"总体布局和协调推进"四个全面"战略布局、贯彻落实新发展理念、全面建成小康社会中奋发有为、建功立业,作出更大贡献,每年"七一"建党节,重庆市大渡口区委教育工委统一对区域"优秀共产党员""优秀党务工作者""优秀党支部"进行评选表彰。大渡口区委教育工委注重培育宣传师德标兵、教学骨干和优秀班主任、德育工作者等先进典型,树立先进典范。此外,大渡口区委教育工委积极发展无私奉献、敬业心强、道德修养高等优秀教师入党。

1. 大渡口区团员和团支部表彰活动

党有号召,团有行动。在党的领导下,重庆市大渡口区委教育工委和各级团组织和广大团员、团干部紧紧凝聚在党的旗帜下,勇担当、敢作为,用实际行动践行了"请党放心、强国有我"的青春誓言。

为大力推进从严治团,切实增强团员的先进性和荣誉感,激励广大团员青年弘扬奋斗精神,大渡口区委教育工委与共青团大渡口区教委开展了区教育系统"优秀共青团员""优秀共青团干部""五四红旗团委""五四红旗团支部"选树活动。2020年,共青团大渡口区教委对岳恒吉等60名优秀团干部(团员)和共青团重庆市茄子溪中学校委员会等6个团委(支部)予以通报表彰。这些受表彰的优秀青年个体和集体,集中体现了新时代大渡口团员、团干部、团组织奋发有为的精神面貌。

随后,全区广大团员、团干部和各级团组织以受到表彰的先进个人和集体为榜样,开展事迹学习活动的同时,深入学习贯彻习近平新时代中国特色社会主义思想,增强"四个意识"、坚定"四个自信"、做到"两个维护",不负时代、不负韶华、不负党和人民的殷切期望,发扬中国青年永久奋斗的光荣传统,永远跟党走,奋进新征程。

2. 大渡口区"两优一先"和基层党组织表彰活动

为庆祝中国共产党成立100周年,大渡口区委教育工委各级党委及部门为表彰先进、弘扬正气,激励党员和各级党组织奋进新时代、展现新作为、铸就新辉煌,开展了"两优一先"表彰工作。大渡口区委教育工委教育系统涌现了一批杰出的先进典型,如重庆市商务学校教师吴昌平、重庆三十七中教师饶学平、区实验小学党委书记、校长,新工小学校长(兼)李竹……他们是各级党组织和共产党员、党务工作者中的杰出代表。

其中,大渡口区实验小学教育集团党委书记、校长李竹荣获2021年"重庆市优秀共产党员"称号。她是一位老师,三十余载春秋,播撒下爱的种子,收获了桃李芬芳。她一直以真诚的态度、踏实的作风、精湛的业务、非凡的管理能力,在平凡的教学岗位上,默默地辛勤耕耘。她先后荣获了"重庆市先进工作者""重庆市有突出贡献的中青年专家""重庆市特级教师""重庆市中小学骨干校长""重庆市优秀教师""教育部第七期全国优秀小学校长""重庆市优秀共产党员"等诸多荣誉。

图4-32 大渡口区实验小学校长李竹

34年来,李竹一直战斗在教学第一线,用欣赏的眼光看学生,用宽容的心态待学生,让学生感受学习的乐趣,做更好的自己,这是她多年来坚守的教育初心。作为市、区新课程实验的排头兵,李竹带领学校教师最早开始综合实践活动课程实验,为全市全面开展综合实践活动课程奠定了基础。李竹还深入四川凉山、湖南长沙等全国十余省市,开展专题讲座 130 余次,受益教师 11 000 余人次,出版了《启慧养能　融通创生》等专著两部,参与撰写《基于质量标准的特色学校建设》等合著 3 部,发表教育教学论文 40 余篇,多次荣获国家级、市级、区级奖励。

"我们学校以'一名党员一面旗帜,一枚党徽一生承诺'为引领,创设了大渡口区特殊教育中心,承担全区特殊儿童教育义务。"李竹说,为了让特殊儿童更好地成长,学校还专门为特殊儿童配备了康复室、心理调适室等,组织开展了"敞开心门,让阳光照进来"等丰富多彩的活动,给孩子搭建了幸福成长的平台。

作为一名共产党员,李竹一直发挥着先锋模范作用,以自己的行动影响并引领身边的青年教师快速成长,经常和年轻老师分享自己在工作中的心得,告诉他们对学生要有爱心耐心,对工作要敬业乐业,必须不断钻研教学业务。"全面主持学校工作以来,我深感使命光荣、责任重大,无时无刻不在思考着学校事业的发展、教育质量的提升。"李竹身先士卒身体力行,团结全校上下,心往一处想,劲往一处使,迎难而上。

图 4-33　钢花小学少先队员红歌大合唱活动

在李竹的带领下,学校始终秉承"党建引领学校高质量发展"理念,不断优化学校教育教学工作途径,构建了教育集团"党建共同体",通过以党建带团建、队建、妇建、工建,不断加强阵地建设,探索集团党建工作新模式,学校先后荣获全国中小学 NOC 信息化教育试验学校、全国优秀少先队集体、全国红旗大队、重庆市示范小学等荣誉称号。

此外,大渡口区委教育工委积极发挥先进基层党组织的先锋模范作用和战斗堡垒作用,如积极宣传大渡口区先进基层党组织获奖单位中共大渡口区钢花小学支部委员会。重庆市大渡口区钢花小学筑好党建"真堡垒",当好教育"引渡人"。学校切实发挥党员先锋模范作用。

多年来,学校聚焦教育质量提升,积极探索"党建+"模式,下沉红色力量,把党小组建在年级、学科组、教研组,发挥党员骨干教师在教育教学、教研教改、班级管理等方面的先锋模范作用,让党员教师在教育教学的主战场、维护稳定的第一线上锤炼党性、淬炼思想、历练本领、担当作为。在党史学习教育中,学校党员教师为群众办实事共计61件,包括录制专题片《百姓身边的好学校》、九校联盟送教到云阳、做好大渡口幼儿园幼小衔接工作、抓好抓实"五项管理"、深入锦霞社区进行招生宣传、整治校园周边环境、走访慰问困难师生等。

图4-34 钢花小学党史讲解活动

重庆市大渡口区钢花小学还积极提供多形式强化教育培训。结合集中学习、专题辅导、外出培训、交流研讨、红色实践等形式,把一批优秀党员培养成为能实践、善研究、懂创新的新时代骨干名师,把一批骨干教师培养成为思想进步、作风扎实、业务精良的优秀党员。自2021年2月至7月,钢花小学的党史宣讲共31次,受众7100余人次,党课2次,组织参观党史学习2次,看党史电影2部,学习党史专著4本,实现党史学习教育全覆盖。以党史学习教育为契机,每一个钢花人汲取奋进新征程力量,躬身讲台、兴教育人,做好平凡岗位的无名英雄。钢花小学成立"红领巾宣讲团",10名少先队员在暑期,深入到大渡口区茄子溪街道、八桥镇等各个社区及幼儿园进行10场英雄故事宣讲。通过《小萝卜头》《江竹筠的故事》等10个英雄故事向大家展示了共产党员勇敢坚贞的优秀品质。同学们饱含深情的讲述感染着在场的每一个人。

图 4-35　钢花小学"红领巾心向党"党史学习教育

不忘初心、牢记使命,凝聚育人合力,将立德树人落到实处,助力学生成长成才。大渡口教育系统牢记"立德树人",担当"为党育人、为国育才",不断探索和完善育人体系,提高人才培养质量,为教育事业的发展努力奋斗。大渡口区教育系统各级党组织和广大党员以受到表彰的优秀个人和先进集体为榜样,坚持以习近平新时代中国特色社会主义思想为引领,在市委、区委坚强领导下,始终保持党的先进性和纯洁性,始终做到初心如磐、使命在肩,坚定不移地干好党的教育事业,为推进教育现代化、办好人民满意的教育而砥砺奋进、不懈奋斗。

3. 大渡口区教师节"优秀教师"表彰

为进一步弘扬尊师重教的社会风尚,努力让教师成为最受人尊敬、最值得羡慕的职业,每年9月10日教师节,大渡口区都会举办教师节表彰仪式,为优秀教师代表、优秀教育工作者代表进行颁奖。2019—2020学年,在第36个教师节表彰大会上,大渡口区教育系统共评选出100名优秀教师和40名优秀教育工作者。尹兴明教育基金会评选出了2020年"兴明"成果奖和受奖助教师。

图4-36 2021年大渡口区优秀教师代表上台领奖

在2020—2021学年,大渡口区100多位教育工作者受到了表彰。与会领导为"大渡口区优秀教师"代表、"大渡口区优秀教育工作者"代表,"兴明"红旭奖、木铎奖、领雁奖获奖教师颁发荣誉证书,表彰他们对党的教育事业作出的贡献。

大渡口区教师节"优秀教师"表彰活动也将激励全区教师和教育工作者以他们为榜样坚定理想信念、立德树人、爱岗敬业、勇于创新,争当有理想信念、有道德情操、有扎实学识、有仁爱之心的"四有"好老师。

4. "光荣在党50年"纪念章颁发仪式

春风不染白髭须,岁月染白少年头。变的是青春容颜,不变的是如火的激情。颁发"光荣在党50年"纪念章,是中国共产党成立100周年庆祝活动的重要组成部分。党中央设立"光荣在党50年"纪念章,颁发给党龄达到50周年、一贯表现良好的党员。大渡口区委教育工委深刻意识到,此活动对于增强党员的荣誉感、归属感、使命感,汇聚全党为实现"十四五"规划和2035年远景目标持续奋斗的磅礴力量,具有十分重要的意义。

为庆祝中国共产党成立100周年,2021年6月11日,大渡口区"光荣在党50年"

图 4-37　2020 年大渡口区优秀教育工作者上台领奖

纪念章颁发仪式在钢花影剧院举行。大渡口区领导王俊、张国智、何家利、张琼、陈中举、汪建、韩瑞碧、孟德华、郭诏彬、徐晓勇、王涛、刘德毅向全区 26 名拥有 50 年以上党龄的老党员代表颁发"光荣在党 50 年"纪念章。2021 年是大渡口区首次颁发"光荣在党"纪念章,此后,该项目将作为一项经常性工作,在每年"七一"集中颁发。

图 4-38　为 50 年以上党龄的老党员代表颁发纪念章

"光荣在党50年"纪念章通径为50毫米,材质为铜和锌合金,主色调为红色和金色。主章由党徽、五角星、旗帜、丰碑、向日葵、光荣花、光芒等元素构成,其中党徽象征党的领导核心地位和党员信念坚定、对党忠诚;丰碑寓意党的光辉历程和丰功伟绩;向日葵寓意全党全国各族人民紧密团结在党中央周围;光芒象征党的光辉照耀;五角星代表薪火相传;光荣花寓意繁荣盛世、国泰民安和褒奖荣耀;旗帜象征共产主义崇高理想与事业永续。副章由山河、中国结和红飘带等元素组成,飘带上雕有"光荣在党50年"字样,寓意党员不忘初心、牢记使命、勇攀高峰、永葆青春。

图4-39 "光荣在党50年"纪念章颁发活动现场

在"光荣50年"纪念章颁发活动现场,大家齐唱国歌。老党员收到纪念章后端详着这枚意义非凡的纪念章。不少老党员激动地表示,在我们党成立100周年之际获颁纪念章,感到十分神圣光荣,深切感受到了党中央对老党员的关怀和温暖。大渡口区各级党组织通过"三会一课"、主题党日、专题宣讲、慰问走访等形式,在"七一"前后共完成了区内1959名老党员的纪念章颁发工作。

眼前这本泛黄的笔记本,密密麻麻记录着党史学习教育的体会和感悟。它的主人是退休老人李文超同志,这位党龄52年的老党员随身带着这本学习笔记,认真学习党的历史,更加坚定信仰信念。

退休不退党,党中央颁发的这枚纪念章代表着荣誉也代表着责任。"我是党员,学习宣传党的方针政策,是我的义务。记党史学习教育笔记,已经成了习惯!"李文超说,像这样的笔记本他家里还有近十本。

图 4-40 李文超同志的党史学习教育笔记

图 4-41 77 岁老党员梁地伦同志接受采访

没有共产党就没有新中国,没有共产党就没有现在的幸福生活。77 岁的老党员梁地伦见证了共产党的奋斗史,曲折史,也见证了中国翻天覆地的变化,"我党龄 53 年,我有一个希望:能为党的事业奋斗终身,工作到最后一刻。"

大渡口区持续推进青年党员追寻老党员的光辉足迹,赓续前辈精神血脉,在推动全区高质量发展的新征程中奋力前行。

三、长效管理,创新信息平台

为推进党建工作的管理机制创新高效发展,2012年6月,重庆市大渡口区委教育工委依托"12371"党建信息平台发布了全国首个"12371"党建手机平台,推出了动态立体的党务工作"仪表盘"。大渡口区委教育工委不断完善手机平台的功能,广大党员应用平台的频率和主动性越来越高,全区党员的教育管理服务水平得到有效提升。

(一)强化平台建设,推进党建工作阵地延伸

重庆市大渡口区委教育工委积极组建高水平的技术研发团队,一方面与市委组织部、重庆大学联合组成了开发小组,聘请中科院重庆分院1名计算机软件留德博士作为首席专家,集中研究发布了"12371"手机党建平台。建立联席会议机制,定期研究讨论平台的后台管理、系统安全、软件升级等有关事宜,为手机平台的创建和后续工作提供坚强的智力支持。另一方面,重庆市大渡口区委教育工委添置高标准的信息化设备。先后投入资金180万元,购置高性能WEB服务器、数据库服务器、SMS手机信息服务器、3TB级的网络存储服务器,以及核心级路由器和千兆级网络交换机等设备,保证平台运行顺畅,确保每名党员都能够享受平台服务。

(二)拓展平台功能,提高党员教育管理服务水平

建立健全党内教育、管理、服务党员的长效机制,是保持党员队伍先进性的一项基本要求,也是制度建党的一个重要环节。[①] 重庆市大渡口区委教育工委通过"五步走"拓宽信息发布渠道,提高党员教育工作的力度和水平。

一是开辟信息发布功能。 重庆市大渡口区委教育工委将中央市委区委的重要党建信息、党务公开、党的知识、时政要闻和相关图片信息摘编成每周一期的《12371手机党报》,以彩信的方式免费发送到党员手机上,进一步增强党员学习的趣味性、实用性和便捷性。目前,已编发手机党报280期。

二是拓宽党务管理功能。 重庆市大渡口区委教育工委每月向党员发送一封"党务提醒"手机短信,客观记载、动态生成党员电子党务档案,提高党员参与党务活动的规范性和自觉性。同时在系统管理后台自动记载党费缴纳情况,极大地方便了党员特别是流动党员。目前,共通过手机缴纳党费21.7万元。

---

① 凌海金.建立健全教育、管理、服务党员长效机制[J].创新,2011(6):35—39.

三是开通短信互动功能。重庆市大渡口区委教育工委在"12371"党建信息平台开设"党建论坛"并开通"七一微博",党员可以通过发送短信息的方式进行提问、讨论、发帖、跟帖等操作,实现与党组织、党员的多向沟通交流。目前,党员通过手机留言1万余条。

四是发挥社会动员功能。重庆市大渡口区委教育工委利用CMS、微博、论坛等信息发布系统和手机短信、彩信交互系统,建立快速、精确、可控的基层党组织社会动员体系,对有关活动信息、通知、公告进行点对点宣传发动,实现有效的移动通信"1秒钟"社会动员。

五是提供就近服务功能。重庆市大渡口区委教育工委将党员信息系统与地理信息系统结合,建立"数字党建地图",党员登录手机平台后,系统将自动向党员推荐方圆1公里以内的党组织、党员服务中心的地址、电话和近期活动信息,方便党员就近就便办理事务、参加活动、咨询求助。目前,各党员服务中心已接待通过手机前来办事、咨询或参加活动的党员2200余人次。

(三)健全管理机制,推动平台工作长效化常态化

教能管用,有的放矢,是党员教育的突出特点。新时期必须用与时俱进、以人为本的观点来探索和创新党员教育,以切实增强党员教育的针对性和有效性。为此,重庆市大渡口区委教育工委建立了"三大机制",促进区域党建管理工作的长效化和常态化。

首先,大渡口区委教育工委针对平台定期升级机制。经过研发团队的可行性确认,重庆市大渡口区委教育工委建立"12371"手机党建平台随国际互联网、"12371"党建信息平台版本升级机制,确保手机平台发展紧跟时代步伐。目前,"12371"党建信息平台已研发6.0版本,手机平台即将推出2.0版本。

其次,重庆市大渡口区党组织定期交流机制。由区党员服务中心牵头,每季度组织镇(街)党(工)委书记、组织员座谈交流手机平台的运行、应用情况和存在问题,征求解决问题的意见建议,不断完善平台功能,增强实用性。每年确定1—2个手机平台应用先进基层党组织,组织各村(社区)党组织书记召开现场会观摩学习,不断提高工作水平。

最后,大渡口区委教育工委建立了党员定期评议机制。各镇(街)每年底组织50名以上党员代表对手机平台的实用功能、服务质量进行专项测评,并通过发放意见征集表、"12371"党建信息平台网上意见箱等方式收集广大党员的意见建议及希望。重庆市大渡口区真正把"12371"手机党建平台建设成务实管用、党员满意的平台。

我曾提出,大渡口区把"多维一体,教育大渡"作为区域教育发展理念,彰显文化导向和特色兴教的区域教育特色,促进适应未来教育发展走向的品牌学校建设,这也对师生提出了更高的要求。大渡口区委教育工委始终扎根一线,严守党的教育方针,毫不动摇坚持党对教育工作的全面领导,以守正与出新的党建工作体系,坚守立德树人初心,牢记为党育人、为国育才使命,切实提升了基层党组织引领教育发展的针对性和实效性,努力为办好"有品质、有内涵、有情怀"的大渡教育,培育堪当民族复兴重任的时代新人奋进!

第五章　自得教育下的人才培养

铿锵前行在"高质量产业之区、高品质宜居之城"道路上的大渡口区，从立足师生生命进步的立场和促进学校持续发展的基点出发，提炼出"多维一体，教育大渡"的发展理念，注重教育公益性、普惠性、公平性、大众化的价值取向，努力实现"办有品质、有内涵、有情怀的大渡教育"的目标。在"多维一体，教育大渡"理念的引领下，大渡口区坚持"五育并举"，将"五育并举，多元发展"作为学校学生发展指导工作的主线，将学生指导工作与德、智、体、美、劳有机融合，紧紧围绕立德树人的根本任务，构建德智体美劳全面发展的人才培养体系。重庆市大渡口区学校教育既坚持高位均衡发展，又注重优质特色发展，目前已形成了拥有市级示范幼儿园、小学、初中、重点高中、国家级重点职高、国家级示范性中职学校的立体化优质教育体系。大渡口教育五育并举已经获得丰硕育人成果，经验多次推送至教育部，在全国进行报道。全区范围开展课外阅读推广活动，营造书香城市氛围；艺体成果全面开花，创建教育部足球特色学校9所，近3年在全国大赛获奖牌54枚，在市赛获奖牌875枚，劳动教育以课程为载体、文化为浸润，培养学生劳动观念，获市研学旅行先进区称号，研学旅行案例获国家、市级一等奖。重庆市大渡口区正在以更高远的历史站位、更深邃的眼光来办好现代化教育强区。

第一节　人才培养体系的背景

在多年的发展历程中，大渡口教育得地域之利，受文化之泽，谋发展之道，逐渐形成了自身的优势，为区域教育可持续发展和学生发展指导工作打下了坚实的基础。基于办学优势、区域传统继承和新形势下教育发展的要求，重庆市大渡口区各校以"五育并举，多元发展"为学生发展指导工作的指导理念坚持实验改革，积极探索，全面拓展学校学生发展指导工作的新思路。

一、落实"立德树人"根本任务的时代要求

教育是具有鲜明社会文化特色和时代特征的实践活动。① 以习近平同志为核心的党中央一直以来都高度重视教育事业。党的十九大报告明确提出必须把教育事业放在优先位置。在全国教育大会上,习近平总书记强调教育是"国之大计、党之大计",标志着我们党对教育地位和教育规律的认识达到了新的高度。习近平总书记指出,"要努力构建德智体美劳全面培养的教育体系,形成更高水平的人才培养体系,要把立德树人融入思想道德教育、文化知识教育、社会实践教育各环节,贯穿基础教育、职业教育、高等教育各领域,学科体系、教学体系、教材体系、管理体系要围绕这个目标来设计,教师要围绕这个目标来教,学生要围绕这个目标来学"。

基础教育阶段是学习生涯的起点,肩负着为学生健康成长奠基的重大责任。习近平总书记指出,"要把立德树人的成效作为检验学校一切工作的根本标准"。立德树人中的"德",是广义的"德",包含理想信念、爱国情怀、品德修养、知识见识、奋斗精神、综合素质等多方面。要引导学生"明大德、守公德、严私德",就需要把立德树人融入思想道德教育、文化知识教育、社会实践教育各环节,贯穿基础教育、职业教育、高等教育各领域。党和国家对教育事业寄予重望,对青少年成长和培养寄予期望,是对教育工作者的信任和鼓励,也对教育工作者提出了更严格的工作要求。②

十年树木,百年树人。对于青少年学生的培养是需要花长时间,下大力气的工作。"培养德智体美劳全面发展的社会主义建设者和接班人",这是教育工作的根本任务,也是教育现代化的方向目标。"德"定方向,"智"长才干,"体"健身躯,"美"塑心灵,"劳"助梦想,"五位一体"共同促进人的全面发展。③ 由此可见,德育是"五育并举"中的灵魂,各学校更应在坚持"五育并举"中落实立德树人的根本任务,为社会主义培养合格的建设者和可靠的接班人。

二、构建更高水平人才培养体系的重要任务

党的十九大从新时代坚持和发展中国特色社会主义的战略高度,作出了优先发展

---

① 李奕."五育并举"育新人:开启首都教育新时代[J].中小学管理,2018(10):16—18.
② 孟万金.构建立德树人幸福教育新体系[J].中国特殊教育,2019(11):10—15.
③ 张俊宗.努力构建德智体美劳全面培养的教育体系[J].中国高等教育,2019(Z3):70—72.

教育事业、加快教育现代化、建设教育强国的重大部署,标志着一个教育新时代的开启,意义重大,影响深远。2020年10月,党的十九届五中全会通过的《中共中央关于制定国民经济和社会发展第十四个五年规划和二〇三五年远景目标的建议》中提出"十四五"时期我国教育事业发展的主要目标和重点要求是"建设高质量教育体系"。新的教育发展阶段迎来了内求高质量发展的战略转型,这一转型对各级各类人才培养体系的构建提出了更高的要求,即培养能够胜任未来社会发展与挑战所需的各级各类高水平人才,进而为实现教育强国的理想,为经济社会的高质量发展提供人力资本基础。[1]

教育步入高质量发展阶段对人才培养的定位、标准提出了优质、高效的新要求。构建更高水平的人才培养体系是以高质量为建设方向,旨在培养能够胜任未来社会挑战与发展所需的高素质人才。这一培养体系的构建还应通过知识学习形态的重构引领教学体系更好地发挥人才培养的主渠道功能,并作为更高水平人才培养体系构建的核心发力点。高质量引领下的人才培养标准是建立在新时代社会发展新需求的基础上的,对培养什么样的未来学习者或人才标准的前瞻性思考,体现出对未来人才的高阶思维、创新素养与综合素质等更高的要求。

2019年,中共中央、国务院出台了《中共中央国务院关于深化教育教学改革全面提高义务教育质量的意见》,提出了"坚持五育并举",强调"突出德育实效""提升智育水平""强化体育锻炼""增强美育熏陶""加强劳动教育",以此"全面发展素质教育"。国务院办公厅则发布了《关于新时代推进普通高中育人方式改革的指导意见》,通过"突出德育时代性、强化综合素质培养、拓宽综合实践渠道、完善综合素质评价"等,来"构建全面培养体系"。因此,让"五育并举"进学科、进课程、进教学,实现"学科化""课程化""教学化",进而走向"体系化",对于构建更高水平人才培养体系尤为重要。[2]

三、区域独特的地域优势和深厚的文化底蕴

在多年的办学实践中,大渡口教育汲取钢城精神及义渡文化的深厚内涵,逐步形成了"多维一体,教育大渡"的教育理念,为创建有品质、有内涵、有情怀的大渡口教育奠定了坚实的基础。重庆市大渡口于1965年建区,地处重庆市西南部,属重庆主城区,是重庆都市圈重要组成部分。大渡口区东临巴南区,南界江津区,西、北靠九龙坡

---

[1] 张良,安桂清.构建适应更高水平人才培养体系的知识学习形态[J].教育发展研究,2021(8):1—6+23.
[2] 李政涛,文娟."五育融合"与新时代"教育新体系"的构建[J].中国电化教育,2020(3):7—16.

区。至 2017 年末，大渡口区下辖 5 街 3 镇，面积 102.83 平方公里，常住人口 34 万。大渡口区旅游资源以自然景观及人文资源为主，主要有金鳌山、尖石山、大渡口森林公园、大渡口义渡公园、马桑溪古镇、堰兴剪纸等。大渡口区获得过全国绿化模范城区、市级文明城区、市级卫生城区、市级环境保护模范区、市级山水园林城区、国家卫生城市（区）等荣誉称号。

重庆市有丰富的教育资源，目前已经命名的全国爱国主义教育示范基地共 10 个，它们分别是：重庆红岩革命纪念馆、重庆歌乐山烈士陵园、邱少云烈士纪念馆、刘伯承同志纪念馆、聂荣臻元帅陈列馆、赵世炎烈士故居、重庆中国三峡博物馆、杨闇公旧居和陵园、万州革命烈士陵园、重庆三峡移民纪念馆。除此之外，还有重庆市 A 级旅游景区 227 处，这些大量的名胜古迹以及丰富的爱国主义教育基地也为学校开展各类德育活动提供了极大的便利。

重庆是西南地区最大的工商业城市，国家重要的现代制造业基地。是长江上游地区的经济、金融、科创、航运和商贸物流中心，国家物流枢纽辖区内经济繁荣、商业种类众多，有国家级重点实验室 10 个、国家级工程技术研究中心 10 个、高校 68 所，这些都为学生的职业体验和职业探究提供了良好的环境。

此外，大渡口区还拥有悠久的历史与丰富的文化底蕴，重庆市曾是近代史上最大的钢铁生产基地，在抗战时期为工业建设提供了有力的支持。大渡口区是重庆主城区之一，是原重庆钢铁公司（简称"重钢"）所在地。大渡口区是 1965 年为服务重钢而单独设区，因此，"钢城"也成了大渡口区的城市名片。钢铁，百炼才可成钢，代表着坚强、坚韧、坚毅、艰苦奋斗、自强不息等优良品质。大渡口区各级各类教育秉承"百炼成钢"的精神，坚持"百年树人"的使命，不断创新、不断探索，为培养优秀的人才注入先进理念。

其中，大渡口区的马桑溪古镇（2019 年已更名为义渡古镇），因马桑树而得名。在道光年间由当地乡绅、民众集资修建了一个渡口，主要供往来的船只停泊，后来有人聘请免费船工，义渡人们过江。因乡绅设义渡而名扬天下，其渡口是明清鼎盛时期最大的渡口。多年来，大渡口教育人秉承迷津问渡的情怀，培养了无数个具有大义、大爱、大美、大公义渡精神的优秀学子。由此可见，重庆市大渡口区独特的地域优势和深厚的文化底蕴为大渡口构建德智体美劳全面发展的人才培养体系，以大力改革回应百姓对更高质量教育的期待，将大渡口教育打造成全市闻名的优质教育名片提供了丰富的资源。

四、实现区域"大渡教育"育人理念的重要抓手

党的十九大报告明确提出,"必须把教育事业放在优先位置,深化教育改革,加快教育现代化,办好人民满意的教育"。重庆市大渡口区按照这一要求,确立了打造"现代化教育强区"的战略目标,并基于区域历史、文化、地域等特点,提出"多维一体,教育大渡"的区域教育发展理念,以此引领全区各级各类教育协同、科学发展,凝聚共识,增强区域教育换档升级的核心竞争力,彰显文化导向和特色兴教的区域教育特色,逐步化解人民群众日益增长的教育需求和教育发展不均衡不充分的矛盾。

"多维"包括教育思想、课程改革、教师发展、学习空间、教育资源、教育手段等在内的多个影响教育教学的维度。"一体"是指围绕立德树人形成的教育生态。因此,重庆市大渡口区的"多维一体"育人理念是建立在立德树人根本任务的核心价值原点上的多元素参与、多立场融整、多角度判断、多领域合作、多指向发展,面对不同教育类型,满足多元人才发展需求的立体式区域教育结构的统称,是集成性区域教育行动体系,也是推进区域教育优质均衡发展的配套化措施。如果将"多维一体"具体化、形象化,就是建设有品质、有内涵、有情怀的"大渡教育"。

当今中小学全面实施"五育并举",是新时代中国教育改革与发展的根本趋势。这种趋势与新时代"育人"有着莫大的关系。"五育并举"较好地回答了"教育应该培育什么样的人""教育是在为谁培育人""教育应该如何育人""怎样提升教育质量"等问题。因此,重庆市大渡口区的"五育并举"人才培养体系是建设有品质、有内涵、有情怀的大渡教育的重要途径,也是深化"多维一体,教育大渡"的理念的重要抓手。

第二节 人才培养体系的构想

重庆市大渡口区在"多维一体,教育大渡"的教育理念指引下,把"五育并举,多元发展"作为学校学生发展指导工作主线,各级各类学校致力于创建特色促品质,并将生涯、学业、生活、心理、理想指导与五育有机融合,建构纵横交叉的立体式、网状式大渡口区人才培养体系。通过多年的努力,重庆市大渡口区各所学校在生涯规划、劳动教育、科技、篮球、艺术等特色教育方面取得了一定成效,形成了一定的品牌及辐射效应。

一、人才培养体系的指导思想

重庆市大渡口区的"五育并举"人才培养体系以邓小平理论和"三个代表"重要思想为指导,贯彻落实科学发展观,面向现代化、面向世界、面向未来,全面贯彻党的教育方针。该体系遵循教育规律和人才成长规律,按照办一流教育、育一流人才、办好每所学校、教好每个孩子的办学要求,以促进公平为取向,以提高质量为核心,以促进每一个学生健康成长为重点,以提升内涵,创新发展、率先发展,办出特色、办出水平,努力形成理念先进、管理一流、质量保证、科学和谐的学校发展的新局面,为实现有品质、有内涵、有情怀的大渡口教育奠定基础。

二、人才培养体系的内容与理念

学生发展指导从内容上可分为生涯指导、学业指导和生活指导三大领域。其中生涯指导,旨在协助学生树立生涯意识,在了解自我、了解世界的基础上,为自己未来的发展方向做出理性的抉择。学业指导,意在协助学生适应高中的学习,了解高中学习的目的与意义,激发学习动机,掌握适合高中阶段和自身特点的学习方法与策略,提高学业水平和学习能力。生活指导,则以学生的整个生活为对象,从个人的生活到社会交往再到作为公民的社会参与,涉及行为规范、健康生活、珍爱生命、情绪管理、人际交往、合作意识、社会参与和融入等多方面内容。因此,学校学生发展指导工作主要聚焦生涯指导、学业指导和生活指导三大领域,将学校各个条块的工作统领到这三块主要领域。

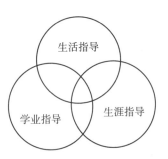

图 5-1 学生指导三的大领域

重庆市大渡口区把"五育并举,多元发展"作为学校学生发展指导工作的主线,将学生指导工作与德、智、体、美、劳有机融合。其学生发展指导工作主要涉及生涯指导、学业指导、生活指导、心理指导部、理想指导五个工作领域,分别对应的是"生涯指导:

预约未来,精彩人生";"学业指导:激发动机,高效学习";"生活指导:榜样示范,优雅生活";"心理指导:主动调控,健康心理";"理想指导:立德树人,知行合一"五个方面。

学生指导中的学业指导、生涯指导和生活指导三大领域各自独立,但又相互交融,相互联系。如学业指导中的选课指导,与学生未来的高校和专业的选择有关联,又与未来的职业生涯的选择密不可分。因此,学业指导中的选课指导与生涯指导是有极大关联的。所以,学生指导的三大领域环环相扣,相互联系,密不可分。

学生发展指导的三个领域离不开心理指导和理想指导,它们是生涯指导、学业指导和生活指导的重要支撑。首先,在生涯指导中,学生对自我的认知极其重要的一条途径就是通过心理量表来了解自己的性格、气质、兴趣等与未来职业的关系。其次,在学业指导中,无论是适应性问题,还是学习动机的激发,心理学中的相关理论和知识都有助于这些问题的解决;在生活指导中,情绪管理、社会融入等也需要心理学方面的知识。再者,理想指导旨在帮助和指导学生了解人的生命历程及不同阶段的人生主题,探索自我发展的方向;提高前程设计的能力,养成积极向上、不负青春的人生态度;确立开拓人生道路、创造美好生活的人生目标;树立造福社会、报效祖国、振兴民族的远大志向。因此理想指导是学生发展指导的又一重要的支撑。

重庆市大渡口区"五育并举"全面发展人才培养体系,既着力于宏观教育的均衡配置也注重个体素养的全面发展;既强调不同育人领域之间的和谐关系,也强调同一学科内对学生德智体美劳各个方面的关注。其促进的是人的综合素养提升,为人的个体发展提供更大空间,对提高生命质量有很大益处,为学生的人生赢得更多出彩的机会,进一步为"坚持优质多样,打造品质大渡"的办学方略奠定基础。

三、人才培养体系的指导工作领域

根据"五育并举,多元发展"学生发展指导工作主线,以及学生发展指导工作领域和学校工作的实际,大渡口区学生发展指导工作主要涉及生涯指导、学业指导、生活指导、心理指导、理想指导五个工作领域,分别对应"生涯指导:预约未来,精彩人生";"学业指导:激发动机,高效学习";"生活指导:榜样示范,优雅生活";"心理指导:主动调控,健康心理";"理想指导:立德树人,知行合一"五个方面,它们之间的关系见图5-2。

在学生发展指导的五个领域中,学业指导、生涯指导和生活指导三者相互交融,形如正在盛开的花瓣;而心理指导和理想指导,渗透在三者之中,形如支撑花瓣的叶子,为它们的健康茁壮成长提供养料与支撑,如图5-3。

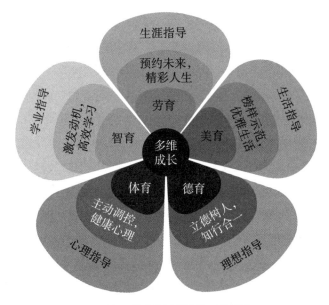

图 5-2 学生发展指导的工作领域

图 5-3 大渡教育的幸福之花

通过"五育并举 多元发展"理念的引领,让大渡口区每一位学生拥有高品质的学习权,让每一位学生得到自由而充分的发展,让每一位学生体验到生命成长的愉悦,为每一位学生成为智慧求知、向上向善、勇于担当、生活优雅、兼容并包的大渡人而努力,最终让幸福之花绽放光彩。

第三节 人才培养体系的探索

"培养什么人、怎样培养人、为谁培养人",围绕这一教育的根本问题,全国教育大会明确指出"坚持中国特色社会主义教育发展道路,培养德智体美劳全面发展的社会主义建设者和接班人"。教育部在《国家中长期教育改革和发展规划纲要(2010—2020年)》中提出,高中教育阶段应"建立学生发展指导制度,加强对学生的理想、心理、学业等多方面指导"。指导就是指引方向和方法。

学生指导是针对学生在认识和处理自我、自我与他人、自我与社会关系中遇到的问题,提供全面、系统的咨询与服务,以帮助学生认识自我、认识世界、完善自我。[①]"学生发展指导"应该通过各种形式指导和帮助学生在健全人格、发展学业、发展特长、适应社会生活等方面获得成长和进步。教育的高质量发展最终体现在培养全面发展的人。在"多维一体,教育大渡"理念的引领下,大渡口区坚持"五育并举""五育并重",紧紧围绕立德树人的根本任务,构建德智体美劳全面发展的人才培养体系,以大力改革回应百姓对更高质量教育的期待,将大渡口教育打造成全市闻名的优质教育名片。

在"新高考时代",重庆市大渡口区"五育并举"的人才培养体系从生涯指导、学业指导、生活指导、心理指导、理想指导五个方面,为学生发展指导工作的发展持续助力,体现的是教育与人的关系,人与生命的关系,个人与社会的关系,反映了教育的本质,也是适应教育变革需要、促进学生核心素养形成的必然要求。

一、生涯指导:预约未来,精彩人生

生涯(career)意为"过程"(career as process),即人生发展道路,也可指人或事物所经历的途径,延伸之义可指"个人身份的表达"。生涯概念最初与"职业""工作"联系在一起,在1950年以前,"生涯"往往就是"职业"的代名词,这也意味着学生生涯的发展

[①] 胡亮."五育并举,全面发展"人才培养体系建设的价值阐述[J].电脑迷·教师研修,2021(4):20—21.

与社会需求是密切相关、交相呼应的。

学校是我国教育体系的核心,承担着为社会输送人才的重任,因此学校的人才培养必须与社会需求相一致,才能保障人才能力与素质的最大化发挥。随着经济和互联网时代的快速发展,社会对高素质人才的需求越来越旺盛,也越来越多样,学生渴望成长成才的需求也非常迫切,生涯规划教育成为学校需要直面的问题。

生涯规划有理解生涯、了解自我、了解外部世界、学会选择,以及规划与行动五个维度。生涯规划指导的核心在指导和帮助学生解决"我是谁?""我想干什么?""我能干什么?"和"我现在应该做什么?"的问题。由于学生还处在发展的过程中,有很大的可塑性,同时由于社会政治经济的变化和产业结构的调整,导致行业的变迁、职业的消失与产生以及人在不同职业间的转换已经成为一种常态。因此,学生生涯指导的目的,不是简单地解决人与职业的"匹配"问题,也不是帮学生设定一个一生不变的岗位,而是应该把重点放在帮助学生了解自我和外部世界上,使学生在今天的学习生活和未来的个人发展之间建立联系,更加明确学习的意义,激发学习的内在动力。此外,学生生涯指导还应重视学生抉择能力的培养,使学生能通过资讯收集、系统思考、利弊分析、价值观确立等过程,懂得利弊相随,懂得如何取舍,懂得践行与应变,培养终身受用的选择和决策的人生规划能力。

在此基础上,重庆市大渡口区"五育并举"的人才培养体系的生涯指导板块重点围绕理解生涯、了解自我、了解外部世界、学会选择,以及规划与行动五个维度,指导和帮助学生了解生涯规划的意义,并在学习与未来的个人教育和职业生活之间建立联系,帮助学生在了解自我、了解世界的基础上,发现自己的特质,进而了解自我、接纳自我,为个人在选课程、选专业、选高校和选职业的过程中为生涯发展的理性选择打下基础,培养学生的抉择和规划能力。

(一)整合劳动资源,加大劳动教育力度

结合大渡口区产业特色、传统文化和学生生活实际,重庆市大渡口区系统研究劳动教育课程计划和内容,构建具有综合性、实践性、开放性、针对性的劳动教育课程体系。与此同时,重庆市大渡口区积极形成劳动教育合力,建立"家—校—社区"联动机制,形成支持学生充分参与日常生活劳动、生产劳动和服务性劳动的合力。

重庆市大渡口区还注重开展学生的劳动教育评价,利用大数据、云平台、物联网等现代信息技术手段,开展劳动教育过程监测与即时评价,并纳入学生综合素质评价体系,发挥评价的育人导向和反馈改进功能。

(二) 开辟多元途径,帮助学生了解内部世界

在多年的发展中,重庆市大渡口区调动多方力量,以"中心群落化"为主线,自上而下进行学校生涯规划教育体系建构和推动,以最大可能拓展学生的自得成长空间,基于大数据,形成了测评体系科学、测评设备齐全的生涯规划指导中心和生涯规划研究中心,实现学生的信息收集、智能分析和价值输出。

为协助学生了解自己,重庆市大渡口区运用多种方法或心理测量工具,如职业倾向测验、兴趣测验、能力测验、性格测验、价值观测验、人格测验等协助学生了解自己的能力倾向、兴趣爱好、学业表现、价值取向和人格特质等。为帮助学生理解自我,了解自己的优势与劣势,不攀比不气馁,学会悦纳自我,重庆市大渡口区从引导学生了解自身最喜欢和最不喜欢的科目、对学习科目的难易感觉、学校成绩表现、喜欢阅读的书籍种类、喜欢参加的活动类型、喜欢交往的朋友、觉得快乐的生活事件、家庭教育和亲子关系以及个人成长经历等维度引导学生看到自己的独特性,相信天生我材必有用。

图 5-4 重庆市大渡口区学生职业兴趣测试

此外,为了帮助学生尽早明确生涯发展意向,重庆市大渡口区积极组织学生交流自己最喜欢的职业及选择理由、最向往的大学及选择理由、最想就读的专业及选择理由等,围绕上述意向初步制订个人的学习目标与计划,具体描述自己在初中或高中三年,什么时候应该做好什么事情,需要哪些帮助。

"自得其乐,幸福一生"的重庆市第三十七中学校是首批市重点中学。经过 60 余

年的发展,学校的"自得教育"取得了显著成绩。围绕"尚自得,展个性"的校训、"自得其乐,幸福一生"的育人目标,学校以"培养一素养,打造一基地,形成一课程"的办学思路,构建了"237"自得德育课程体系。"2"是两翼,即课程育人、活动育人;"3"是三阶,一阶自行,二阶自省,三阶自成;"7"是七维,即从忠、善、和、真、美、健、法七个维度育人立人。"237"自得德育课程体系尊重学生的个性差异,切实贯彻因材施教的原则,让学生体验多彩生活,成就精彩人生。

学校相继获得全国中小学心理健康教育特色学校、重庆市研学旅行先进学校、重庆市立德树人特色项目研究基地等荣誉,学生共获国家实用新型专利和国家发明新型专利300多项,足球队、啦啦操队、武术队在国家级、市级比赛中多次获得冠军,古筝师生合奏三度获全国金奖,学生合唱团荣获"中华文化五岳奖",学校连续两年获得重庆市中小学生才艺大赛艺术表演类声乐一等奖。

在"互联网+"时代的发展背景下,提升学生学习能力与创新能力的核心素养的培养受到前所未有的关注。重庆市三十七中学为适应高中课程改革和高考制度改革新要求,在全市较早成立生涯规划服务中心,设置专属办公场地与团队,加大对生涯指导的资金技术投入,对生涯规划教育进行顶层设计和规划。

图 5-5 学生进行职业连连看体验活动

在教育技术现代化背景的推动下,学校以创新培养为基石,以校际合作、校企合作的方式,与重庆理工大学结成合作关系,共同成立了中学生涯教育研究中心,帮助学生根据个人兴趣、性格、能力、价值观、潜能，从"成长数据（资料）信息库""职业生涯规划知识库"和"职业生涯规划资源库"三大职业资源库中，形成数据搜寻和匹配，进而提供切实可行的分析报告及发展建议，为学生做出合适的选科、选考和志愿选择提供支持。

在重庆理工大学的人工智能技术的支持下，重庆市三十七中学设置了专业的高中生涯测评系统和包含人工智能技术、3D打印机的智能学习空间。在这个环境中，利用可视化、智能引导、监控与反馈等多样化的环境感知工具，实时了解学生的测评信息，记录学生生涯实践活动的全过程，跟踪与监测学生的学业情况，从而帮助教师更加便捷、全面地了解学生，减轻学校及教师教务和管理的压力，也为教师实施生涯指导的有效辅助和智慧校园建设提供了有效途径。最终，学校和教师可以根据学生的评测效果，及时调整培养目标，设计更加有针对性的生涯规划指导课程体系。

（三）通过实践活动，帮助学生了解外部世界

重庆市大渡口区在初、高中阶段开设生涯规划课，在学校课表中统一安排固定课时，由专职指导教师、班主任、心理教师、导师等负责，按照事先确定的内容，对学生进行系统的生涯教育。

图 5-6　生涯规划讲座

其次，重庆市大渡口区各学校开展了学生自主活动，分成小组或个人独自进行，分别就感兴趣的主题开展广泛的资料查询和收集，然后在全班进行分享，如高校与专业设置现状、高考与招生政策改革、产业与职业变迁、社会职业观变化、企事业单位用人要求的不同等。

此外,重庆市大渡口区还通过"请进来"和"走出去"两大渠道,帮助学生了解外部的丰富世界。一方面,重庆市大渡口区把家长、专家、校友等校外各行各业人士"请进来",按照学校的意图和要求,结合个人的经历和体会,向学生介绍各自所在的高校和专业,介绍目前正在从事的工作,分享自己在升学、择业、面试、就职等方面的成功经验与失败教训,介绍大学学习和工作世界对人的素质要求,表达自己对高中阶段学习意义的理解,借此在初、高中学习和未来的教育和职业生活之间建立联系。

图5-7　家长进课堂讲解从事职业

另一方面,重庆市大渡口区积极实行"走出去"策略,利用家长和社区资源,与大学、研究所、企事业单位等校外单位联系合作,开展参观访问、挂职锻炼、名人访谈、职业体验、模拟招聘等活动,让学生在高等学校或职业现场直接感受和体验。每次活动结束后,学校都组织学生开展口头或文字的交流分享活动。

(四)明确各阶段生涯规划重点,帮助学生学会选择

根据生涯规划的维度与内容,生涯规划有三个重要的阶段,分别为了解自己、了解(外部)世界、学会选择。为达到三个阶段的目标,帮助学生学会选择,重庆市大渡口区的各个学校明确不同年段生涯规划的侧重点。

1. 小学阶段:让劳动教育助力生涯规划

针对小学阶段,重庆市大渡口区各所学校通过劳动教育,让学生"面对真实的生活世界和职业世界",不仅将让青少年在磨炼中强化责任担当,切实地感受到劳动最光荣,而且还将助力青少年尽早进行职业规划。

图 5-8 钰鑫小学"午餐有礼"活动课程

针对小学低年级学生,各所学校开展劳动教育,培养学生的劳动意识和劳动安全意识,感知劳动乐趣,爱惜劳动成果,以下三个方面重点指导学生。一是完成个人物品整理、清洗,进行简单的家庭清扫和垃圾分类等,树立自己的事情自己做的意识,提高生活自理能力;二是参与适当的班级集体劳动,主动维护教室内外环境卫生等,培养集体荣誉感;三是进行简单手工制作,照顾身边的动植物,关爱生命,热爱自然。

图 5-9 "光盘行动"表彰活动

针对小学的中高年级学生,重庆市大渡口区各所学校以校园劳动和家庭劳动为主要内容开展劳动教育,引导学生体会劳动光荣,尊重普通劳动者,初步养成热爱劳动、热爱生活的态度,从以下三个方面重点指导学生。一是引导学生参与家居清洁、收纳整理,制作简单的家常餐等,每年学会1—2项生活技能,增强生活自理能力和勤俭节约意识,培养家庭责任感。二是引导学生积极参加校园卫生保洁、垃圾分类处理、绿化美化等,适当参加社区环保、公共卫生等力所能及的公益劳动,增强公共服务意识。三是为学生初步体验种植、养殖、手工制作等简单的生产劳动提供机会,引导学生初步学会与他人合作劳动,懂得生活用品、食品来之不易,珍惜劳动成果。

2. 初中阶段:通过职业体验,走进职业

吾生也有涯,而知也无涯。重庆市大渡口区各所学校针对初中阶段的学生,通过开展"父母职业岗位体验"主题性社会实践活动,让学生走进职业。学校利用每年寒暑假期,组织初中学生分别到父母职业岗位进行体验,即"到实践中体验、在体验中感悟、通过感悟而自我发展",调动学生内在动力自觉提高素养。通过系列活动,让学生体味父母职业工作的艰辛,享受劳动创造的喜悦,明确自己成长的任务,激发社会责任感,培养感恩意识和创新实践能力。

图5-10 重庆市商务学校启动职业教育活动周开放体验日活动

此外,重庆市大渡口区各所学校也通过开展职业访谈或研究性学习,引导学生走向社会,走进职业,加强对职业的了解,积极探索职业世界。在新高考背景下中学生需要尽早进行科学的职业生涯规划的现实需求,重庆市大渡口区各所学校在寒假期间举行职业体验的综合实践活动,要求学生走出学校与课本,围绕职业的核心工作、职业的发展前景、薪资待遇、职业发展道路、职业标杆人物、职业典型的一天—周—月—年、职业对口的大学专业等,开展相应的体验活动。重庆市大渡口区各所学校的学生们通过大量查阅资料或是对从业人员进行采访甚至是"一日职场体验",并采用不同的形式,将他们了解到的职业特点、从业要求向大家做分析,从而提高对不同职业的认识和增进了对不同职业的体验。

职业体验实践活动结束后,学校引导、鼓励学生把实践心得体验形成文字,形成文字的过程便是学生自我评价、反思提升、产生新价值观的过程。最终学校将学生职业体验报告优秀作品集结成《职业体验记录册》,发放到学生和家长手中。《职业体验记录册》主要由绘制家庭职业树、职业认知访谈或入职要求调查、职业体验过程以及职业体验反思报告四部分组成。

3. 高中阶段:了解高校与专业,为进一步深造做好准备

针对高一年级学生的学习和学业特点,为了帮助高一年级的同学们更好地认清自己的潜能特点,探索未来发展道路,重庆市大渡口区各所学校将每年举行一次生涯探索大赛,让同学了解自己感兴趣的高校、专业,逐步明晰自己的职业方向。各所学校通过生涯探索大赛,重点实施"三个一"计划:一次职业体验、一次专业探究、一份升学方案。

图 5-11　重庆市第四届人生规划大赛

其中,生涯探索大赛包括初赛(寒假结束提交文字稿)、复赛(制作成 PPT 展示)、决赛(胜出者代表学校参加生涯规划大赛)三项流程和七项获得内容,学生可以在以下几个类别中选择一项或几项参赛:选择一个你所感兴趣的行业,通过实地采访或查找资料写一份行业调查分析报告;针对你理想中的职业,找到相应的从业人员,进行职业访谈,并将全程拍摄下来,制作成微电影;跟着父母或亲戚朋友全程实习或见习他们一天的工作,写一篇实习或见习报告;结合自身情况制作一份升学规划书;通过社会调查写一份创业计划书;采访你身边的一位校友,写一份关于该校友的生涯历程报告;针对理想中的大学和专业,写一份调查报告。

针对高二年级的学生,重庆市大渡口区各所学校主要确立了"确定方向,深度探索,提高素养"的核心目标,主要通过生涯规划课程,各类讲座、社团活动等,让学生了解职业与行业,大学与专业等,探索与自己性格、兴趣和个性倾向相匹配的职业与专业。

针对高三年级的学生,重庆市大渡口区各所学校主要围绕"明确目标,理性选择,有效行动"的理念展开。针对高校招生,提供个别化指导,最终让学生明确目标,理性选择,有效行动。首先,梳理学生个人成长记录资料收集的范围和内容,让学生知道应收集哪些资料和怎样收集资料,为其填写综合素质评价表做准备。其次,介绍填报志愿的技巧与方法。最后,学校也会为部分参加自主招生同学的推荐信撰写等提供个别化指导。

(五) 以 E 生涯工作室为依托,促进教师的专业成长

随着新高考政策的落实,生涯指导成为学校教育中专业化、系统化的教育活动,与此同时,对学校从事生涯指导的教师的学历、资质也提出了更专业化的要求。实施导师制是将生涯指导落实到位的有效途径之一,导师与学生彼此之间的交流与互动,能解决很多实际的问题。

在充分考虑到普通高中学生生涯规划意识、能力与学生性别、年级、生源地以及父母的文化程度的差异后,重庆市大渡口区重视人员保障,以 E 生涯工作室为依托,逐步构建起生涯规划教育导师工作体系,开展 JOB SPA 活动,加强个别指导。E 生涯工作室中的"E"是英文单词 Education(教育)、Excellence(卓越)、Elite(精英)、Electronic(线上)的首字母,这也表明了 E 生涯工作室的主要功能与职责。

各校通过政策激励,积极吸纳对学生指导感兴趣的老师加入成为导师,重庆市大渡口区以 E 生涯工作室为依托,开展学生指导工作。借助 E 生涯工作室平台,重庆市大渡口区开展JOB SPA活动,学校安排导师在学生发展指导中心接受学生个别咨询,为每一名同学配备生涯课程导师、生涯成长导师、生涯学业导师及生涯实践导师,制定四种不同模式的生涯规划导师培养计划,明确导师职责,助力学生成长。学校鼓励每位教师每学期开设一次专题讲座或参与生涯规划课程教学1次。通过上述活动,既可为学生提供个别指导,又可有效地促进教师的专业化成长。

1. 生涯课程导师

生涯课程导师在全面掌握中学生生涯规划的理论知识,独立开展教学和活动设计、指导的同时,为学生提供生涯咨询服务。重庆市大渡口区学生生涯课程导师的培养主要采用"送出去"的方式,让教师定时定期参与课题研究、案例撰写、公开课展示、集体备课、听评课等形式的生涯指导培训,使教师对生涯指导不断钻研与思考,提升理论与实践研究水平。

2. 生涯成长导师

生涯成长导师主要由班主任组成,旨在为学生提供选课、学业、心理和生活等方面的指导。重庆市大渡口区生涯成长导师主要采用"请进来"的培养方式,由重庆理工大学和华东师范大学教授负责对相关教师进行专题培训。截至目前,重庆市第三十七中学邀请重庆理工大学谭建伟教授、华东师范大学杨光富教授、重庆市教科院刘雅林副院长、重庆第二师范学院教师教育学院李学容副院长对生涯指导教师进行"新高考与生涯教育""高中生涯教育体系建设""中小学教师专业成长的策略及案例分析"等多个主题的培训。

3. 生涯学业导师

生涯学业导师主要由学科教师组成,主要任务是在掌握生涯规划基本理论的基础上,在课程中融入生涯教育理念。同时,重庆市大渡口区各校的生涯学业导师也包括自主招生教师和学科竞赛辅导教练,在完成重庆市大渡口区的自主招生流程制定的基础上,为学生参加高校的自主招生和学科竞赛提供专业的指导和服务。

4. 生涯实践导师

生涯实践导师由各行业成功人士以及杰出校友组成。学校依托校企战略合作的"青青计划"及"家长学校",整合社会、家庭、学校全空间资源,为学生提供实践职业体验和社会性提升的机会。目前,重庆市大渡口区已聘用的实践导师,涉及现代工业、互联网、文创等多个行业。此外,在"家长学校"的推动下,不同行业的精英家长们为学生拓宽资源,为学校扩添20余门选修课,内容涉及汽车、计算机、医疗、礼仪等多方面。

（六）生涯规划渗透学科，推动全员生涯教育局面

学科渗透是学生生涯规划教育中的重要组成部分，是促进全部教师参与生涯规划的主要途径。学科教师的参与，将极大地增加学生获取职业规划信息和指导的途径与机会。重庆市大渡口区的学生职业与就业指导课程建立已历时十余年。在结合政策背景和学生、家长现实需求的基础上，重庆市大渡口区鼓励各所学校将生涯规划目标融于学校整体课程目标之中，基于学校整体课程体系架构，对生涯课程进行顶层设计，构建以生涯规划专业课程为龙头，以学科渗透课程为主体，以学业指导和职业咨询课程为两翼的生涯规划教育实施体系，如重庆市第三十七中学展开了生涯规划学科渗透的实践探索。

在生涯规划的通识课程板块，重庆市第三十七中学从 2018 年开始，以"职业规划、学业规划和学习行动"为引领开发了一系列的生涯教育指导课程，课程分为"中学生职业生活规划概述""新高考改革篇""专业与大学探索篇""职业探索篇""自我探索篇""决策行动篇"六大主题，每周一课时进入正式课表，共计 20 课时。除课堂教学活动外，三十七中还采用了校园讲座、学科渗透、学生社团、职业体验的形式辅助课程的完成。重庆理工大学的教育专家全程参与课程体系建设，保证了课程体系的合理性与科学性。

在选课走班的指导课程板块，基于 2014 年国家出台的新高考改革政策，打破了原有的文理二分，改为"学考"和"选考"，学生在进行选择时至少有 35 种选择组合，"怎么选"成了学生们要解决的突出问题。因此，重庆市第三十七中学面向高中一年级学生，结合不同层次学生的个人兴趣和学科学业质量发展水平，合理安排选课指导，分层编制教学班，引导学生合理填报语文、数学、外语、地理、历史、物理、化学、信息技术、音乐、美术等学科的选课志愿，探索课程纵向衔接、横向沟通、结构合理、基础性和发展性相结合的综合选择空间。

为帮助学生一步步明晰自己的目标，做出合适的选考科目决策，形成追踪式的决策记录，学校还推出了《我的学业我规划 我的决策我做主》"七步走"选考科目决策指南，从"我的生涯愿景""我的理想专业""我的生涯生活"出发，帮助学生做好初步的职业规划方向；再从"我的个人特质""我的成绩分析"帮助学生对自我情况进行深度把脉，最后在"我的思路清理""我的选科决策"基础上形成最终选择。

此外，学校积极与重庆市巴蜀中学建立"巴蜀云校"双师班，利用 5G 通信、高清直播设备、云储存、大数据分析等技术，采用线上"远程授课"的方式，打破地域和空间的

图5-12 《我的学业我规划 我的决策我做主》选考科目决策指南

限制,输出巴蜀中学九大学科优秀教学资源,为三十七中学子更科学、合理地完成"新高考12类课程组合"和"选课走班"提供支持。双校师生实时互动,引领优生深入学习,为后进生答疑解惑,实现了100%原汁原味巴蜀课堂,为学生选科提供了科学指导。

在职业体验的选修课程板块,重庆市第三十七中学在坚持班级教育主阵地的基础上,为学生发展的多层次需求提供系统、专业、个性化、菜单式的职业体验选修课程方案,以求日常教育和专题教育的深入结合,达到"教有实效,学有成效"的目的。职业体验的选修课程每学期在两个初中和高中一年级开展,学生可以按照兴趣、能力自由选择,走班制流动上课,如《区域地理考察与研究》《以案说理,趣味学法》《魅力人生——生物学职业》《信息技术"智能硬件DIY"》等职业体验精品课程。

二、学业指导:激发动机,高效学习

学业是教育发展永恒的主题,学业指导是学校非常重视的常规工作。学业指导指学校以学生个体或团体为单位,通过师生间有益的互动交流为学生提供适当的指导服务,采取多种方式开展以提高学生学习成绩以及有利于学生未来发展为导向的科学的指导、咨询工作。[1]

---

[1] 尚航,张德祥.剑桥大学学业指导体系的构成、特点及启示[J].现代教育管理,2019(1):119—123.

一个学生学习成绩或考试分数的高低,往往由智能天赋、学习基础、测试内容、试前准备、考试技巧、身体原因等多方面因素造成。学业指导核心要解决的是学生想学、会学、乐学的问题,但从指导内容看,学校通常着力在学科学习等具体的方法层面。因此,学校不能简单地把学业指导简单化为升学指导或考试指导,也不能把学业指导理解成只是在课外进行的辅导,它应和日常的教学、训练结合在一起进行。在评价学业指导成效时,不能简单地与学生的分数成绩挂钩,将学业指导异化为高分利器而失去其真正的价值。

为此,重庆市大渡口区各所学校通过"学校学生发展指导工作委员会"统一协调分工,指定学校教学主管部门(教务处、教学处、教导处等)为学业指导工作的负责机构,学生发展指导中心为协助机构。各校开展的学业指导侧重在编写学业指导手册,了解初中和小学、高中和初中学习的不同;编写优秀学子风采录,发挥优秀学子榜样示范作用;学会时间管理、提高学习效率;继续加强临界生的指导等主题,让每一位学生都有成功的希望。

(一) 加强书香校园建设,培养学习习惯与方法

腹有诗书气自华,最是书香能致远。阅读,是智育和思维发展的源泉。阅读是人类重要的认识活动是文化保存和传播的根本途径,是一种普遍的文化现象。[①] 在全民阅读已经上升为国家文化战略之时,我区对区域阅读教育进行顶层设计和系统思考,围绕"多维一体,教育大渡"的区域教育发展理念,在我区中小学以"阅读节"为抓手推进书香校园建设的基础上,紧抓全民阅读重中之重的"儿童阅读",正式启动"大渡幼教·千绘百读"项目,整体提升区域性儿童阅读教育质量,链条式推进区域阅读教育纵深发展。

1. 幼儿教育:"大渡幼教,千绘百读"绘本阅读活动

大渡幼教,千绘百读。何为"千绘百读"? 即万千绘本,百种阅读。重庆市大渡口区针对学前教育阶段的幼儿开展了千绘百读阅读活动。千绘百读阅读教育以"书(绘本)"为载体,依托目标和策略两个维度的支撑,与幼儿发展、教师成长、家庭教育三大核心主体,多元化、多角度、多维度地形成"三多教育的合力",最终让孩子爱上阅读、让教师专业成长、让家长更懂教育。

在"大渡幼教·千绘百读"阅读教育中心不仅投放了国内外经典图画书,具有中国

---

① 王余光,汪琴.关于阅读文化研究的几个问题[J].图书情报知识,2004(5):3—7.

图 5-13 "千绘百读"阅读绘本馆

元素的原创图画书,还有类型多样的图画书如纸板书、洞洞书、地板书等,总藏书达3000多册。不仅如此,馆内墙饰装潢以经典图画书里的场景布置,推门入馆,孩子仿佛置身于童话之中,身临其境,一种想要阅读的内在需求在环境的熏陶下被激发;在这里还给孩子设计了专业的儿童阅读桌椅和柔软的榻榻米,舒适的环境、明亮的灯光、清新的绿植,到处弥漫着浓浓的书香味道,甚是惬意。为幼儿提供优质的阅读环境,也为"千绘百读"项目实践研究及培训师资提供良好的专业场所。

图 5-14 "千绘百读"阅读场馆内部藏书

大渡口幼儿园教育集团作为项目基地园,项目儿童阅读中心及项目研究基地设在半岛逸景园,并设立了7所幼儿园阅读基地。

图5-15 "千绘百读"阅读项目基地园授牌

各园所积极组织教师参与绘本阅读教育的专题通识培训及实践研究,做好过程资料收集整理,引领教师规范化、专业化、特色化发展,打造一支爱阅读、懂阅读教育、愿终身学习的教师队伍。与此同时,大渡口区幼儿园教育集团积极推动项目出成果,紧紧围绕"大渡幼教·千绘百读"育人目标,组织骨干教师积极参与课程体系研发,用实践去丰富和论证"千绘百读"项目研究成果,为项目提供课程经典教案、创造性课程案例、家庭阅读教育方案、儿童原创绘本系列等物化成果。

此外,重庆市大渡口区积极创新家园共育,充分发挥"集团家长学校"的作用,组织骨干教师参与家庭教育指导师培训,定期开展家庭教育培训讲座,组建"大渡幼教"亲子阅读及家庭教育宣讲团,让宣讲团的骨干教师成为阅读教育推广大使,并采取多种形式推进家长学校相关活动的开展,培养学习型、成长型父母,提升家园共育、家园合育的品质。

重庆市大渡口区教育集团充分发挥好示范引领作用,在区内积极营造浓厚的阅读氛围,促使大渡口区幼儿园阅读教育向纵深推进,为实现"大渡幼教·千绘百读"育人目标,努力办有品质、有内涵、有情怀的大渡教育,践行"多维一体、教育大渡"的区域教育发展理念作出应有的贡献。

2. 中小学:"让阅读成为习惯,让书香溢满校园"阅读节活动

围绕"让阅读成为习惯,让书香溢满校园"的理念,重庆市大渡口区教委以"阅读"

为突破口,让核心素养在学生中生根发芽,加强书香校园建设,做好"爱上阅读 点亮生命"阅读节活动,践行"多位一体,教育大渡"的区域教育发展理念,持续推进区中小学阅读活动。

图5-16 "世界读书日"暨"书香悦读"体验活动

重庆市大渡口区各学校重视经典文化诵读,开展"爱上阅读 点亮生命"区域性课外阅读推广活动,通过建机制、助推广、重导向三大举措,营造书香氛围,努力打造校园书香文化。其阵地包括书香校园、书香教室、书香楼道、书香宿舍等,充分发挥图书室、阅览室、知识长廊的阵地作用。在每个班级、每间教室设立专门的班级图书角。

图5-17 "爱上阅读 点亮生命"阅读节进社区活动

此外,阅读节活动,是大渡口教育界一年一度的盛事。重庆市大渡口区各所学校以班级为单位,适时举办读书知识竞赛、读后感交流、读书征文、经典篇章诵读、课本剧表演、演讲比赛、好书拍卖会、经典诵读活动等丰富多彩的活动,让师生沐浴书香,在经典中成长。阅读的主题也很广阔,有学科内也有学科外,涵盖人文、科技、哲学等师生感兴趣的题材。阅读节内容和形式年年都在创新,让学生们更喜闻乐见,更容易读懂经典。

图5-18 "爱上阅读 点亮生命"阅读节现场作文大赛

此外,重庆市大渡口区各所学校还设立读书活动先进班级、优秀辅导教师,评选"书香班级""读书之星""书香家庭",推动全校读书活动深入开展。努力践行"我读书,我快乐,我成长"的理念,指导学生的阅读方法与习惯的养成,多读书,读好书,好读书,提高读写能力,夯实文化底蕴,陶冶情操。持之以恒的阅读活动已初见成效,如今走进大渡口任何一所中小学,无论是阳光和煦的早晨,还是快乐的午后时光,随处可见一个个与书相伴的身影,墨香四溢的校园成为培养学生阅读兴趣的沃土。

(二)学会自我时间管理,提高各学科学习效率

学生自我管理意识是在教师、自身及学校氛围等因素的综合影响下逐渐形成的,加强学校在学生自我管理意识培养中的主动性是重中之重。[①] 学习自我管理策略是中学生在学习管理时使用的策略,包括认知策略、计划策略、反思策略、调节策略、控制策略等等。学生的学习自我管理策略与我国基础教育新课程改革所倡导的自主学习、

---

① 王晓娟.中学生自我管理意识和行为的培养[J].中学政治教学参考,2020(09):87—88.

探究学习等教学理念相一致,而且学生的学习动机与学习自我管理策略之间有密切的联系。[1]

为此,重庆市大渡口区各学校在初一、高一新生班级组织"学会时间管理、提高学习效率"主题班会。首先,班主任或带班教师组织学生回忆最近几日的生活内容,选择最有代表性的一天,以30分钟为一个时节,将一天24小时的生活内容一一记录下来。然后按照学习、休息、运动等分别归类,让学生了解自己一天24小时的使用情况,知道时间都去了哪了。其次,教师组织学生围绕"自己有无浪费时间的情形?个人的时间分配是否合理?怎样才能有效地管理好时间?如何才能消除'拖拉'现象?"等问题展开讨论,帮助学生找到时间管理上的困难和问题。随后开展模拟练习,给学生提供一些具体的时间分配方法和实例,让学生知道如何规划和管理自己的时间。

最后,针对"拖拉"现象,教师组织学生分析原因,并就如何消除"拖拉"现象制订有效方法,相互督促执行,如制订个人每天的时间规划表、从短时间训练开始并坚持养成今天事今天毕的习惯、设定目标并随时鼓励自己、养成专心学习的习惯:限时完成、边学边记、大声朗读、交叉安排不同任务等。

(三)编制学业指导手册,了解各阶段学习重点

学业指导手册是为各年级学生详细介绍培养方案、课程设置和教学安排相关事务,在教学相关内容上更加具有针对性及操作性的手册,是服务于同学们学业发展的好帮手。重庆市大渡口区各学校请相关老师介绍或编制相关手册,告知初中、高中不同阶段学生其课程设置和学分要求、国家和地区各类考核与考试的规定与实施办法、学校相关规章制度与纪律要求、学校提供的支持条件与资源系统等各种有关高中学习的规定与信息,帮助学生更详细地了解学业的相关学情。

为帮助不同年级学生了解其学习阶段的侧重点和不同,重庆市大渡口区各所学校请学科教师介绍初中和高中各学科的具体学习内容、每学年的学习任务及目标、校本选修课程的内容与时间安排等,或者组织学生自行分组研究,做成表格,在班内交流并请学科教师进行点评。

此外,重庆市大渡口区各学校请学长与学生座谈,介绍自己的学习体会与选课经验,带领学生熟悉学校的学习环境,参观实验室、图书馆、专用教室、计算机房、体育场馆、艺术教室等,了解各种设施设备的使用办法。在活动结束后,重庆市大渡口区各学

---

[1] 韦光敏,冯维. 中学生学习动机与学习自我管理策略的相关研究[J]. 重庆电子工程职业学院学报,2009,18(5):156—160.

校通过班会、日记、板报、海报、校报校刊、网络平台等多种方式,请学生围绕"初中和小学以及高中与初中学习的不同"这一问题表达意见,并就如何过好初中或高中三年交流想法。

(四)加强临界生的指导,让每位学生充满希望

"临界生"通常是指中考或高考中在中等成绩、接近达线的考生。从广义上讲,成绩好的学生可以界定为重点高中或重点大学的临界生,中等成绩的学生是一般高中或普通本科的临界生,而成绩不理想的学生可以看作是职业中学或专科学校的临界生。

每一个学生都是希望的化身,杜绝失望的身影。临界生主要有学考各级的临界生以及高考各段的临界生,针对每一个层次中存在的临界生都有相对应的措施。解决临界生的学业困难可从以下几个方面着手。首先,从学生的日常表现入手,分别与学生、家长、学科教师等讨论分析,对导致学生学业困难的原因进行诊断,如人际关系、个人价值观、学生方法、学习动力、学习基础、家庭问题等,找出问题症结所在。其次,学校在认真诊断的基础上,针对学生的不同问题与原因,组织相关教师,制订不同的策略,有针对性地进行辅导,如:改变学生认知、增强学习动机、发现学生兴趣、提供成功机会、个别补课、与学生交流、重新制订学习计划、学习方法训练等。

最后,所有的辅导都从理解学生开始,以鼓励为原则,分小步设置经过努力可以达到的目标,让学生在学习成绩逐步提高的过程中建立信心,提升动力。

(五)辅助心理健康教育,缓解学生的升学焦虑

近些年来,高中学生心理健康问题逐渐受到人们的关注,面对较大的课业和升学压力,高中生难免会产生一定的心理压力。学生在学业方面出现困难或问题,原因比较复杂,除智力原因和学习基础外,多半与信心不足、动力缺失、归因错误有关。在这种情况下,为了让心理健康观念深入同学们心中,消除同学们对心理辅导的敬畏和误解,揭开心理神秘的面纱,重庆市大渡口区在学业指导中渗透心理辅导,从心理调适和生活调适两大维度出发,告诉学生,焦虑产生于面临威胁或预料不良后果之时,是人感到巨大压力时正常的情绪反应。适度焦虑是人们面对应急状态时的正常反应;过度焦虑时,人的心理、生理、情绪等都会出现不良反应,会影响正常学习和生活,不利身心健康。

其中,在"心理调适"系列活动中,重庆市大渡口区各学校引导学生分析引起考试焦虑的原因,如害怕丢面子、害怕失败、害怕被父母和老师批评、缺乏自信、好高骛远、耐挫折力差、同学间不合理的攀比等。鼓励学生站在另一个角度对自己不恰当想法进行驳斥，引导学生寻找事情的光明面，战胜自我，找到改进或改善的办法。

在"生活调适"系列活动中，重庆市大渡口区各学校针对引起考试焦虑的原因，以班级为单位或将有考试焦虑的学生单独编组，用改变认知、放松训练、科学解压、心理调适、生活调适等方法，开展相应的活动与训练，如走一走、跑几圈，做做运动、做做按摩，洗个热水澡，听音乐，阅读，享受自己的爱好，建立一个朋友和熟人的支持圈子，保持良好的睡眠等。

（六）编写优秀学子风采录，发挥榜样示范作用

为宣传和展示优秀学子的风采，激励同学们追求卓越，积极向上，以榜样为力量，重庆市大渡口区各校学业指导部编写《多元化发展——学校优秀学子风采录》，汇总后编辑成册，并通过表彰大会、招生宣传、微信公众平台、学校网站、学校大屏幕进行宣传。

三、生活指导：榜样示范，优雅生活

随着移动互联网技术的迅速普及，学生的思想状态产生了新趋势，生活环境发生了新变化。[①] 大渡口区给学生成长、成才、成人提供全方位、科学有效、高质量高水平的指导服务，为学生德智体美劳全面发展创造良好的精神、物质环境，提高学生的生活能力、弘扬劳动精神、促进学生生活关系的和谐，不断加强对学生的生活指导。

生活发展指导作为学生发展指导的一项重要内容，目的是促进学生的个性发展和社会性发展。其中，个性发展包括自我概念发展、兴趣与特长发展、问题解决、自我反省指导、学校生活适应、卫生健康和心理调适指导七个方面；社会性发展包括社会生活规范、人际关系、沟通交流、合作与团队精神和领导力五个方面。[②] 与传统意义上的只注重生活技能提高的生活指导相比，以上内容不仅关注到学生浅层次的发展，还关注到深层次的发展，比如浅层次的学校生活适应、社会生活规范，深层次的自我概念发展、合作与团队精神；不仅关注到学生个体的发展，还关注到个体与个体、个体与环境的关系发展，注重个体的自我反省、兴趣与特长，注重关系的沟通交流、人际关系等。因此，生活发展指导对培养学生的健全人格、促进学生全面发展具有重大的现实意义。

---

① 施周婷.大学生生活指导的理论与实践探析[J].思想教育研究，2014(9)：75—78.
② 王中立，吕鹏飞.高中学生生活发展指导策略校本研究——以郑州外国语学校为例[J].开封教育学院学报，2014(5)：240—241.

为使生活指导的实施更贴近学生的现实生活和切身利益,满足学生个性化成长需求,重庆市大渡口区尝试通过行动研究的方法,探索学生在生活发展指导方面的校本化途径,探索学生发展指导的校本化课程建设,开发指导资源,提升教师指导水平,对学生发展给予科学全面的指导,为学生较好地融入社会做准备。

(一)强化艺术课程,加强学生美育熏陶

孔子就曾说过:"兴于《诗》,立于礼,成于乐。"这就是讲美育对于人格培养的重要性。艺术教育功能是艺术教育活动对个体与社会发展产生的影响,是一种系统、客观、动态的作用力。[①] 学校实施艺术教育,其根本目的在于提升学生的艺术涵养与素质,促进和谐发展的同时,其德育功能效应的发挥对于当前强化学生思想政治教育的形势下,对学校艺术教育功能的自觉与理性拓展,形成规范化、灵活性、复合型功能的学校艺术教育体制具有重要意义。[②] 围绕如何在日常教学中去培养和提升每一个学生的审美能力,成为重庆市大渡口区教育推进美育建设的一个重难点。重庆市大渡口区各学校引导学生在艺术审美过程中内化美的意识,在多层教学中促使其德育养成,进而升华其精神境界,形成真善美合一的艺术情怀。

图 5-19 大渡口区首届校园音乐节

[①] 刘英丽.艺术教育功能拓展与学生德育养成的内在逻辑[J].教育理论与实践,2015(28):48—51.
[②] 郭建如.社会变迁、教育功能多元化与教育体系的分化:全球的视野[J].教育学术月刊,2010(11):3—8,20.

美育不同于艺术教育和艺术技能教育，它不是技能的传授，而是通过艺术表达，培养学生全方位的人文素养和审美能力。为此，大渡口教委坚持走"大美育"的路子，构建"文化育美、课程育美、艺术育美、实践育美、仪式育美"立体美育体系；坚持普及和个性化发展两条腿走路。

从音乐美、绘画美到数学逻辑之美，美育在学科领域的广泛渗透，潜移默化提升每一位学生对美的鉴赏力。首先，重庆市大渡口区教委强化艺术课程实施，对区域内各所学校开足开齐开好国家艺术课程开展常态化监督，积极发展校本特色艺术课程，丰富学生校内外艺术活动体验。其次，重庆市大渡口区教委推进艺术团队建设，加强各个学校的校艺术社团建设，在个性化美育建设方面，以动态表演和静态展示为落脚点，与中华传统文化融合推进区域特色项目创建工作，组建了衍纸艺术、纤维画、水拓法、剪纸艺术等16个艺术工作坊，发展区级学生艺术团10个，打造1—2个市级优秀学生艺术团队，邀请非遗文化传人当课程顾问，积极传承优秀传统技艺。

最后，重庆市大渡口区教委积极组建区域艺术教育联盟，组建区校园舞蹈、合唱、器乐、戏剧等艺术教育联盟，实现联动发展。剪纸艺术工作室，在非遗文化传人的指导下，学生们把一张张彩纸变成一幅幅精美的剪纸；水拓画工作室，孩子们在水中发挥奇思妙想，用五彩缤纷的色彩渲染出天马行空的创意。

图5-20　重庆市第十三届青少年书法艺术节

目前,大渡口区正全力打造全国艺术素质测评实验区。创建全国中华优秀传统文化艺术传承学校1所、市艺术特色学校6所、市学生艺术团2个、市书法特色学校3所。2018年来,获市级展演一等奖25个、二等奖13个,其中6个作品选送教育部。

1. 重庆市大渡口区实验小学:启迪智慧　化育生命

重庆市大渡口区实验小学建于1988年,是重庆市示范小学。在"启迪智慧　化育生命"办学理念的引领下,学校立足"启慧"育人,以文化之,以德导之,以才引之,以身范之,以爱育之,让孩子在潜移默化中明白道理,在润物无声中获取智慧。在多年的实践中,学校形成了具有"启慧"特色的五大学科课程群与六大系列活动课程,并自主开发了中华武术、美文美读、科学实践、陶艺、管乐等十余门校本特色课程,致力于培育"外健内慧"的智慧少年。

图5-21　重庆市大渡口区实验小学社团活动

学校先后获得全国红旗大队、全国NOC信息化教育实验学校、全国优秀少先队先进集体、重庆市文明单位、重庆市"创先争优"先进基层党组织、重庆市教育信息化试点单位、重庆市智慧校园试点单位、重庆市科技教育特色学校、重庆市体育与艺术特色学校等诸多荣誉,培养了5名世界青年武术冠军,一大批优秀武术人才。

2. 重庆市大渡口区育才小学:让校园每一个生命都精彩

重庆市大渡口区育才小学建于1963年,是大渡口区首批示范小学。学校以"生命教育"为宗旨,践行"让校园每一个生命都精彩"的办学理念。

图 5-22　重庆市大渡口区育才小学拉丁舞活动展示

建构校本德育课程体系,包括持之以恒的养成教育、震撼心灵的主题教育、历练生命的自主教育和感悟人生的实践体验四个德育子课程;树立"人人都是德育工作者"的意识,充分发挥学校、家庭、社会"三位一体"的育人作用;坚持特色办学,以翰墨飘香的书法艺术、热情奔放的拉丁舞蹈为亮点,形成了"人人能挥毫、个个会拉丁"的艺术教育特色风貌。

扎实有效的德育工作,推动了学校的发展,确保了良好的育人效果。学校涌现了奥运冠军李雪芮,武术冠军汤露,书法新秀胡海天、刘奕辰等一大批优秀毕业生,连续多年被评为区素质教育目标考核评价一等奖,荣获全国红旗大队、全国文明校园、中国书法兰亭小学、全国最美校园书屋、重庆市依法治校示范学校、重庆市德育示范学校、重庆市文明礼仪示范学校、重庆市首批研学旅行基地学校等五十余项殊荣。

(二)制定班规和寝室公约,培养规则意识

生活指导的各项内容不是孤立的,而是彼此关联的。生活指导的内容、方法有很多,重庆市大渡口区各学校从学校层面构建一个完整的指导体系,让每个学生可以按照自己的需求得到个性化的指导。

1. 主题班会系列化

主题班会是学校开展德育工作的重要阵地,重庆市大渡口区学校充分利用主题班会开展生活指导工作。首先,重庆市大渡口区各所学校结合本校规划,将积极人格教育作为主基调,然后根据不同年级的特点把生活指导的相关内容作为主题,确定总体框架。德育处根据不同主题收集相关活动资料,编印《学校系列班会》,供班级参考,班级在主题班会后及时反馈情况。德育处将收集到的信息进行处理、修订,完善系列主题,以期形成较为成熟的借鉴性强的主题班会系列,使之逐步走向系列化、规范化,充分发挥常态的、持续的作用。

此外,重庆市大渡口区各所学校针对初一、高一新生入学的第一周或第二周,以主题班会的形式,讨论班规和寝室公约,自下而上,充分讨论,发扬民主,制订每个班的口号,班级名称,班规和寝室公约,培养学生的规则意识。同时,学校将它们结集成册,并通过学校公众号推出优秀的班规和寝室公约。

2. 指导手册分层化

《学生发展指导手册》是在结合学校管理经验和学生发展指导的理念后开发的学生发展校本教材。重庆市大渡口区各所学校的德育处与团委或少先队大队部编写与生活指导方面的相关制度,建章立制,形成文本。根据生活指导的维度及内容,学生指导手册的编写主要侧重学校规章制度、军训要求、班级寝室公约、危机处理技巧、常用健康方法、学会调控情绪、学会与人相处等多方面的内容。

其中,不同年级的《学生发展指导手册》生活指导板块的侧重点各有不同,高一年级重在生活指导,内容包括学校功能介绍和校园生活指南、学生会和社团介绍、安全教育等;高二年级重在学习、人际交往的指导和生涯规划;高三年级重在目标理想、健康生活、考试心理等方面的适应指导和生涯规划。重庆市大渡口区的《学生发展指导手册》旨在帮助学生从学习、生活、人际交往等方面完成从初中到高中的基本转变,引导学生完成五个适应,即适应新的定位、适应新的学习要求、适应心理断乳期的反应、适应竞争环境、适应心理健康的调整,形成积极的生活态度。

3. 假期生活无隙化

为了加强对学生假期生活的指导,使生活指导无隙化,重庆市大渡口区各学校给学生家长在假期进行家庭教育指导以参考,编写了《寒(暑)假生活指导手册》。指导手册主要内容是规划和阶段性总结反思工具表,包括假期整体计划表、每日作息时间表、学业学习安排表、兴趣实践拓展计划表、每周一评、自我总结、家长总结等内容,为了指导学生和家长操作,每个工具表均撰写了表格设计意图和使用方法。假期结束后,根据学生开学测试与期末考试成绩的对比和手册书写情况对学生的假期时间规划、管理进行评比表彰,进一步促进学生假期管理意识和假期管理能力的提升。

(三) 学会珍爱生命,让生命绽放光彩

校园安全工作只有起点,没有终点,任重而道远。没有安全就谈不上发展,学校各个部门都有责任和义务做好学生的安全教育工作。安全教育工作必须建立常态化、系统化、精细化的制度体系,大力推进安全教育课程的开发,积极开展安全文化进宿舍活动,举办安全知识相关讲座及技能培训,大力提高安全教育的效果。

重庆市大渡口区教委始终把学生的安全教育活动放在首位,牢固树立平安健康比成功更重要的观念,让健康快乐伴随每一位学生。重庆市大渡口区各所学校每年3月举行一次安全教育周活动,9月举行一次安全教育月活动;每学年结合"11·9""5·12"开展至少一次公寓和教室安全疏散演练和防震演练等,每逢假期都会印发《致家长的一封信》,提醒家长做好孩子的假期安全教育等。

图 5-23 消防演练活动

其中,针对"生命与法规"主题的安全教育活动,重庆市大渡口区各所学校选用典型案例,引导学生进行分析和讨论,从中体会日常生活规则是个人安全和自由的保障;以法律知识竞赛的方式,引导学生了解保护未成年人权益的法律;通过小组讨论和课堂交流,识别出青少年的哪些不良习惯是违法的高危行为。

针对"应对灾难和意外事故"主题的安全教育活动,重庆市大渡口区各所学校开展自护知识小组抢答竞赛,引导学生掌握预防溺水和交通事故的知识,以及应对火灾和自然灾害的逃生和自救方法。针对"网络安全教育"主题活动,重庆市大渡口区各所学

图 5-24 钢花小学参观重庆医科大学生命博物馆

校以典型的事件引导学生了解网络世界发生的各种新型伤害;结合实际小组讨论并分享在网络世界尊重他人、保护自己的注意事项。

图 5-25 "阳光护航·助青成长"安全健康教育主题活动

此外,重庆市大渡口区各所学校还注重学生的心理危机干预,各学校通过小组讨论、课堂交流,结合生活实际,列举导致人们产生不良想法、情绪和行为的生活逆遇,从中概括出生活中常见的心理危机源;指导学生学习心理自助技巧,提高心理弹性,应对生活危机，防止抑郁和自杀；向学生提供求助的信息和途径，指导他们为自己构建并维护心理危机干预的社会支持系统。

（四）与人交往，学会与人相处之道

良好的人际交往是学生个性全面和谐发展的必要条件，也是其获得知识、开创事业，更好地适应社会的可靠保证。提高学生的交往能力和水平，是素质教育的重要内容之一。[①] 人际交往教育主要包括人际认知教育、健康情绪教育、人格教育及交往知识和技巧教育。树立正确的人际交往观是提高人际交往水平、优化人际关系的必要条件。因此，重庆市大渡口区主要从培养学生的"和睦相处之道""倾听之道""表达之道""换位思考之道"和"和解冲突之道"培养学生与人交往的能力。

为培养学生与他人和睦相处的能力，重庆市大渡口区各学校在课堂中引导学生分享与人和睦相处的愉快经历，从中概括和睦相处的必要条件，鼓励学生小组交流与人和睦相处的困难，分析影响和睦相处的原因；并在班会等集体活动中从正面总结和睦相处之道，从反面总结人际相处的禁忌。

为培养学生掌握"倾听之道"，重庆市大渡口区各学校组织学生分小组进行问卷调查，查明人际沟通中倾听的礼仪和禁忌，在此基础上相互交流调查结果；指导学生对不善言辞的人进行深度访谈，找出能够鼓励他人大胆表达、勇敢倾诉的方法；设置模拟情境，指导学生进行试验和演练，运用澄清性追问、询问细节、询问原因或理由等追问技巧，帮助他人作出清晰而完整的表达。

为培养学生的表达能力，重庆市大渡口区各学校引导学生分组探索表达善意、敬意、爱意、歉意、赞同意见、反对意见及提建议的途径和方法；鼓励各组学生在课堂上汇报，相互评议或作补充，并运用已经形成的共识对课堂交流中的表达与倾听情况进行反思。

为使学生真正能够在事情中做到换位思考，重庆市大渡口区各学校在课堂教学和校园活动中设置问题情境，引导学生运用积极的换位思考方式（你希望别人怎样对待你，你就应该怎样待人），寻找到解决问题的合理方法；设置问题情境，引导学生运用消极的换位思考方式，寻找到为人处世的行为底线。

为帮助学生学会如何与他人和解冲突，重庆市大渡口区各学校设置人际冲突的模拟情境，引导学生扮演情境中冲突双方的角色，寻求冲突双方可以接受的和解方案；回

[①] 李其龙.交往教学论学派[J].外国资料研究,1989(6):18—24+17.

顾和描述最近发生过的纠纷,共同分析冲突产生的原因,商议和解之道。如停止对抗、启动对话、耐心解释、消除误会、主动道歉、退让一步、相互宽容、相互谅解等。

1. 重庆市大渡口区商务学校:立足"精善教育",扎实推进"三全育人"

作为典型代表的重庆市商务学校立足"精善教育",扎实推进"三全育人"。重庆市商务学校创办于1957年,发展至今,已成为一所一套班子管理规范,普教、职教、民办三种体系并行,四个校区并存的大型学校,是国家级示范中等职业学校,也是重庆市品牌初中。学校全面落实立德树人根本任务,坚持以社会主义核心价值观教育为主线,围绕学校"精善教育"文化,全员、全程、全方位育人。

图5-26 重庆市商务学校校园一角

学会学习、学会生活、学会沟通、学会包容,尊重自己、尊重他人、尊重制度、尊重环境。学校"四学会、四尊重"的"双四"德育理念为德育工作开展点明了重点、指明了方向。学校扎实开展爱国主义、感恩礼仪、研学旅行、法治安全、体艺健康、美育实践等主题教育,夯筑常规德育阵地;加强校企合作,与海康威视、中国联通等知名企业联合举办就业创业意识培训、职业体验活动,着力实施生涯指导及劳动实践教育;打造商务剪纸培训基地,从"研""教""产""销""宣"五个方面实施传统文化教育,探索并完善特色项目德育途径。

2. 重庆市大渡口区钰鑫小学：义达天下，竞渡未来

重庆市大渡口区钰鑫小学创建于1963年，是一所景色宜人的花园式小学、设施完善的现代化学校。在60多年的办学历史中，学校于传承创新中逐步形成了"义达天下，竞渡未来"的办学理念和"义渡"特色文化。学校着力打造"义渡德育"品牌，形成了以"义"为内核、以"渡"为方式的育人模式，演化出了"坚守大义、践行大爱、展示大美、追求大公"的义渡精神。着力构建以环境文化"渡"人、课程活动"渡"人、家校协同"渡"人的德育立体育人体系，并在实践中不断完善重点培养学生"博识＋厚德""和谐＋多元""全面＋个性"的义渡课程体系。"双体系"让教师得到专业成长，获得职业成就；让学生得到全面发展，成就美好未来。

图5－27 大渡口区钰鑫小学课间体育活动

学校先后获得重庆市绿色学校、重庆市文明单位、重庆市平安校园、重庆市书香校园、重庆市依法治校示范校、重庆市文明交通示范校等荣誉。

（五）走向社会，承担公民应有的责任

社会中的人，是在所属的群体中获得自己的身份、角色与规定，因此，个人是作为群体中的一员而存在。① 公民教育的目标是促进多元公民身份的认同，培养具有主体

---

① 刘霞. 中国传统文化与公民教育[J]. 高等教育研究，2015(7)：5—11.

的意识和人格,了解公民的权利与义务,积极参与公共生活,并且乐于承担对社会、国家及世界的责任,做对社会、国家、世界负责任的良好公民。[①] 公民教育的内容必须依据多元公民身份的教育目标而设计。[②]

重庆市大渡口区注重学生公民身份的教育,将学生的个体公民、社会公民、国家公民和全球公民身份,分别对应于四个领域:人与自我、人与社会、人与国家、人与世界,开设相关课程和活动。

1. 个体公民身份的教育——处理人与自我的关系

自我身份是公民首先要认知的,个体公民身份教育的核心是主题教育、权利义务统一教育、品格教育。针对身为中国小公民,如何处理人与自我的关系的问题,重庆市大渡口区各学校鼓励学生查阅相关知识,包括认识我是谁?作为一个人,作为一个学生,作为家庭成员,作为社会一员,我的角色是什么?要履行自己的角色,承担相应的权利和义务、责任,尤其要了解作为国家的公民应该具有的权利和义务;确立自我的目的和主体性,捍卫自我人格、尊严,维护自我的独立和自由;形成独立思考的能力、明辨是非能力、思维批判能力和创造能力;维护自己的合法权利,履行公民的义务。

2. 社会公民身份的教育——处理人与社会的关系

公民的社会关系包括人与人的关系和人与社会的关系。社会公民身份教育的核心内容是尊重教育、责任感教育、社会化和社会公德教育。为加强社会公民身份的教育,引导学生处理人与社会(他人)的关系,重庆市大渡口区各学校鼓励学生查阅法律文献,或者访问身边的成年人,了解公民所享有的基本权利以及应该承担的法律责任;观察成年人的日常生活,通过合作探究,系统了解身为公民在社会中生活中的各种角色,了解一个成年人身为儿女、父母、邻里、自食其力的劳动者、社区成员、国民一员等多种社会角色的社会责任。

3. 国家公民身份的教育——处理人与国家的关系

国家是公民身份的承载体。在地理时空中,国家指被人民、文化、语言、地理区别出来的领土。因此,作为国家公民必须认识国家的地理、历史和文化传统,具有民族的自豪感、国家认同感和爱国主义情怀。为对学生进行全面的国家公民身份的教育,正确处理人与国家的关系,培养学生的社会参与能力,重庆市大渡口区各学校通过学生代表大会、民主议事团、校园超市、住宿自主管理委员会、学生社团等校内组织,了解社

---

① 陶西平.关于青少年学生公民教育的若干思考[J].教育科学研究,2006(7):9—11.
② 冯建军.公民教育课程及其设计[J].东北师范大学报(哲学社会科学版),2015(1):9—14.

会参与的民主程序和规则,培养参与社会生活的技能;结合政治课内容,举办模拟人民代表大会、模拟法庭、模拟政府、模拟联合国等,了解国家和国际组织的结构、功能和运作,拓展和提升学生社会参与的能力;准备并参加选举和维护公民权利等政治活动。

4. 全球公民身份的教育——处理人与世界的关系

全球公民是公民身份的新要求,突出表现在两个方面:一是人与世界的关系;二是人与环境的关系。在人与世界的关系中,认识到每个人和每个国家对于整个地球和世界的影响尤为重要。因此,重庆市大渡口区各学校还利用新近发生的世界和社会热点事件,指导学生探索并采取合理的公民行动,在学校建立城市发展委员会、乡村建设委员会、环境议事会等学生组织,指导学生采取公民联合行动干预社区事务;围绕各种典型的公害和不公平的社会现象,指导学生探索并采取合法的公民行动,对学生进行全球公民身份的教育,帮助学生正确处理人与全球的关系。

(六) 承古励新,追寻优秀校友的足迹

重庆市大渡口区十分注重优秀校友资源的管理和利用,通过邀请机关、企事业单位、自由职业者等杰出校友回到校园,开展生涯分享故事会和校友论坛。此外,重庆市大渡口区各所学校以校庆或其他重大活动为契机,通过校友会或网络征集本校杰出校友的基本信息,向校友发出邀请,撰写自己在学校期间以及走上社会后的成长经历,最终整理编写《薪火相传——优秀校友成长录》,公开出版,并通过学校官网、微信公众号进行广泛的宣传。将各种生涯指导案例引入课堂,现身说法,增强课程的灵活性、实用性与时代感。

四、心理指导:主动调控,健康心理

心理指导既是一种发展性、预防性指导,即面向全体学生,帮助学生的心理品质不断优化,实现其与学校、家庭和社会生活的最佳适应;又是一种补救性指导,即针对特定学生群体或个体所开展的旨在帮助学生解决心理难题,减轻其心理困扰或负担,并且为其提供矫正性的辅导与诊疗,使之摆脱心理障碍,提高心理健康水平。[①]

在中学阶段,学生心理指导兼具发展性、预防性和补救性指导的特点,因此,重庆市大渡口区立足于学生的终身发展,面向全体学生,关注人的全面发展,采取发展性、预防性和补救性相结合,全体、群体与个体相结合的心理指导策略,发挥学生的自我潜

[①] 董新良,陈汉明.学生指导:"新高考时代"学校教育变革的新趋向[J].教育理论与实践,2018(1):29—32.

能、完善学生人格。

(一)完善学校体育课程,强化体育健康工作

全国教育大会指出,要树立健康第一的教育理念,开齐开足体育课,帮助学生在体育锻炼中享受乐趣、增强体质、健全人格、锤炼意志。为此,重庆市大渡口区积极展开了行动。首先,区内各学校积极完善学校体育课程,推行小学"2+1+1+2",即"体育课+游戏课+选修课+活动课"的体育模式;初中"2+1+1+1"即"体育课+特色课+选项课+活动课"的体育模式,确保每位学生掌握1至2项运动技能。开展校内体育课经常性督查,研究校外体育锻炼促进办法。全面推进"人人运动、学会游泳"工作。

为不同学生"量体裁衣",打破教育"千校一面"的局面,做适合学生发展的特色教育。2009年,在大渡口区体育局、大渡口区教委指导下,茄子溪中学根据学校自身实际情况,把拳击作为体育特色教育,走上体教融合之路。同时,学校成立拳击队,修建了600平方米的拳击馆,配置了标准拳击台和训练器材,成为重庆市重点体育项目拳击训练基地。根据教育教学实际需要,学校通过购买资源,聘请国际拳联一星级教练员白永刚,国家一级拳击教练、大渡口区拳击队教练张建等专业教师长期固定到校教学,让有体育天赋和才能的学生得到专门训练。

图 5-28 茄子溪中学拳击队训练现场

目前,茄子溪中学拳击队获得国家级金牌4枚,市级金牌105枚,25名学生达国家一级运动员标准,151 名同学达国家二级运动员标准。其中 2 人获得全国赛冠军,18 人进入了重庆市拳击专业队。每年约 20 名同学通过体育之路,考入中国海洋大学、西南大学、武汉体育学院等重点本科院校。重庆市茄子溪中学也成为国家体育总局重点项目(拳击)后备人才训练基地、重庆市重点项目学校"拳击运动训练基地"、重庆市体育传统项目学校"拳击运动项目"、重庆市体育后备人才训练基地(拳击)。

其次,重庆市大渡口区积极搭建体育展示平台,开展多种形式的体育文化普及活动;依托社区、家庭和学校,多方位加强健康教育,如引进健康智能监测设备,建立学生信息数据库,及时监测、处理学生健康相关问题,狠抓儿童青少年近视防控,实施中小学防控工作年度考核。

图 5-29　体育校园普及活动

最后,重庆市大渡口区加强健康教育与防控。开展多种形式的体育文化普及活动,依托社区、家庭和学校,多方位加强健康教育,如引进健康智能监测设备,建立学生信息数据库,及时监测、处理学生健康有关问题,狠抓儿童青少年近视防控,实施中小学防控工作年度考核。

(二) 开展阳光体育活动,促进学生身心健康

为减少"小胖墩""小眼镜",大渡口一直在行动。2018 年,重庆市大渡口区教委印发《大渡口区关于进一步加强学校体育卫生工作促进学生身心健康全面发展的实施意见》,将开展阳光体育运动,将坚持每天 40 分钟大课间的开展情况、体育课的落实情况、20 分钟体育家庭作业的开展情况、近视率和肥胖率防控情况列入学校绩效考核指标,对青少年体质健康水平连续 3 年下降的学校依法依规予以问责,以保证学生每天锻炼时间和运动负荷,促进学生身心健康地成长,形成健康意识和终身体育锻炼观,从而将"健康第一"的思想落到实处。

寒风瑟瑟,阻挡不了孩子们奔跑的热情。40 分钟大课间,学校因地制宜开展丰富多彩的体育运动,如跳操、跳绳、打篮球等形式。在 10 分钟耐力跑中,不少学生气喘吁吁,但依然活力四射,红润的脸庞透着运动带来的喜悦和兴奋。此外,20 分钟体育家庭作业是大渡口家长陪伴孩子的必修课。

图 5-30　校园家庭体育活动开放日

此外,我区在加强学生锻炼身体的同时,督促学生养成良好的生活习惯。通过与家长配合,严格控制学生手机、电脑、游戏机等电子产品的使用时间,每天累计时间不宜超过 1 小时;切实保证小学生每天睡眠时间不少于 10 小时,初中生不少于 9 小时;同时培养学生科学的饮食习惯,避免因营养过剩导致的超重和肥胖。

重庆市大渡口全区每年开展体育文化活动,助推学生快乐成长,每年举行登山节,微型马拉松赛与常规竞技比赛互补,大幅提高参赛率,让每一个学生在运动中感受快乐、磨炼意志。行之有效的系列举措,让大渡口学子体质明显改善。据统计,一学年训练后的测试指标显现,全区学生体育优秀率提高 9 个百分点,良好率提高 19 个百分

图 5-31 重庆市大渡口区学生课间活动

点,肺活量优良率提高 33 个百分点。在各项体育赛事上,大渡口也硕果累累,在全国体育比赛中获金牌 16 枚;在市赛中获金牌 339 枚;创建教育部足球特色学校 9 所、区体育品牌项目学校 6 所。

(三)落实新生心理测评,建立新生心理档案

重庆市大渡口区针对全体初一、高一新生开展心理健康诊断测验(MHT)。通过测试让受测试者大致了解自己的心理健康综合水平,及时发现问题,从而有针对性地进行自我调适或者寻求专业人员的指导与帮助,以便更好地发展自己。测试前要通过向家长发放告知书等方式,告知家长并征得同意。

测试结束以后,各个学校形成受测者的心理档案,心理老师及学生本人随时可以查看。学生心理档案包括个人基本资料、健康和家庭资料、学业成绩资料、在校表现资料、优势潜能证明资料、心理测量资料、选课选科资料、升学就业资料、咨询指导资料等。对测试中发现的问题学生,通过心理教师、班主任、家长日常观察、访谈等情况,作进一步评估,中学生可以用 SCL-90 量表进行再测。同时,面向全体学生,对发现有问题苗头的学生专门组织力量进行测量、评估,定期跟踪、动态管理,建立心理档案。

(四)完善班级心理委员制度,落实具体工作

班级心理委员队伍是学校心理健康教育工作中一支不可或缺的生力军,他们连接着学校和班级同学,在心理健康知识传播、活动组织、朋辈互助、危机预警等方面发挥着不可替代的作用。重庆市大渡口区各所学校积极建立以班级为单位的心理委员制度,多渠道地了解学生的心理健康状况。

开学初,每班确定两名心理委员,男女各一名。心理老师对心理委员进行心理学知识和技巧性知识的培训,以提高心理委员在日常的工作中心理健康教育的工作能力与技巧。其中,心理学知识的培训使班级心理委员了解基本的心理学常识,扩展知识面,增强对心理问题的鉴别能力,提高他们对心理健康教育工作重要性的认识。技巧性培训目的在于使心理委员熟练掌握基本技能,提高人际沟通能力和洞察能力,增强责任感。

培训后,心理委员领取《班级学生心理状态晴雨表》,观察并及时报告同学中存在的异常心理现象,建立和完善预防与危机干预系统。内容主要包括每月向心理老师定期报送《班级学生心理状态晴雨表》,分别从学习、生活、交往、情感、危机事件、综合评价等多个维度对本班学生的月心理状态进行报告。此外,班级建立了危机事件及时反馈制度。心理委员对班级中可能或即将发生的危机事件,及时向班主任、学校心理咨询室反馈,避免恶性事件的发生。此外,班级也开展了丰富多彩的班级心理健康教育活动,通过班级墙报、主题班会等活动,促进本班学生的心理健康水平的提高。

图 5-32 心理委员技能培训

另外,还结合德育主线,确定与学生心理成长相关的主题班会。在学校召开班主任会议时,视情况向班主任老师反馈近期学生存在的一些心理相关的困扰以及他们的心理动态。同时,每个年级确定一次主题班会。如高中各年级可安排如下:"高一:珍爱生命,健康成长,感恩父母";"高二:我的优势和潜能在哪里,学会宽容、善待他人";"高三:责任感的力量,为高考加油"。

(五)帮助学生认识情绪,学会有效调控情绪

情绪和情感的识别与调控是以"学会表达、调节和控制情绪情感的方法和技能"为目标的,因此需要充分认识到其具身体验的特性。为使学生认识情绪,了解情感,学习情绪调节的基本技能,重庆市大渡口区各学校运用多种平台,如校刊、校园网、班会、心理课、学生社团等进行普及,帮助学生识别情绪的基本表征,了解青少年时期有情感起伏是常态化的,认识到情绪可能给思维和行为所带来的积极或消极影响,理解情绪与认知和行为的相互关联。

重庆市大渡口区各所学校在学生发展指导简报中设置了"心理健康小知识"板块,刊登有关心理学方面的常识以及心理调节的方法、技巧等,如心理健康的标准、学习策略、人际交往的技巧与方法、如何克服考试焦虑等,便于学生学习理解更多的心理知识。

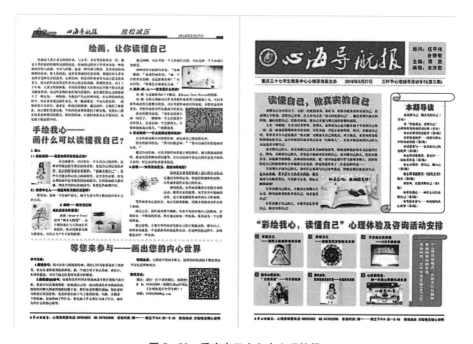

图 5-33　重庆市三十七中心理校报

重庆市大渡口区各所学校为学生提供情绪体验的机会,以多种形式和方法对学生进行各种情绪、情感及其调控技能学习和实践,包括个体练习,情景模拟,团队活动,拓展训练等。开放心理活动室,指导学生正确理解相关生理记录与生物反馈信息,有效利用情绪宣泄和情绪放松的设备。

(六)举办学校心理剧大赛,丰富校园生活

近些年来,高中学生心理健康问题逐渐受到人们的关注,面对较大的课业和升学压力,高中生难免会产生一定的心理压力。为了让心理健康观念深入同学们心中,消除同学们对心理辅导的敬畏和误解,揭开心理神秘的面纱,重庆市大渡口区各所学校每年定期举办"5·25"心理健康节活动,以"自主管理、自我服务、自觉提升"的形式,通过"关注心理健康"公益广告大赛、心理漫画和手抄报作品展示活动、"经典学堂"表演等活动,实现对学生的心理健康教育。

图5-34 "5·25"心理月健康节活动

小小一出戏,人生大舞台。学校定期举办学校心理剧大赛,展示学生真实的生活。通过班级征集、学校初选、学校决赛等环节进行。内容涉及亲子关系的改善、人际关系的沟通、价值观的澄清、生命教育等中学生常见的心理问题及生活中遇到的各种困惑。通过学生的自编、自导、自演,并通过运用心理技术,艺术化地再现学生的真实生活。

此外,心理社团活动作为校园文化的重要内容与重要组成部分,有缓解学生压力、提高学生素质、提高学生自我管理与自主性、提升学生审美情趣等多种意义,对指导学

图 5-35 "莎姐"法律社团情景剧在《焦点访谈》中播出

生心理健康教育具有专业性、权威性。2015 年,重庆市第三十七中组建了"莎姐"法律社团,借助学生熟悉的校园故事宣讲法律知识,通过情景剧、模拟法庭、法制辩论赛、案件重演等形式,开展法治教育,让学生体验现代社会下的法律权利和义务关系,培养学生法律意识与公民意识。

重庆市第三十七中学的"莎姐"法律社团已取得了较好的校园影响和社会反响,2019 年 1 月"莎姐"法律社团同学表演的情景剧在《焦点访谈》中播出,2019 年 6 月,由中共重庆大渡口区委宣传部、重庆大渡口区检察院、重庆歌海影视文化传媒有限公司联合拍摄的院线公益电影《莎姐日记》在大渡口壹街区保利国际影城举行了全国公映重庆首映礼。大渡口区部分师生参与了现场观影活动。

《莎姐日记》由知名演员高露主演,她化身"莎姐"——检察官梅莎,携手国家一级演员刘小娜和著名相声演员武宾,生动演绎"莎姐"法律志愿服务队的感人故事。2016 年 6 月,《莎姐日记》在重庆市三十七中举行了开机仪式。随后在该校多处取景,该校部分师生参与了电影的拍摄。

五、理想指导:立德树人,知行合一

理想是一种希望着的生活方式,理想教育则是在不断引导个体面对现实世界的同时打开心灵的希望之窗,让心灵获得美好的体验,并且追求美好。因理想是人们的世界观、人生观和价值观在奋斗目标上的集中体现,故理想教育以世界观、人生观、价值

图5-36 《莎姐日记》开机仪式

观为基本内容。

　　重庆市大渡口是被誉为重庆"主城文明之光"的美丽地方,它在历史中因免费渡人过河成为十里渡口之首,大渡口的名字由此得名。"十载金鳌九进士"劝谕世人用功读书的故事、铁血西迁保留近代民族重工业血脉的重钢发展史等丰富的地域历史文化传承,涵养了深厚隽永的德育资源。为使学生树立正确的世界观、人生观和价值观,大渡口区落实立德树人根本任务,坚持教育优先发展,践行"多维一体、教育大渡"的教育理念,围绕"培养什么人、怎样培养人、为谁培养人",把德育摆在首位,深入推进思政课程与课程思政,在实施"五育并举"中实现德智体美劳的完美统一。

　　多年来,重庆市大渡口各学校结合本区域厚重的德育文化资源,利用辩证唯物主义世界观、积极进取的人生观、社会主义核心价值观作为标准,利用古今中外的杰出人物、学生身边的榜样、教师本人的示范作为范型,启发和引导学生的理想。

(一) 深化区域德育工作,建设"大思政"格局

诗人但丁曾说:"道德常常能填补智慧的缺陷,而智慧却永远填补不了道德的缺陷。"教育的最终目的是培养人,培养有德行的人才。中学是品德养成的关键阶段,中学生的身心特点决定了学校德育工作的重要性。重庆市大渡口区各学校创新发掘适合中小学校教育教学的德育因子,以德润心、以德化人、以礼修德、以德育德、以德树人,取得了显著的教育成就。"中小学思政课区域整体推进策略和实效性研究"连获市区两级奖励的殊荣正是明证。

1. 丰富的思政课课外活动

走进大渡口区教育系统,解读"思政课"建设的密码,是从"我们的中国节"大渡口区中小学主题活动课程发布会暨阶段性成果展示活动开始的。它围绕"弘扬中国节·强健中国魂"主题,开展了主题微课展示、中小学生主题实践活动以及优秀原创作品和课程建设成果展示等系列活动。从2017年起,大渡口区教育部门就组建了以6所中小学为核心的大渡口区中小学传承中华优秀传统文化课程组,以"中国节"为切入点,挖掘春节、元宵节、清明节、端午节、中秋节和重阳节六大传统节日的起源、习俗和文化内涵,系统构建小学、初中、高中一体化主题活动课程,引导广大青年自觉成为中华优秀传统文化的继承者、弘扬者、践行者和发展者。

重庆市第九十五初级中学紧紧围绕"立己立人,尽善尽美"扎实推进德育工作的开展。重庆市第九十五初级中学始建于1964年,是重庆市首批示范初中。学校秉承"立己立人,尽善尽美"的办学理念,坚持"育人为本,德育为先"的育人理念,通过校园环境人文化、班级建设特色化、主题班会体系化、导向激励制度化、社团活动多彩化、体艺活动品质化、主题教育仪式化、实践活动创新化、传统文化课程化等九条路径,依托老师是德育工作者、家长是德育合伙人、社区是德育资源库、课堂是德育主阵地、课程是德育主渠道等五点保障,培育学生康雅之体、智慧之思、多艺之才、仁爱之心。

随着德育工作的扎实推进,学校先后获得联合国教科文组织"创新学习研究与实验"实验学校、全国群众体育先进单位、重庆市文明单位、重庆市德育示范学校、重庆市艺术示范学校、重庆市社会主义文明礼仪示范学校、重庆教育典范学校、重庆市家长学校示范校等荣誉。

2. 联动性的思政课区域协同

在"大思政课"理念指引下,如何实现协同育人的发展战略?大渡口区创立了中小

图 5-37　重庆市第九十五初级中学课间操活动

学思政课区域实践教学与理论教学一体两翼、思政小课堂与社会大课堂相结合的新理念,统筹融入中国特色社会主义和中国梦教育、社会主义核心价值观教育、中华优秀传统文化教育、统战教育、法治教育、感恩教育、家庭教育、劳动教育、心理健康教育等思政育人元素,让每一门课程饱含"思政特色"。①

大渡口区立足区域教育资源,形成具有时代特征、与区域发展相适应的从小学到高中的德育目标与内容体系,通过打出区域大思政课特色"组合拳",打造出有"力度"、有"厚度"、有"深度"、有"温度"、有"高度"的思政教育特色品牌,推进全员育人实践,积累各学段学科德育典型成果,建立学科德育资源库,为全区办好人民满意的教育奠定了坚实基础。

大渡口区还积极构建区域协作下的中小学思政课"1+2+X"课程体系。"1"是国家必修课程"道德与法治""思想政治","2"是地方必修课程"法治""公共安全","X"是各区县、学校自主开设的"我们的榜样"等理想信念教育课程以及"统一战线知识教育"等爱国主义教育实践课程。该系列课程提升思政教育亲和力和针对性,满足了学生成长成才的发展需求和愿望。

---

① 谷小平."大思政品牌"为教育发展增添新动能——重庆市大渡口区教师进修学校为全区思政教育作贡献[N].中国教育报,2020-11-13(008).

目前,重庆市大渡口区已形成包括理想信念、责任担当、四个自信等近10个思政育人主题的500多个教学案例素材资源,100多门思政微课程资源,多节优质课案例在全市进行展示,10多节思政微课被市级平台选推。这些成功的教育经验多次在重庆市思政课工作会上进行交流,赢得了社会各界的广泛赞誉。

(二)发挥榜样示范作用,访问身边的成功人士

学生先进典型是思想政治教育的宝贵资源,他们的崇高精神和先进事迹反映了当代青年学生的理想追求和价值取向。近年来,重庆市大渡口区以"年度人物"为代表的学生先进典型不断涌现,他们用自己的拼搏和奋斗,生动诠释了社会主义核心价值观的本质要求,充分展现了当代青年学生积极向上、勇于奉献、敢于担当的青春风采。开展年度人物评选活动,对于增强学生思想政治教育的实效性,促进学生个体的全面发展具有重要意义。

为深入贯彻党的十九大精神,学习贯彻习近平总书记系列重要讲话精神,践行社会主义核心价值观,表彰先进人物典型,推动先进文化建设,弘扬主旋律、传播正能量,激励师生奋发向上,全面开创学校改革发展新局面,重庆市大渡口区开展了"年度人物""义渡好学生"等评选活动。

图 5-38 "义渡好学生"颁奖现场

此外,重庆市第三十七中鼓励学生围绕社会不同角色开展不同类型的访谈或调查,学生提前拟好访谈提纲,围绕场所、任务、性质、内容等感兴趣的问题对各行业从业者进行询问,做好记录并完成以下访谈记录。如在"幸福人生探索"板块中访问身边生活美满的普通百姓,了解他们的工作和日常生活,了解他们追求幸福的人生经历及关键事件,从他们的人生经历中概括出人的一生各阶段的生活主题和及其对幸福的理解。在"成功人生探索"板块中,鼓励学生阅读杰出人物的传记,观看有关视频,或者访问身边的成功人士,了解他们的建树、成就或贡献;了解他们的人生经历以及影响他们成长的关键事件;了解他们青少年时代的志向,分析他们青少年时代的志向与后来的成就之间的关系。

最后,在"人生展望"板块中,各学校引导学生设想自己高中毕业后的生活;设想自己的第一份工作及初入职场的生活;设想自己的家庭和中年生活;为自己撰写一篇退休欢送词;设想自己的晚年生活;为自己撰写一篇悼词或墓志铭,或写一个在维基百科或百度百科中介绍自己生平的词条。

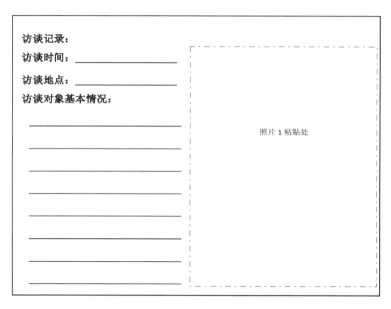

图 5-39　职业人士访谈记录

纸上得来终觉浅,绝知此事要躬行。只有亲身体验,才能真正体会一个职业的酸甜苦辣。重庆市大渡口区各学校要求学生活动后写出本次活动的心得体会,并留下自己在工作中的珍贵影像。

(三)加强社会劳动探索,感悟"劳动最光荣"

"新的时代,面向未来,学校要开展基于面向未来的劳动教育,从而培养孩子获取幸福生活的能力。"劳动教育是培养观察能力和思维能力的重要途径,劳动教育还有利于促进学生人格的形成,学生进行劳动的过程,也是受教育的过程,有利于形成诚实、勇敢、相互合作的品质。在劳动教育方面,大渡口区健全学生劳动教育标准体系,设立劳动教育必修课程,组织实施"劳动周",开展学生职业启蒙课程。为了弘扬劳动精神,区教委出台了《大渡口区中小学劳动教育实施意见》,将通过课程教育、文化浸润、校园劳动、校外劳动四个方面来加强劳动教育,发展学生劳动素养。

重庆市大渡口区各学校除了开齐开好劳动教育专项课程,还要在辅选课、社团活动中开设家政、烹饪、手工、园艺等实践课程。① 此外,还要帮助学生们在不同年龄段学会相应的劳动技能。比如,在生活劳动方面,小学低段包含个人清洁卫生、简单物品清洗、地面清扫等;小学中高段包含清扫、收纳、整理、简易餐点制作等家务劳动。

图 5-40　开设专门课程教学生做清洁卫生

2014年,大渡口区钢花小学易地新扩建,便专门开辟了学生综合实践劳动的空间——开心农场。1000余平方米大小的农场,按班级数分割成了25个小块,每块自留地都有自己的名字,孩子们根据时令特点,进行蔬菜种植。学校还专门开设了"农耕实践课程",让孩子们了解农耕文化及农耕劳作的特点,比如一年级了解农耕起源,二年级掌握农耕游戏等。课程从聚焦农耕——"菜篮里的菜从何而来?"到聚焦于生

---

① 秦健.重庆中小学如何开展劳动教育?听听校长们怎么说[N].上游新闻,2019-9-18.

存——"菜篮里的菜如何到餐桌?"再延展至生活——"'菜篮'代表勤劳创造美好",最终浸润到生长,培养"能生存,会生活,有价值"的阳光少年。

茄子溪中学从 2014 年开始,就校园的清洁卫生建立了"值日班级"制度:每天都有一个班级不上课,专门负责打扫学校公共区域的卫生,从早上 7:30 到晚上 6:30,学校初一到高三年级 42 个班级全部参加,5 年下来,不但没有影响学习成绩,还教会了学生一些劳动技能。不仅如此,学校还通过各种活动培养孩子们的劳动意识,如在中秋节,学校让学生给校园的保安、清洁工人、食堂厨师等送上月饼,"让他们真正走进劳动者的生活,从而尊重劳动"。

图 5-41 农耕实践课小学生学种菜卖菜

双山实验小学是一所刚建校不久的新学校,尽管学生们还是一、二年级的小朋友,但通过学校的劳动教育课程,他们已经学会了不少劳动技能。学校一开学便组织学生参与校园绿化美化活动,将校园绿植划分区域,让班级、学生认"责任田",倡导学生利用课间、午间休息时间为绿化带锄草、浇水。每天各个班级中表现最好的学生才能参与校园护绿,让孩子们真实地体会什么是劳动最光荣。此外,学校还开设了辅选课——家政小达人,每周一下午全校学生走班上课,让他们学习穿针线、缝纽扣等生活技能,学校每年还开展生活自理能力比赛,提高学生的自理能力。

此外,不断深化"魅力重庆 美丽山水"研学旅行课程实践,实施五育并举课程改革创新计划,探索基于学科和跨学科的整合模式,把知识学习与社会实践、社区服务、参观考察、研学旅行等结合起来,真正达到提质减负的目的。① 连续十年,重庆市第三十七中学以"我们在路上"为主题,通过徒步37公里,让师生经历身体的磨砺和精神的洗礼,收获心灵的陶冶和道德情感的升华。

"每年的金秋十月,在大渡口区的江畔山丘,总有一群人高举旗帜,挺身跋涉。绵延的队伍里,有亲切质朴的老师,有临近毕业的高三学子,也有活力四射的初一小童,还有闻讯而来的家长和社会人士。四个馒头,一瓶矿泉水,身无余物,除了摩拳擦掌的青春豪气。从霞光初放到夜色笼罩,这群人走过废旧工厂、新兴工业园区、宁静的乡村和繁华的商业街。篮球鞋、登山鞋,谈笑声,安慰声,和始终未曾停止的脚步声。有不知高低的发足狂奔,也有双腿灌铅的泪流满面;有前路渺茫的萎靡不振,更有抵达终点的欢呼雀跃……"②

图5-42 重庆市三十七中37公里徒步行

摘自《中国教育报》的这段文字,真实地记录了37公里徒步行的场景。2018年金秋时节,喜讯传来,《我们在路上——重庆三十七中"37公里徒步行"研学旅行活动简述》成功入选国家教育部门办公厅印发的"2018年全国中学德育工作典型经验名单",这是对学校特色德育课程的极大肯定与褒奖。如今,"37公里徒步行"已成为大渡口

---

① 蒋玲.大渡口区健全学生劳动教育标准体系,让学生在实践中成长[N].新华网,2021-12-30.
② 伍平伟,蒋勇,宋卉.自得教育 唤醒生命成长的力量——重庆市三十七中学校"37公里徒步行"研学旅行的"台前幕后"[N].中国教育报,2018-12-24(011).

区乃至重庆市德育一张有分量的名片,受到了业内和社会各界的广泛关注与高度赞誉。

教育的高质量发展最终体现在培养全面发展的人。在"多维一体,教育大渡"理念的引领下,重庆市大渡口区坚持"五育并举""五育并重",紧紧围绕立德树人的根本任务,构建德智体美劳全面发展的人才培养体系,以大力改革回应百姓对更高质量教育的期待,将大渡口教育打造成全市闻名的优质教育名片。

叩问初心,知所从来;筑牢使命,明所将往。如今的大渡口区教育一派欣欣向荣,美育、劳动教育受到前所未有的重视,素质教育的内涵不断深化。大渡口区教师进修学校充分发挥自身职能,助力全区建成国家级、市级体艺与书法特色学校20余所,创建市级美育改革发展实验学校3所。大渡口区的老师们坚持立德树人,贯彻"五育并举",践行着"多维一体,教育大渡"的发展路径,书写着新的教育华章。

第六章　自得教育下的终身教育

终身教育对于我们每个人来说就是终身学习。教育应该贯穿在人的一生这一观念在古代就已存在。① 在中国,"活到老,学到老"的格言不知何时就开始流传,体现了终身教育的内涵。中国的教育发展过程中也有一些教育家的思想体现了终身教育的思想。例如孔子在《论语·述而》论述到"加我数年,五十以学《易》,可以无大过矣","发愤忘食,乐以忘忧,不知老之将至",他认为学习不只是孩童的事,更应该是人一生的追求。② 再如现代教育家陶行知在1945年发表的一篇名为《全民教育》的英文论文中提出了"终身教育"(education for the whole life),他认为"只要活着就要学习。一旦养成学习习惯,个人就能终生进步不断。"③

"终身教育"概念正式提出在20世纪60年代。1965年,联合国教育、科学及文化组织(United Nations Educational, Scientific and Cultural Organization)举办第三次国际成人教育会议。会议上保罗·朗格朗(P. Lengrand)第一次正式提出"终身教育"的概念。随后,他在所著的《终身教育引论》一书中系统全面地论述了终身教育理论。④ 从20世纪70年代开始,我国就持续不断地引入终身教育理论,学者们从多个角度对终身教育内涵进行了考察。终身教育相对于正规教育拓展了学习的机构、延长了学习的时限。从横向上来看,终身教育不仅包括学校教育,还应该在社会和家庭等领域都有所学习。从纵向上来看,终身教育的目标是从小到老都一直接受教育,从出生起一直到死亡教育都贯穿着人的一生。终身教育思想对中国的教育和教育实践产生

---

① 何齐宗.终身教育的理论与实践[M].北京:科学出版社,2020:3
② 何齐宗.终身教育的理论与实践[M].北京:科学出版社,2020:10.
③ 陶行知.生活教育——陶行知英文著作精选(英汉双语)[M].周洪宇,杜小双,周文鼎,编译.武汉:湖北教育出版社:360.
④ 侯怀银,王晓丹.终身教育理论在中国的引进及其影响[J].教育科学,2021,37(5):2—11.

了深刻影响。

教育部在《面向21世纪教育振兴行动计划》中提出:到2010年基本建立起终身学习体系。"构建终身教育体系,建立学习化社会"成为我国教育改革和社会发展所追求的目标,通过基础教育、职业教育、成人教育和高等教育相互衔接,正规教育、非正规教育、非正式教育相结合,职前与职后教育培训相互贯通,学校教育、家庭教育、社会教育相配合,来构建终身教育体系。我国自党的十九大以来对完善终身教育体系十分重视,在2020年10月召开的十九届五中全会上提出"完善终身学习体系,建设学习型社会"。

什么是终身教育体系?不同的学者对这个问题有不同的见解。我国学者郝克明对此下过一个精辟的定义。

终身教育体系,是在传统的教育制度上实现新的超越和发展,是一种新的理念、取向和模式。终身教育体系不是成人教育、社区教育或者老年教育的别名,虽然这些方面的教育都是终身教育的重要组成部分,需要大力发展和加强;终身教育体系也不是传统的学校教育与成人教育、继续教育、非正式教育等各类教育的简单叠加;而是需要以终身教育思想为指导,重建内在一致性、关联性和持续性,使学校和各种教育机构以及广大学习者的潜能都能得到充分开发的新的教育体系。在终身教育框架下,各种教育类型、各种教育形式和各类教育资源之间实现相互沟通、衔接和共享,满足广大社会成员对终身学习的多种需求。终身学习体系也是每个人在终身都能够获得学习机会的社会制度建设,需要社会制度、机构、组织、技术等多方面的支持与变革。[①]

本书所探讨的是大渡口区的终身教育体系构建,并注重终身教育的两个重要原则:其一为从纵的方面寻求教育的连续性和一贯性,包括以幼儿教育、初等教育、中等教育、高等教育、成人教育、老年教育为时间序列的学校教育和以家庭教育、社会教育为空间范围的非学校教育两大系统;其二为从横的方面寻求教育的整合,不拘泥于教育机构之内,它强调要"寻求有关种种教育形式和环境的互补性",在正规系统之外广泛提供教育,从而满足社会的多样性要求,并努力发挥现代教育环境和阶段的互补性,统一协调和整合不同模式、不同内容、不同阶段的教育,使之形成一个"终身教育"体系。[②] 因为大渡口区社会经济基础和自得文化背景,赋予了大渡口区终身教育体系的独特性。

[①] 郝克明.视野、战略、实践——郝克明终身学习研究文集[M].北京:高等教育出版社,2015:130—131.
[②] 龚平.终身教育与学前教育一体化的建构[D].辽宁师范大学,2002.

第一节 终身教育体系构建的背景

一、"立德树人"下大渡教育对时代的响应

中国特色社会主义已经进入了新时代。党的十八大以来,以习近平同志为核心的党中央站在新时代坚持和发展中国特色社会主义的战略高度,强调把教育放在优先发展的位置,坚持把立德树人作为教育的根本任务。且指出要优先发展教育事业,加快学习型社会建设,在新时代下赋予终身教育新的内涵和要求。

立德树人是中华民族重要的教育理念,早在春秋战国时期就有"立德"思想和"树人"思想。在《左传·襄公》中有"太上有立德,其次有立功,其次有立言,虽久不废,此之谓不朽"[1],"把立德树人作为教育的根本任务"在党的第十八次全国代表大会首次被提出。合适的教育将造就有品德的人才,从终身教育的特点和价值来看,终身教育可以承担起这样的责任。可以说要提高人们的道德品质和人们在社会生产的竞争力必须通过终身教育来实现。

大渡口区坚持以习近平新时代中国特色社会主义思想为指导,贯彻落实习近平总书记对重庆的殷殷嘱托,落实立德树人的根本任务。大渡口区以"多维一体,教育大渡"为核心理念,助推生命成长的人本教育、促成全面发展的素质教育,夯实内涵发展的未来教育,凸显健康和谐的生态教育,突出多元载体的现代教育。通过"多维一体"的合作,通过构建相互沟通的终身教育体系,建成集成性区域教育行动体系,来推进大渡口区教育又好又快地发展。在"立德树人"的背景之下,大渡口区坚持"教育大渡"公益性、普惠性、公平性和大众化的价值观,用实际行动支持终身教育体系的落实。

二、"双减"下大渡教育对素质发展的要求

学校是教育的重要实施机构,学生在学校里学习系统的知识,接受完备的训练,和同伴发展各种人际技能等等。学校教育在促进社会发展上仍具有决定性的作用。但是学校教育不是终身教育的全部,国家对素质教育的强调以及当下"双减"政策的来临是一种对终身教育的呼求。传统教育不再满足人发展的需要,学生不是被关在学校中被动的人,学生需要将自己接受教育的领域拓展到学校之外,主动寻求自身与社会发

---

[1] 左丘明.左传[M].郭丹,译注.北京:中华书局,2014:121.

展相适应。

素质教育滥觞于20世纪80年代,体现了人们对应试教育的思考。1993年《中国教育改革与发展纲要》的颁布,显示出我国在基础教育领域积极推动素质教育。素质教育重视学生的全面发展,发展学生的主动精神,重视学生的创新精神和实践能力的培养,注重培养有个性的人并着眼于学生的可持续发展。我国制定了诸多政策来全面推行素质教育,"双减"政策的出台也是一种对更加全面发展的学生的呼吁。

2021年4月以来,教育部和国务院办公厅先后发布《关于加强义务教育学校作业管理的通知》《关于进一步减轻义务教育阶段学生作业负担和校外培训负担的意见》为学生减负,营造良好的教育生态。"双减"指的是针对义务教育阶段学生,一是减过重的作业负担,二是减校外培训负担。"双减"政策使得学生有更多的时间去关注自身的未来发展,在学习课堂知识以外,有了更多方面发展的可能性。

"双减"的背后体现了终身教育的思想。课程不只是给学生传授知识,更是培养学生积极学习的态度。因为社会对人才的需求是多方面、多层次的,包括但不限于拥有健康的体质,良好的体能,优良的政治思想素质、道德意识和规范,健康的心理素质,掌握较高的知识如人文知识、科技知识和生活知识,在技能上也需要掌握学习技能、生活技能等等,并且在能力上也需要有较强的学习能力、社会交往能力、创新能力等等。[1] 这些素质仅在学校是不能够完全获得的,需要在学校、家庭和社会之间形成教育的合力。这样,接受教育的领域就从学校扩展到了学校、家庭和社会,终身教育理念的践行也需要在这三者中获得支持。

三、科学技术的直接推动

当今的时代是巨变的时代,社会的方方面面都发生了翻天覆地的变化。直接推动终身教育理念和实践的是科学技术的迅猛发展以及由科学技术带来的一系列经济、社会、文化等领域的巨大变革。这些变革对人们的生活方式、学习方式、生产方式等都产生了不可忽视的影响。由此,科学技术所引发的变革使得教育理念、教育组织和教育管理等方面发生了全方位的变化,这些变化有力地推动了终身教育的发展。

科技的更新速度在不断地加快。科技更新的速度反映在社会生产上就是由技术

---

[1] 邵广侠,刘晓苏. 中小学素质教育与学生发展状况研究[M]. 苏州:苏州大学出版社. 2016:321.

的更新促进了技术在实际生产中的应用,进一步说明人们掌握新的技术或者涌现新的职业进入学校。学习特定领域的知识已经不能满足社会的发展了,学习僵化又一成不变的知识只会被时代所淘汰。况且书本上所能学习的知识都是滞后的,如果想要与时代发展齐头并进,就只能不断地接受教育,不断地充实自己。从大渡口区2019年国民经济和社会发展统计公报结果来看,在2019年,全区受理1126项专利申请,其中发明280项,实用新型744项,外观设计102项。651项专利获得授权,其中发明74项,实用新型495项,外观设计82项。科学技术的发展取得了喜人的成果,但如果要获得更大的竞争力,还需要进一步推动科学技术教育的发展。

科技不仅改变了社会,科技本身也为终身教育的实施提供了极大的便利。广播、电视、计算机等设备的普及,信息技术的更新,打破了时空的限制,这有利于整合教育资源,让更多优质资源得以开发和利用。终身教育是一种打破时间和空间的教育,科技的更新满足了这一特点,也将进一步促进终身教育的发展。

科学技术的发展也解放了劳动力,极大地提高了劳动效率,减轻了劳动强度,将人们从许多体力活中解放出来,从而提供更多的闲暇时间。而且生理学和心理学等科学方面的研究,对人有了更加深入和科学的理解,证明了人终身学习的可能性,为人们终身接受教育增强了信心。

在这样的国家政策背景和社会条件下,大渡口区试图通过将终身教育的理念融入学前教育、义务教育、普通高中教育、职业教育和继续教育来构建"人人自得"的终身教育体系。

第二节 终身教育体系的构想

一、学前教育优质普惠发展

(一)学前教育在构建终身教育体系中的基础地位

学前教育是构建终身教育体系的起点和基础,主要体现在学前教育是终身教育的开端、学前教育为终身教育提供精神支撑、学前教育为终身教育体系提供保障以及学前教育为终身体系营造和谐氛围四个方面。

学前教育是终身教育体系的开端。党的十九大报告中要求办好学前教育,要在"幼有所育上不断取得新进展",继续完善终身教育体系。2020年9月教育部发布的《中华人民共和国学前教育法草案(征求意见稿)》中明确指出"学前教育是学校教育制度的起始阶段"①。学前教育阶段正是幼儿身体和性格养成的时期,可以说这个时期接受的教育是每个人发展的起点和生长点,为人的成长打下基础。可见学前教育是终身教育的开端,在终身教育中发挥着起始性的作用,在终身教育体系中占据着重要地位。②

学前教育为终身教育发展提供精神支撑。终身教育强调学习的持续性,学前教育可以激发起儿童学习的兴趣和动力,为终身教育提供精神支撑。我国伟大的思想家、教育家孔子曾说过:"知之者不如好之者,好之者不如乐之者"。儿童自身想学比强迫他们学习更能够促使他们真正地掌握知识和应用知识,才能成为未来儿童学习的驱动力和原动力。③

学前教育为终身教育体系提供保障。儿童在幼儿园不是去学习小学知识,而是发展自身的认知能力,从而为后续学习知识打下基础。不管是身体的发育还是心智的成长,幼儿在学前教育阶段都需要成人的悉心呵护。通过对儿童的保育和教育,可以培养和发展幼儿的好奇心。在学前教育阶段,儿童可以获得学会学习的能力,习得爱好学习的良好习惯。终身教育不是阶段性的学习,能够可持续地学习才是它的内涵所在。所以,学前教育能够为后续学习提供动力和保障。

学前教育为终身教育体系营造和谐氛围。对学前教育的重视和对幼儿的重视两者是相互促进的,政府、社会和家庭对幼儿的重视营造了一种和谐氛围。

(二) 大渡口区终身教育体系下的学前教育目标:学前教育优质普惠发展

学前教育在构建终身教育体系上扮演着关键的角色,大渡口区也十分重视学前教育的发展。大渡口区在学前教育的发展上坚持"政府主导、区域均衡、统筹兼顾"的原则,并定下到2025年建成国家学前教育普及普惠区的目标。首先是多渠道扩大普惠性资源。大渡口区大力发展公办园,并且进一步优化公办园规划布局,逐年提高公办园在园的幼儿人数占比。

在推进科学保教上,大渡口区以"千绘百读"、幼小衔接项目为载体,坚决克服和纠正"小学化"倾向。学前教育有保育和教育两大主题。④ 一方面,幼儿身心的特点决定了要对幼儿进行保育,为他们提供适宜的环境,帮助他们的身体机能获得良好的发育,提高他们的生活和生存能力,从而达到促进幼儿身心健康发展的目的;另一方面,又要

---

① 国务院.教育部关于《中华人民共和国学前教育法草案(征求意见稿)》公开征求意见的公告[EB/OL].(2018-11-07)[2021-12-01]. http://www.gov.cn/zhengce/2018-11/15/content-5340776.htm.
② 邓红红.学前教育在构建终身教育体系中的地位与作用[J].陕西广播电视大学学报,2014(1):65—68.
③ 王晓波.学前教育对形成良好的终身教育体系的重要性[J].中国教育技术装备,2012(18):2.
④ 张晓辉.幼儿园保教工作优化现状及其改进策略[J].学前教育研究,2014(11):3.

对儿童进行教育,但这里的教育不是一种唯恐幼儿"输在了起跑线"上的教育,不是一种学前教育小学化。

学前教育小学化是一种注重知识记忆和技能训练的教育,通常采取小学课堂的方式,对幼儿实行拼音、识字、计算等课程的教学。这样一来,儿童的游戏时间就被减少了。学前教育小学化甚至会产生更加严重的后果。当过度地强迫幼儿学习,就会损害到幼儿的大脑发育,这不仅违背了儿童的学习规律,还压抑了儿童的天性。一旦儿童产生厌学的情绪,就会阻碍儿童的可持续发展,这也是终身教育所要克服的。所以大渡口区在实施学前教育时注意科学保教,提升教育质量从幼儿开始。

完善投入保障机制。大渡口区将进一步细化规范民办普惠园认定、扶持及管理办法,推动民办普惠园在分类定级、教师培训与职称评定、表彰奖励等方面与公办幼儿园享受同等待遇,加大民办普惠园财政奖补力度,通过内化项目引领、细化奖补方案等措施,不断完善普惠园激励机制。落实公办园教师工资待遇保障政策,逐步提高公办幼儿园非在编人员工资待遇,建立民办幼儿园教师工资待遇指导机制,幼儿园教职工依法全员纳入社会保障体系。

大渡口区在教师队伍建设上,建立健全幼儿教师分层分类培训体系,实行幼儿园教师全覆盖培训,整体提高教师早期阅读课程研发和阅读教育专业水平。完善园本教研制度,建立公、民办幼儿园联动教研共同体。在教师入口上严格把关,全面落实幼儿园教师持证上岗制度,避免无证上岗现象。大渡口区所做的这一系列努力都有利于提高幼儿园教师水平,更进一步提高学前教育的质量。

完善监管体系。大渡口区对小区配套幼儿园规划、建设、移交、办园等情况开展专项治理。健全部门联动、点面结合、全覆盖的监管工作机制,完善年检制度,加强幼儿园监督管理,持续规范办园行为,促进区域内学前教育规范有序健康发展。

二、义务教育统筹均衡发展

我国目前实行的是九年义务教育,即儿童接受完学前教育之后要进入小学和初中进行学习。义务教育是适龄儿童、少年必须接受的,国家必须予以保障的公益性事业,具有强制性、免费性、普及性和世俗性的特点。义务教育阶段是最牵动人民群众切身利益的,[①]如果能在学生的义务发展阶段融入终身教育体系,就会对学生产生不可估

---

① 张力.对《教育规划纲要》中与基础教育相关内容的思考[J].中小学管理,2011(1):20—23.

计的影响。

(一) 义务教育在构建终身教育体系中的关键地位

九年义务教育是国家依法统一实施的基本制度,也是由我国的国情国力所决定的。为了促进现代化生产的有序进行,适应科学技术发展的需要,各国都十分注意加强义务教育。因为义务教育是提高公民素质的基本保障,与社会主义物质文明和精神文明的建设密切相关。义务教育的强制性和普及性,保证了人人都要进学校。义务教育的免费性更是保障了经济困难地区或家庭的儿童或青少年都能接受教育。所以在构建终身教育体系中,义务教育是决不能忽视的一环。

(二) 大渡口区终身教育体系下的义务教育目标:均衡优质发展

在区域城镇化需求发生变化、产业结构也进行调整以及人口结构和数量发生变化的情况下,大渡口区在发展义务教育上,一方面尽可能做到"均衡"发展,另一方面又力争"优质"发展。将均衡和优质发展的义务教育融入终身教育体系的建构中,为人民群众提供公平而又有质量的教育。

在均衡发展上,大渡口区依据国家义务教育阶段及学位配置标准,统筹规划城乡义务教育学校布局,加强新开发区、人口集中片区中小学校及学位供给。在义务教育控辍保学上,大渡口区将进一步落实责任,提高义务教育巩固水平。因为校际之间存在差距,所以大渡口区通过学校标准化建设缩小硬件差距。大渡口区也将落实第三期特殊教育提升计划,健全特殊儿童随班就读和送教上门机制,进一步巩固特殊教育普及水平,加强区特教中心建设,实施"一人一案"的个别化教育和个性化培养,建成一所特殊教育学校。在资源的供给上,不仅合理规划城乡资源,还关注特殊儿童和特殊青年的教育,不断提升人民群众对教育的满意度。

在优质发展上,义务教育阶段的教师通过与高校、科研机构合作,借助优势资源力量,促进在立德树人、课程建设、教科研、教学变革、社团建设等方面取得进展,从而引领学校高质量发展。一批特色鲜明并采取创新性九年一贯制学校管理模式的高质量中小学校正在建设中。

三、普通高中高质特色发展

在基础教育领域贯彻终身教育的思想具有重大意义,普通高中教育在我国属于这一领域。普通高中的高质量特色发展也有利于发挥其对终身教育思想的宣传和辐射作用。

（一）普通高中对学生终身教育观的塑造

步入高中的学生相比于义务教育阶段来说更加成熟，不仅要学习更加深入的知识，也要面临继续深造还是走向社会的选择。2014年9月3日，国务院印发了《国务院关于深化考试招生制度改革的实施意见》对考试科目设置进行改革。这意味着新一轮高考改革正式启动，重庆作为第三批高考改革点省市也出台了相应的政策文件。学生们依据自身在知识经验、能力基础、兴趣爱好、性格特征和生涯规划等方面的差异选择修读课程。学生在教师的指导下进行选择，也体现了对学生综合能力的考验和锻炼。

（二）大渡口区终身教育体系下普通高中目标：高质特色发展

大渡口区持续促进普通高中高质量发展。贯彻落实县域普通高中振兴行动计划，全面改善升级普通高中办学条件，加快消除普通高中大班额，到2025年彻底消除56人以上大班额。实施第二期普通高中发展促进计划，积极推进普通高中新课程新教材实施示范校、课程创新基地、校本教研基地、精品选修课程、优秀学生社团等建设。继续实施"雏鹰计划"，提升高中学校教科研水平和高中创新人才培养质量。

大渡口区支持普通高中特色发展。大力发展现代化高水平特色普通高中，支持茄子溪中学创建重庆市高品质、智能化艺体特色高中，促成茄子溪中学与高等院校联合发展，引进、培养高素质特色项目（学科）教师人才，加快建设学校综合楼、艺术大楼、体育场馆等设施。支持三十七中创建学术型科技特色高中，高标准建设学校综合楼、科技楼、实验室。完善选课走班教学管理机制，加大对班级编排、学生管理、教师调配、教学设施配置等方面的统筹力度，提高教学管理水平和资源使用效率。持续深化高中课堂教学改革，注重加强课题研究、项目设计、研究性学习等跨学科综合性教学，开展验证性实验和探究性实验教学，培养学生适应终身发展和社会发展需要的正确价值观念、必备品格和关键能力。

四、高等教育产学研合作发展

我国高等教育可划分为普通高等教育和成人高等教育。不管是成人高等教育还是普通高等教育都可以融入终身教育体系，以适应经济社会发展和广大人民群众接受良好教育的需求，适应全民学习和终身学习的时代要求。[①]

[①] 沈光辉，陈晓蔚.正规教育融入终身教育体系若干问题探讨[J].福建论坛（人文社会科学版），2013(5)：180—185.

(一) 高等教育在终身教育体系中的地位

高等教育在基础教育的水平上又提升了一步,能够通过传授高深知识、培养人的素质而为社会培养高素质人才,是社会在经济、政治、文化等方面实现可持续发展的重要保证。随着社会的发展,高等教育发挥的作用越来越突出。从当初的教学职能扩展到教学、研究职能,再到教学、研究和服务的职能,已经和社会发展结合得越来越紧密。一方面,高等教育向学生传授知识,教授技能;另一方面,高等教育为社会输送各类型的人才。但是,接受高等教育不是为了传播一时的知识和技能,而是培养学生批判性思维和创新的能力。在学生结束高等教育的学习之后能够获得一种知识迁移的能力,无论面对什么样的变化,都能够应对自如。这种终身学习的能力也是终身教育所倡导的。所以,在高等教育发挥自身的职能的同时,终身教育也引起了人们的注意,因为高等教育的发展势必会推动全民终身教育和终身学习的发展。[①]

高等教育在培养人的特点上不同于基础教育,它也在资源上优于中小学。在高等学校里面,在师资上有专家学者、教授;在实体资源上有丰富的教学资源、图书馆、实验室等等。高等教育在人力资源和设施上的优越性决定了高等教育在构建终身教育体系中的重要作用,是构建终身教育的物质基础。[②] 大渡口区在高等教育融入终身教育体系的建构中,也注意利用高等教育的资源,依托产学研合作,促进教育成果的转化。

(二) 大渡口区终身教育体系下的高等教育目标:产学研合作发展

大渡口区高等教育的发展上,通过加快建设长江音乐学院,联合国内音乐学院和音乐界领军人才,打造高层次音乐人才培养基地。加强长江音乐学院与中小学校开展合作办学,建成长江音乐学院附中、长江音乐学院附小,引领带动中小学校音乐特色教育发展。积极引进一流科研院所,推进博士后科研工作站建设,支持建设市级以上重点实验室、技术创新中心等,引入高等教育资源。

构建高等教育校企合作人才培育培养模式。通过企业和学校的合作,增强高等教育学生的职业素养,进而提高高等教育的质量。鼓励院校与三峰环境、海康威视、迪安诊断、国际复合等企业开展战略合作,推动产学研深度融合,形成优势互补、利益共享、风险共担的"教学、科研、生产"三结合的基地或联合体,提高科技成果对接和转化成效。一方面,做好教育教学活动,另一方面又注重为学生实践能力的锻炼提供平台。

[①] 孟繁军.发挥高等学校在构建全民终身教育体系中的作用[J].当代教育实践与教学研究,2015(11):28.
[②] 孟繁军.发挥高等学校在构建全民终身教育体系中的作用[J].当代教育实践与教学研究,2015(11):28.

五、职业教育高效科学发展

(一)职业教育在终身教育体系中的地位

我国的职业教育在层次上分为初等职业教育、中等职业教育和高等职业教育。职业教育培养技能型和应用型人才,在整个教育结构和教育布局中占据重要地位。2005年《国务院关于大力发展职业教育的决定》提出"使职业教育成为终身教育体系的重要一环",从此,终身教育与职业教育正式联系起来。2010年《国家中长期教育改革和发展规划纲要(2010—2020年)》又指出"到2020年,形成适应发展方式转变和经济结构调整要求、体现终身教育理念、中等和高等职业协调发展的现代职业教育体系",《国家教育规划纲要》也指出"职业教育要面向人人、面向社会,体现终身教育理念"[①]。职业教育具有多层次和多类型的特点,能够为人民群众提供丰富多样的教育,是构建终身教育体系的重要内容。随着社会分工和生产过程更加细化、专业化和复杂化,技术更迭的速度也不断地加快,我们每个人需要紧跟科技发展的脚步,时时刻刻保持一个学习态度。我们可以通过职后教育与培训等方式学习高新技术。在人生的各个阶段加强对自身新知识、新技能的学习从而获得使自己可持续发展的能力。这是通过终身教育来提升职业技能的一个必然要求。[②]

(二)大渡口区终身教育体系下的职业教育目标:高效科学发展

大渡口区通过对职业教育升级转型,以及发展全日制高等专科层次的职业教育,来提高职业教育办学水平和质量。这体现在资源的配置、拓展职业教育内容以及专业升级上。科学配置职业教育资源,推动辖区中等职业学校转型升级,大力推进重庆市"双优计划"建设。发展全日制高等专科层次职业教育,建成重庆体育职业学院。围绕"文体旅""大数据""音乐文创"等产业,优化职业教育学科和专业布局,增设与大数据应用、音乐艺术相关专业,推动传统旅游、美容美发、厨师、家政等专业向中高端专业技术领域拓展升级,培养大批适应现代服务业需要的高素质技术人才。

大渡口区的职业教育深入推进"1+X"证书制度试点,落实好国家职业教育"三教"改革攻坚行动,发挥博士后科研工作站联盟作用,加强与科研院所、高校合作,共同培养"双师"型人才,健全专业教学资源库,建设校企"双元"合作开发的专业课程区级教材库及教学资源库。推动职业学校"课堂革命",加强实践性教学,统筹建设一体化、智能化教学、管理与服务平台。

---

① 《教育规划纲要》工作小组办公室.教育规划纲要辅导读本[M].北京:教育科学出版社,2010.
② 吴海勇.终身职业教育融合发展研究[J].职业教育研究,2021(8):66—71.

大渡口区坚持产教融合、校企合作的对话协商机制。通过深化"32分段制"人才培养模式改革,推进技术技能人才中高职贯通培养试点。探索开展企业冠名培养、订单式人才培养,深化校企合作协同育人。

六、继续教育开放协作发展

(一) 继续教育在终身教育体系中的地位

2010年发布的《国家中长期教育改革和发展规划纲要(2010—2020年)》确定的三十六个子课题之一就是继续教育发展研究,关注继续教育在终身学习背景下所发挥的重要作用以及未来经济社会发展对继续教育的需求等。

其中老年教育是继续教育的重点领域。我国是一个人口大国,老龄人口占比较重。老年人有丰富精神生活、追求人生机会的需求,可以通过接受继续教育挑战自己和充实自己。家庭、学校、社会、社区等教育空间应承担起为老人提供继续教育的责任,真正实现"从小到老一直学"的终身教育目标。大渡口区在发展继续教育过程中尤其注重老年人的教育,帮助老年人完善身心教育。

(二) 大渡口区终身教育体系下的继续教育目标:开放协作发展

大渡口区的继续教育重视社区教育的发展。大力发展社区教育,完善以社区教育学院为龙头、街镇社区学校为骨干、村(居)社区教育教学点为基础的社区教育三级运行网络。加强继续教育课程与教材研发,开发系列百姓喜爱、区域特色、实用现代的社区教育新课程、老年社会适应性课程、优质网络培训课程。

大渡口区继续教育充分利用职业教育资源。发挥职业学校的继续教育功能,推动职业教育资源向社会开放,开展多种形式的职业技能和生活技能培训。实施"职业教育服务终身学习质量提升行动",鼓励职业学校积极参与社区教育和老年教育,建设示范性继续教育基地。

大渡口区继续教育利用现代信息技术。组建专兼结合的技能技术培训团队,按照育训结合、长短结合、内外结合的要求,高质量开展社会培训服务。培育引进中青年职业技能培训、青少年文化艺术培训、幼儿教育、老年教育等线上线下高水平教育培训机构,打造九宫庙商圈教育培训聚集区。

第三节 终身教育体系的探索

大渡口区在终身教育体系的探索与构建上已经初具成效,也在这个过程中不断地完善大渡口区的教育体系,两者相辅相成,共同促进了自得教育的发展。在终身教育体系的建构过程中有效地将各个层次和各个类别的教育机构联系起来。在教育资源的利用上,更加强调校际合作,实现资源共享。[①] 在实施教育的形式上,也更加地多元化。例如为践行终身教育理念,自主、合作的学习方式以及基于信息技术的现代化教学方式不断兴起。重庆市大渡口区的终身教育体系的构建也体现了大渡口区的自得教育特色,正向人人自得的终身教育迈进。

一、大渡口区终身教育体系及其探索

大渡口区的终身教育体系涵盖了所有年龄阶段,目的在于构建自得文化下全民终身学习的社会。自得文化和终身教育两者相辅相成,一方面,"自得教育"坚持以人为本,以育人为宗旨,强调自我的主体性、个体的创造性、亲身的体验性和个人的反思性;[②]另一方面,终身教育也同样强调人的主动性、反思性以及重视对完整的人的培养。

从横向上来看,大渡口区的终身教育体系不仅包括学校教育,还注意整合家庭、社区和社会企业中的资源。从纵向上来看,大渡口区的学前教育旨在实现最大可能的普惠,成为每个公民终身学习的良好开端;以青少年为主要对象的义务教育和普通高中学校教育能为每个公民的终身学习奠定坚实基础;高等教育和职业教育的发达,成为终身教育体系的主体,为成年公民提供促进身心健康发展并发展职业能力的学习机会;继续教育可以为老年人的自我完善提供有效的帮助。[③]

(一)教育与终身教育体系

大渡口区的学前教育主要朝着优质普惠方向发展。由前所述,学前教育对于人的一生具有极其重要的作用。构建好终身教育体系的理念必须从小确立,终身学习能力的养成是教育中一个非常重要的任务和目标。所以大渡口区也重视学前教育对终身教育发展的基础性作用,立足本职、重视学前教育、狠抓学前教育。

从大渡口区所采取的措施来看,其对教师招聘、培训及管理十分重视。教师对于幼儿教育十分关键,通过多样化的培训方式提高幼师的职业素质,通过注重薪酬福利以及幼师的社会地位来招徕人才与降低人才的流失率,达到提高师资力量与稳定师资

---

① 侯怀银,王晓丹.终身教育理论在中国的引进及其影响[J].教育科学,2021(05):2—11.
② 伍平伟.自得其乐,幸福一生[J].中国德育,2019(17):49—52.
③ 陈乃林.构建江苏终身教育体系研究[M].南京:东南大学出版社,2002:33.

队伍的目的。

（二）义务教育与终身教育体系

终身教育体系的构建是面对全体公民的，终身教育理念也对义务教育阶段的课程、教学等变革产生了重大影响。义务教育自身的普及性、免费性、强制性等特点，决定了在这一阶段能够促使更多的学生形成终身学习、勇于探究的习惯。联合国教科文组织指出：

"教育必须是多方面的，不仅要为儿童和青年们打算，也要为成人们考虑，不论什么年龄，只要他们需要这种教育，就要为他们考虑。这种教育尽管是传授基本知识，但是它还要人们学会如何感知和理解世界。它必须努力培养人们具有自学的爱好，而且终身都具有这种爱好。在发展人们的观察力、判断力和批判精神的同时，还必须激发他们求知识提问题和向自己提出疑问的欲望。最后，这种教育还必须使人们感觉到，他是属于一个共同体的成员，而且无论对人对己都负有一种创造性的责任。"①

所以大渡口区义务教育朝着优质均衡方向发展，仍然不忘整合社会各种资源，促进建设特色高品质的中小学校。并且通过对立德树人的强调，以及加快课程建设和教学变革，让学生掌握终身学习必备的知识技能，并且在自得教育的呼吁下，更加注重他们的掌握实际技能的能力，强调学生的体验性和反思性。在"大渡教育"中引领学生情感态度价值观的发展。

义务教育属于基础教育，而基础教育是科教兴国的奠基工程，对提高中华民族素质、培养各级各类人才，促进社会主义现代化建设具有全局性、基础性和先导性作用，要提高我国基础教育的质量，就要按照终身教育理论倡导的注重基础、突出实用性、体现个性、重视实践的要求，根据我国经济建设和社会发展的要求和当地的实际、学生的具体需求和学习的规律来确定基础教育的课程与教学内容，真正体现课程与教学内容的基础性、发展性和多样性，更好地满足接受基础教育阶段学生多方面的需求，更好地调动学习者的学习欲望，促使学生的身心和谐发展。② 大渡口区在义务教育发展上不仅注重控制辍学率，提高人民群众对教育的满意度，也关心特殊儿童受教育质量的提高，根据不同的群体实施不同的教育。

---

① 联合国教科文组织国际教育发展委员会.学会生存——教育世界的今天和明天[M].北京:教育科学出版社,1996:201—202.
② 续润华.终身教育理论对我国中小学课程与教学改革的影响[J].河北师范大学学报(教育科学版),2009,11(10):19—23.

（三）普通高中与终身教育体系

尽管人们习惯把义务教育和高中教育合称为基础教育，但是不能把普通高中教育当作义务教育的自然延伸，应该认识到高中教育区别于义务教育的内涵和任务。从20世纪80年代开始，伴随着终身教育思想被普遍接受，以及初中作为义务教育的一部分得到普及，各国开始关注高中教育的独立价值，并开始重视高中教育在制度、政策及实践层面上的改革和发展。①

1996年联合国教科文组织出版的《教育——财富蕴藏其中》一书从全民终身教育的视角重新定位中等教育，指出：

"应把中等教育设想为每个人生活中的一个十字路口：正是在这里，青年们应根据自己的爱好和能力决定自己的未来；还是在这里，他们能够获得有助于他们成人阶段的生活圆满成功的能力。因此，中等教育应当适应青少年走向成熟的不同过程，这些过程因人而异，因国家不同也有很大区别；这一级教育还应适应经济和社会生活的需要。应使学生的学习途径多样化，以便适应他们多种多样的才能，还应增加学习指导阶段，提供补课或改变学习方向的机会。最后，委员会对发展工读交替制度予以坚决支持。"②

大渡口区也十分重视普通高中的改革以及注重培养适应终身发展需要的素质和能力。大渡口区以振兴高中教育以及发展现代化高水平特色普通高中为目标，来适应学生和社会发展需要。例如，改善办学条件，消除普通高中大班额。在课堂教学改革上，大渡口区注重加强课题研究、项目设计、研究型学习等跨学科综合性教学，开展验证性和探究性实验教学。这样的教学方式给了学生更多的自主发挥空间，激发学生的学习热情。这样学生的学习方式也相应改变了，由被动地接受知识变成了主动学习知识。学生在实践中主动地探索，在这个过程还需要和老师、同学、社区等对象进行交流。他们的学习已经进入了更高的一个阶段，有利于培养学生的综合素质以及独立进行学习的能力。另外，大渡口区也注重整合社会资源来发展高中教育。例如支持茄子溪中学创建重庆高品质、智能化艺体特色高中，其中一点措施就是促成该中学与高等院校联合发展。终身教育实施的目标之一就是建立学习型社会，所以通过整合社会资

---

① 霍益萍，黄向阳，李家成. 多样、开放、灵活：普通高中教育体系的构建[J]. 教育发展研究，2009(18)：15—18.
② 联合国教科文组织. 教育：财富蕴藏其中[M]. 联合国教科文组织总部中文科，译. 北京：教育科学出版社，1996：193.

源,丰富教育内容,也可以丰富终身教育体系。

(四) 高等教育与终身教育体系

高等教育一直被视为初等教育和中等教育之后的"第三级教育",或是学校教育的"最高阶梯"。但是,在终身教育的体系下不能把高等教育看作是高高在上的一个。也许会有一些学生在义务教育之后就离开了学校教育系统,但每个人都可以与高等教育产生联系,并且每个人都有接受高等教育的机会。《孟子·离娄下》云:"君子深造之以道,欲其自得之也。自得之,则居之安;居之安,则资之深;资之深,则取之左右逢其原,故君子欲其自得之也。"学有所得,学习总希望有所收获。

大渡口区在高等教育体系的建设上重视联合国内其他城市和地区的资源追求高质量的教育。为了让更多的学生共享高等教育的资源,大渡口区注意加强高等教育领域的学校与中小学校的合作,例如长江音乐学院引领长江音乐学院附中、长江音乐学院附小的音乐特色教育发展。通过高等教育的发展来带动相关专业中小学教育质量的提升,是一种资源的纵向扩展。用更优质的师资和教学方法来培养学生,为学生发展自我能力和张扬个性助力。

在经济转型发展的背景下,校企产学研合作以及创新教育是一种高等教育培养社会急需人才的有力措施。在我国高等教育普及化之前,人们对校企合作的印象停留在培养技术工人的职业院校。但随着我国经济飞速发展、产业结构转型升级、信息技术引发一轮又一轮科技革命,社会对应用技术型人才的需求激增。[1] 大渡口区的工业生产的传统产品如水泥、钢材、啤酒、鞋等较于之前有所下滑;而生产新兴产品如卫星导航定位接收机、垃圾焚烧炉、玻璃纤维纱对应的企业成为区内工业经济发展的重要驱动。由此我们可以看出,大渡口区工业生产对技术水平要求也更加高了。

大渡口区的高等教育体系也鼓励院校与企业开展战略合作,从而推动产学深度融合。首先,院校先积极引进一流科研院所,建设博士后科研工作站,支持市级以上重点实验室、技术创新中心的建设。这可以为科研成果的产出提供坚实的人才和资源保障。然后在这样的基础上,推动形成优势互补、利益共享、风险共担的"教学、科研、生产"三结合的基地或联合体,从而提高科技成果的对接和转化成效。

(五) 职业教育与终身教育体系

大渡口区的职业教育发展也积极落实终身教育的理念。主要体现在大渡口区积

---

[1] 陈富志.校企产学研合作促进创新创业教育发展研究[J].平顶山学院学报,2021,36(4):110—116.

极构建从初级到中级以及高层次的学校、促进职业教育体系的贯通、深化产教融合和校企合作以及完善证书制度等方面。

大渡口区一方面加快升级转型,发展全日制高等专科层次的职业教育,提高职业教育办学水平和质量。另一方面拓展升华职业教育的教育内容,既保持本区特色,继续扩大音乐相关专业的优势,又紧跟时代增设大数据应用相关专业。在职业教育的衔接上,大渡口区也通过实施中等职业学校3+2分段制人才培养模式尝试来推进中高职的贯通培养,促进中高职的衔接。

党的十九大报告中对"完善职业教育和培训体系,深化产教融合、校企合作"给出了指示。大渡口区的职业教育发展针对产教融合、校企合作的对话协商机制进行了深入探索,学校和企业协同育人,转变职业学校的人才培养方式,采用企业冠名培养和订单式人才培养方式。采取现代学徒制的培养模式,也可以进一步促进校企合作。现代学徒制是在中国传统学徒制的基础上不断优化和补充得到的,它可以在一定程度上解决教育与生产分离的问题。当今学生可能会碰到自己在学校所学知识在工作中不能派上用场或者到了工作时又忘记了所学的内容等问题。那么学徒制就可以帮助解决这个问题,帮助学生将教育和劳动相结合。[①]

大渡口区的职业教育深入推进1+X证书制度试点,是通过职业技能证书制度把职业教育和培训统一起来。任何一种教育都应该授予学习者学历证书,因为学历证书是一种学习经历的证明。学习者接受职业教育在获得学历证书的同时,由于掌握了多项职业技能,因此应该获得多项职业技能证书,而这些职业技能证书经过培训也可以获得。从而将职业教育与培训统一起来,实现职业教育与培训一体化体系。[②] 证书制度的完善有利于终身教育的发展,因为只要进行了学习就能获得某种资质的证明,这有利于激发起大家学习的热情。

(六) 继续教育与终身教育体系

大渡口区的继续教育十分强调社区教育的发展,这与终身教育的理念是不谋而合的。因为终身教育是对传统学校教育模式的一种突破,将教育延伸到生活的所有领域,并将教育贯穿生命的全过程。这意味着每个人都有终身接受教育的权利。社区教育的服务对象是全体社区居民,旨在提高居民的素质,提高居民的生活质量,从而促进社区的可持续发展。

---

① 叶宇桦. 中国特色现代学徒制基本框架及运行机制研究[J]. 产业与科技论坛,2021,20(24):285.
② 邓泽民. 加拿大终身学习理念下职业教育与培训体系构建及启示[J]. 职教论坛,2019(1):160.

大渡口区继续教育的另一个重点为充分利用职业教育的资源。通过职业教育发展促进终身教育体系的建立,是世界上各个国家构建终身教育体系的发展战略。[①] 继续教育相比于普通高等教育在培养目的上是有区别的,侧重点也不同。大渡口区结合政策和市场形势,开发了一系列百姓喜爱、区域特色、实用现代的社区教育新课程、老年社会适应性课程、优质网络培训课程。

继续教育要适应现代化教育的规律和要求,通过建立健全相关制度,将现代信息技术融入到继续教育的可持续发展中。众所周知,现代信息技术给各行业带来前所未有的机遇,继续教育也不例外。[②] 大渡口区组建专业和兼职相结合的技能技术培训团队,并高质量地开展社会培训服务。不仅在线下也在线上开展高水平的教育培训。

二、大渡口区终身教育体系建设的成效

大渡口区终身教育体系契合大渡口区"多维一体,教育大渡"的教育发展理念,已经初步形成了不同类型教育类型相互合作、相互沟通的教育行动体系,构建起终身学习全过程贯通、德智体美劳全要素融通的教育生态。

大渡口区学前教育规模、普惠程度更高。学前教育优质普惠发展计划正顺利进行中,即将陆续建成融创春晖十里幼儿园、金地自在城一期幼儿园、钢城印象B区幼儿园、琅樾江山幼儿园、佳兆业滨江新城幼儿园、铭鑫鼎尚源幼儿园、恒大麓山湖幼儿园等普惠性幼儿园16所。全区公办园在园幼儿占比达55%以上,普惠性幼儿园覆盖率巩固在93%以上,二级及以上幼儿园占比达80%以上。大渡口区距创建国家学前教育普及普惠区又更进一步。

义务教育得到均衡优质的发展。民族中学和庹家坳小学、区实验小学、育才小学双山校区等改扩建项目陆续完工中。李雪芮运动学校等11所义务教育学校也在新建。最终,集团化办学覆盖率将达到70%以上。

普通高中振兴步入正轨。茄子溪中学综合楼、艺术大楼、体育场馆,三十七中综合楼、科技楼、实验室等建设项目将逐步完成。建成长江音乐学院附中。建设2个课程创新基地、10门精品选修课程。引进建设1所优质民办综合高中。

职业教育提质培优开展顺利。做强做精2所国家级中职示范学校,力争引进1所高职院校。培育3个国家级、市级优质专业(群)。开发一批专业教学资源和在线精品

---

① 廖晓琴.正规教育类型如何融入终身教育体系[J].继续教育研究,2018(10):17—22.
② 李炎.终身教育体系下继续教育制度建设与创新[J].继续教育研究,2016(12):8—10.

课程,培育遴选10个左右职业教育的教育教学改革典型案例。力争建设1个高水平专业化校企合作、产教融合实训基地,2个左右示范性社会培训基地。

高等教育引育稳步进行。建成长江音乐学院、长江音乐学院附中、长江音乐学院附小。建成重庆体育职业学院。建成中冶建工职工职业技能培训实训中心、重庆旅游学校实训楼等项目。引进1—2所一流科研院所,建设1—2个市级以上重点实验室、技术创新中心。

继续教育带来巨大的社会效应。培育20个示范性继续教育基地、2个示范性职工培训基地、50门左右优质继续教育网络课程、5门老年教育精品课程。创建一批社区教育示范街(镇)、终身学习体验基地。培育10个左右社区教育示范基地和老年大学示范校。

终身教育追求全时空性的全面发展,大渡口区的终身教育体系建设呈现多元化和发展性的特征,内容具有层次性、鲜活性和开放性的特点;也更加贴近社会实践,充分发挥了人的主体性,契合了大渡口区"义渡教育"和"自得教育"的意义。

第四节 终身教育体系中的案例

一、终身教育体系横向上的整合:"6+N"家庭教育成长计划

终身教育是每个公民一生中所受教育的总和。既包括接受的正规教育,即在学校里面接受教育;又包括非正规的教育,即不在教育体系中接受的各种各样的教育。每个人最先是从家庭教育开始,然后再走进学校里面去学习系统的知识,最后再离开教育系统,在社会中从事一份作业,真正走入社会。但这个过程其实都离不开家庭、学校和社会对我们的影响和培育,我们是以家庭、学校和社会为载体进行个人活动的。[①] 最终培养的是怎样的人是由这三者综合作用的结果。

大渡口区深谙家庭、学校、社会在终身教育中发挥的作用,积极探索"6+N"家庭教育成长计划。首先,家庭教育是教育整体中的有机组成部分,是学校教育和社会教育的基础。我国对家庭教育也十分重视,2021年10月在第十三届全国人民代表大会常务委员会第三十一次会议中通过了《中华人民共和国家庭教育促进法》,明确指出了家庭教育的重要性,也应以立德树人为根本任务,国家、社会对家庭教育予以指导、支持和

---

① 佟萍.家庭、学校和社会教育的有机结合是实现终身教育有效途径[J].城市建设理论研究(电子版),2011(17):1.

服务。可以说家庭教育是育人的起点,具有早期性、基础性和长期性等特点。家庭教育对子女性格的养成、品德的培养甚至是智力的促进都发挥着巨大的作用。但在现实生活中,许多家长对子女教育认识模糊,对家庭教育存在着极大的误解。有的家长认为教育是学校的事情,孩子的成长与家庭无关,父母只需要为子女提供物质保障就可以了;有的家长对自己子女抱着极高的期望值,但缺乏正确的教育方法,存在盲目攀比、打骂逼迫等情况;还有的家长溺爱自己的子女,导致子女丧失了基本的生活社交能力,为未来发展埋下隐患。所以,树立正确、科学的家庭教育观对子女的教育是至关重要的。每一位家长都有责任更好地参与到家庭教育中去。

其次,学校教育是开展素质教育和开展公民思想道德建设的重要环节和关键部门。但是学校教育也同样存在许多问题,例如有的学校存在重智育轻德育,重主科轻专科,重课堂轻社会实践,重形式轻效果。有的学校只把智育当作硬指标来完成,而把德育当作软指标来对待;有的学校视德育为可有可无,并以课业过多过重为由,而冲淡思想道德教育;还有一些学校为了应付上级检查而搞形式走过场,过去学校应试教育的模式还未转变到全面推行素质教育方面上来。所以,如何更好地在"立德树人"以及"双减"政策下实施好真正培养人的教育是学校的重中之重。并且,学校还要和家庭和社会积极开展协作工作,共同促进学生的培养和成长。

最后,社会是每个人的大学校,在社会中能够学习到学校教育无法提供的技能和经验。社会对公民的教育是时时刻刻进行的,是潜移默化进行的。所以社会环境的好与坏,能够深刻地影响公民。但社会也是大染缸,也存在着各色各样蛊惑人心、诱导人违背社会道德的事件。所以为了公民的身心健康发展,也需要开放公民教育,净化公民成长环境,利用社会教育加强公民的思想道德建设。通过家庭、学校、社会的三种力量,提高教育活动的成效。

在这样的理念下,大渡口区教委、区妇联、茄子溪街道和区教师进修学院共同发起了"有义方·家庭教育成长营"公益学堂项目。"家校社"三方代表共同点亮教育同心圆,探讨了关于"家校社"协同育人的未来方向,共同成就孩子未来的幸福人生。"有义方·大渡教育"项目以"教有义、育有方"为项目宗旨,以"看见自己、成就孩子"为项目理念,推行"6+N"家庭教育成长计划:以"携手共育"为目标的"家校同行公益大巡讲";以"妇女之家"为载体的"智慧父母公益大讲堂";以"儿童之家"为依托的"睿智情商自我探索营";以"专业权威"为特色的"家庭建设智库专家团";以"巾帼力量"为纽带的"有义方家庭教育志愿者";以"心灵关爱"为媒介的"有义方心理咨询服务站"。

这样的探索是基于"全社会都要担负起青少年成长成才的责任"的共识而作出的,是"大渡教育"的融合和共进,也是"大渡教育"的互促和创新,将为大渡口教育注入全新的视野和理念,助推大渡口"教育新生态"的全新变革。而构建家校社"三位一体"协同育人体系成为落实"立德树人"根本任务的必然之举和应尽之责,也是促进终身教育体系完善的重要途径。

二、终身教育体系纵向上的发展个案分析

(一) 在"千绘百读"中培育幼儿终身学习的习惯

《幼儿园教育指导纲要(试行)》明确指出:幼儿园教育是基础教育的重要组成部分,是我国学校教育和终身教育的奠基阶段,要为幼儿一生的发展打好基础。"培养幼儿对常见的简单标记和文字符号的兴趣,利用图书和绘画,引发幼儿对阅读和书写的兴趣,培养前阅读和书写技能"。大渡口区坚决抵制幼儿教育"小学化",重视幼儿综合素质的发展,利用绘本教学来培养幼儿的自主阅读能力。

2021年大渡口区启动了"大渡幼教·千绘百读"项目,成为百年百部中国儿童图画书经典书系"阅读基地"。大渡口区成立了10所"大渡幼教·千绘百读"项目基地园和10所"大渡幼教·千绘百读"项目孵化园。

公众心中可能存在"绘本如何读？读什么绘本？"等一系列问题,而大渡口区阅读教育中心深入推进绘本项目,选取优质阅读绘本,推进教师领读、师生共读、亲子阅读等方式。一方面促进教师专业成长,另一方面"培训"家长更懂教育,共建大渡口区良好的教育生态区。绘本的力量是巨大的,因为日积月累的阅读最终会带来质的飞跃。如果能够培养起幼儿良好的阅读习惯、激发幼儿的阅读兴趣以及培养幼儿的阅读能力,就能够为他们种下终身学习的种子,这颗种子会生根发芽,最后将结出丰硕的果实,大渡教育的含义能够随着幼儿的成长彰显出来。受益者不仅是幼儿,也包括他们的家长。因为家长带着孩子一起阅读绘本,探索世界,所以这也有利于形成全民阅读的社会,形成终身学习的社会。

(二) 在德育、智育和美育中大力促进终身教育理念的落实

大渡口区在新时代发展下构建"大渡教育"课程,融合德智体美劳要素,有利于促进公民的素质教育以及终身教育体系的构建。其中在德育、智育和美育中体现出大渡口区对终身教育理念的贯彻。

首先在德育课程建设上,大渡口区积极推进中小幼一体化课程体系。根据每个学段学生不同的身心发展特点,设计每个学段的德育目标,力争做到科学化。不同的学生设置不同的学习目标,既满足学生心理发展特点,又在"最大发展区"内促成学生道德品质的形成。在教学形式上,大渡口区采用"互联网+"的形式,通过这样的形式广泛传播德育课程建设成果,提高资源的有效率,有利于惠及更多人群接受优质教育。这样的"互联网+"可以推动终身教育从理念走向实践,并成为人们的一种生活方式。正如大家所关注的那样,我们已经处在了"互联网+"的时代。在这个时代,学习者基于自身的需求开始自发、多样、非正式和持续性地学习。[①] 大渡口区也试图对传统教育进行突破,用"互联网+"的形式普及德育知识,培育"义渡+"德育品牌。大渡口区在美育实施上也同样力图构建大中小幼美育教育一体化课程体系。这同德育一体化课程体系的构建是相似的,都是通过提供连贯性的教育来更好地促进人的发展。

在智育上,大渡口区认真落实"双减"政策,在深度把握"双减"的核心要义下为学生提供优质的课堂教育,实施五育并举的课程改革创新计划。学校不做传统的知识提供者,而是激发学生自主学习的热情和信心。通过组织社会实践、社区服务、参观考察和研学旅行等方式,帮助学生建立起知识和生活的联结,真正做到教育即生活。离开课堂就不能实施的教育绝不是终身教育,将学生生活与学习知识紧密结合起来,这才是终身教育所鼓励的。

终身教育体系的构建是为了在大渡口区同"自得教育"文化互动,使得每个公民都能享有更加美好的教育,人人都能够享受适合自己的教育。

三、终身教育体系中的典型学校——重庆市第三十七中学

终身教育的目的是培养"完人"。对于什么是"完人",保罗·郎格朗也给出了解释:"教育的目的是为了适合作为肉体的、智力的、情感的、性别的、社会的以及精神存在的个人的各个方面和各种范围的需要。这些成分中没有一个能够或者应该被孤立,每一个成分都互相依赖。"[②]重庆市第三十七中学校秉持"自得其乐,幸福一生"的"自得教育"理念,以学生为主体,张扬了学生个性,带领学生走向与万物浑然一体而又洞照其间的意向性。[③] 三十七中通过对学生建立有效的"自得教育"指导,打造了"课程指导、师资指导、活动指导、空间指导、信息指导"五位一体式的学生指导体系。即三十

---

① 王志军,刘璐.自下而上:"互联网+"时代终身学习的新形态[J].终身教育研究,2020(1):30—37.
② [法]保罗·朗格让.终身教育导论[M].滕星,等译.北京:华夏出版社,1988:88.
③ 伍平伟.自得其乐,幸福一生[J].中国德育,2019(17):49—52.

七中通过为学生提供学习指导、生活指导、心理指导、职业指导和心理指导的服务,帮助学生走向更加完善的自我。

终身教育包含的内容范围极为广泛,根据保罗·朗格朗的观点,如果教育要在人的一生中和个人生活的各个方面发挥作用,就要使它突破学校的框架,并使教育渗透到人类活动的各个方面去。教育不仅包括系统的知识学习,还应该包括生命教育、爱与情感教育、家长与子女关系的教育、职业教育、闲暇教育、艺术教育、体育运动教育、信息选择教育、公民教育等。[1]

重庆市第三十七中学校建立了以学生为主体的自得体系,即"两翼三阶七素养"的"自得教育体系"。学校主要是通过深化课程改革,大力建设课程等方式来促进学生不断地超越自我,获得全面发展。在选修课程开发上,三十七中形成了多学科和多类型的选修课程,给予学生自主性,提供专业化和个性化的教学。在实践课程体系的搭建上,三十七中以班级教育为主阵地开展社区服务、社会实践、研学旅行等,形成了"237"自得德育课程、科技创新课程体系和生涯规划活动课程体系。在智育、德育以及美育、体育和劳育方面,三十七中都取得了不错的育人成果。三十七中对学生的教育内容是多样的、方式是灵活的。三十七中基于"自得教育"的文化理念,形成了自己的校训、校风、教风、学风。其中校训为"尚自得,展个性"的校训。

"尚自得"就是在内心不断进行深入的、多层次的学习加工,以达到精深博大、运用自如的境界。"展个性"对学生而言,就是要有不断超越自我、全面发展的内在追求,体验多彩生活、成就精彩人生。

这一校训体现了终身教育的过程的持续不断和终身性,即终身教育是伴随个人的生命存在而进行的。而三十七中对学生反思性以及不断超越自我,不断深入地、多层次地学习加工以达到全面发展的目标这一期许,也很好地体现了终身教育理念与自得教育的融合和促进。

总之,自得教育下的终身教育体系超越了阶段性、制度化并贯穿于人生的始终,是一种全新教育模式,它在教育目标的价值预设上具有个体性,在教育过程的实现形式上具有多样性,在教育范畴的时空变化上具有整合性,在教育资源支撑上具有开放性。这样的特点或多或少体现在大渡口区学前教育、义务教育、普通高中教育、高等教育、职业教育和继续教育中。大渡口区在逐步实现将社会中所有可资利用的教育力量应

---

[1] 何齐宗.终身教育的理论与实践.[M].北京:科学出版社,2020:40—41.

由相互独立、互不相干的关系发展成一种新型的合作关系,即将各种教育机会和学习条件有机整合起来,统筹安排、整体调控,使之统一在一个相互衔接的制度中,形成家庭、学校、社会教育一体化教育目标。逐步建立和完善有利于终身学习的制度,实现教育的纵向一体化和横向一体化,使教育既贯穿于人的一生,又始终与生活保持密切联系。这样,每个公民都能保持一个良好的学习态度,能够更加从容地面对未来生活,做到自得而自在。

第七章　自得教育下的教师发展

教育是国之大计、党之大计。教师是立教之本、兴教之源。落实立德树人根本任务，离不开一批又一批好教师。地处重庆市西南部，铿锵前行在"高质量产业之区、高品质宜居之城"道路上的大渡口区于1965年为服务重钢而设立。大渡口区始终坚持以习近平新时代中国特色社会主义思想为导向，抓住优先发展教育的大好机遇，笃行笃用"九个坚持"和"九个要求"，全面贯彻教育大会精神，把国家意志、人民需求、区域位置、学校历史、办学定位等要素综合研判。

促进教师专业发展是实现学校办学目标和可持续发展的重要方式，也是提升学校办学质量的重要保障。目前，大渡口区共有中小学32所，教职工4762人。重庆市大渡口区教委在进一步梳理区域办学历程的基础上，从立足师生生命进步的立场和促进学校持续发展的基点出发，根据师生核心素养培育和形成规律以及师生成长规律，提炼出"多维一体，教育大渡"的发展理念，构建了大渡口区师德与师能同步提升的教师专业发展体系，从政治素养（师德）、专业能力（师能）两大维度，理想信念、高尚师德等六大要素，健全思政工作体制机制、完善研训一体培养机制等八大举措齐发力，着力建成一支有理想信念、有道德情操、有扎实学识、有仁爱之心的"四有"好老师队伍，造就一批重庆知名的名教师、名校长和教育家型的高层次教育人才。

本章主要介绍重庆市大渡口区立足于"多维一体，教育大渡"的区域教育理念建立的师德与师能同步提升的教师发展体系的构建。本体系旨在立足于新时代背景下的教育新样态，全面深化新时代教师队伍建设改革，全面贯彻党的教育方针，遵循教育规律和教师成长发展规律，全面提升区域内部教师的素质和能力，努力实现"办有品质、有内涵、有情怀的大渡教育"的目标，以更高远的历史站位、更深邃的目光来办好现代化教育强区。

第一节　师德师能同步提升的教师发展体系的背景

教育关乎人的灵魂塑造,而塑造灵魂又是教师培养全面自由发展人才的前提与核心,一切教育本质上都是人对人的深层次影响和全方位塑造,无论是教师还是学生,都是教育的主体,而非单纯的对象,更非中介。因而在"立德树人"目标下就更加凸显了教师"言传身教""德才兼备"的独特地位和意义。

近年来,在区委、区政府的领导下,在区教委的指导下,大渡口区教师进修学校积极主动响应国家和社会的迫切需要,积极响应国家的要求,聚焦区域教育高质量发展的必然要求,努力办好人民满意的教育,在"多维一体,教育大渡"教育发展理念指引下围绕师德和师能两大维度,推进教师专业发展转型升级和模式创新,既契合了当下的教育背景,又为全区中小学高素质教师队伍建设、区域教育科研工作转型发展提出了有针对性、指导性的意见。

一、聚焦大渡口区教育高质发展的必然要求

党的十八大提出,要"把立德树人作为教育的根本任务,培养德智体美劳全面发展的社会主义建设者和接班人",首次将"立德树人"确立为教育的根本任务。党的十九大报告进一步强调"要全面贯彻党的教育方针,落实立德树人根本任务",并融入"两个一百年"奋斗目标、实现中华民族伟大复兴的中国梦的宏大战略中,彰显了党和国家对这一使命高屋建瓴的重视程度。

在多次会议中,习近平总书记从国家繁荣、民族振兴、教育发展的大局出发,深刻阐释了教育工作和教师工作的极端重要性,明确提出成为一名党和人民满意的好教师要具有"四有""四个引路人"和"四个相统一"等标准。这些标准一脉相承、系统完整,形成了对广大教师思想、道德、学识、能力、作风、纪律等全方位的要求,赋予了人民教师神圣的职责使命,是新时期进一步加强教师队伍建设、培养高素质专业化创新型教师的行动指南。

重庆市大渡口区始终坚持以习近平新时代中国特色社会主义思想为导向,抓住优先发展教育的大好机遇,笃行笃用"九个坚持"和"九个要求",全面贯彻教育大会精神。① 重

---

① 谭茭,万芮杉,胡忠英.凝聚教师力量　筑梦"大渡教育"[N].重庆日报,2019-11-20(023).

庆市大渡口区把国家意志、人民需求、区域位置、学校历史、办学定位等要素综合研判，在进一步梳理区域办学历程的基础上，根据师生核心素养培育和形成规律以及师生成长规律，结合区域当前教育发展的客观现状，确立了"多维一体，教育大渡"的区域教育理念，努力办有品质、有内涵、有情怀的大渡教育。

二、建成师德师风"大渡"范式的重要途径

师德师风建设是教师队伍建设的重要方面，决定着"立德树人"根本任务的落实，事关我国整体教育水平的提升和我国社会主义精神文明的推进。中国特色社会主义进入新时代以来，党和国家给予其高度重视，习近平总书记多次强调师德师风建设的重要性，相关责任部门对师德师风建设工作展开科学指示和全面部署。国家有需要，重庆市大渡口区积极行动。

按照"办好人民满意的教育"的要求，重庆市大渡口区在"多维一体，教育大渡"区域教育发展理念指引下，围绕政治素养（师德）、专业能力（师能）两大维度，理想信念、高尚师德等六大要素，多措并举构建了师德与师能同步提升的教师专业发展体系，推进教师专业发展转型升级和模式创新，为全区中小学教师队伍建设，提出了有针对性、指导性的意见。着力建成一支有理想信念、有道德情操、有扎实学识、有仁爱之心的"四有"好老师队伍，造就一批重庆知名的名教师、名校长和教育家型的高层次教育人才。

思想政治理论课事关贯彻党的教育方针，事关培养什么人、怎样培养人、为谁培养人这个根本问题，是落实立德树人根本任务的关键课程。为锻造一支优秀的思政教师队伍，大渡口区一直在行动。2019年5月起，大渡口区思政课教师队伍建设再升级，全区组建起48人的小学思政课专职教师队伍，建立专职教师准入机制，开展专业培训考核，开发课程资源包，以专业力量推动小学思政课教师队伍建设和课程发展。

大渡口区教师进修学校多途径、多方式开展研训活动。每学期组织思政课教师参加市级培训2次，参训人数100余人次；组织区级培训5次，参训人数400余人次。立足课堂，加强各校思政常规课的诊断与指导，促进思政课教师专业能力的提升，优化思政课教学方式，提高思政课的实效。同时，举行了"让有信仰的人讲信仰"大渡口区思政课教师演讲比赛，以活动促进教师成长。

重庆市大渡口区全体教师全心全意、满怀激情地投身到党和国家的教育事业中，坚持"让每一个生命都绽放独特精彩"，依法治教，让每一个孩子充分享受到充满生机的教育,让每一个孩子拥有一双梦想的翅膀,未来,带着梦想飞得更高更远,逐步建成师德师风"大渡"范式。

三、培养高素质专业化教师队伍的重要载体

"教师是教育的第一资源,是发展教育事业的关键所在。"加强师资队伍建设,将其与推进课程和教学改革、推进学校整体变革、提高教育质量紧密结合,是促进学校、教师和学生发展的"助推器"。党的十九届五中全会强调,要提升教师教书育人能力素质,增强学生文明素养、社会责任意识、实践本领。高校要围绕习近平总书记关于成为一名党和人民满意的好老师要有理想信念、有道德情操、有扎实学识、有仁爱之心的重要论述,大力培养高素质专业化教师队伍。①

作为职业专业化的一种重要类型,教师专业化是指教师个体专业水平提高的过程以及教师群体为争取教师职业的专业地位而进行努力的过程,其主要由教师个体专业化和教师职业专业化组成。教师个体专业化是指教师在整个职业生涯过程中,依托专业组织,通过终身专业训练,习得教育专业知识技能,实施专业自主,表现专业道德,并且逐步提高自身从教素质,成为一个良好的教育专业工作者的专业成长过程。

作为全区教师教育服务指导部门,一直以来,重庆市大渡口区积极主动地响应国家和社会的迫切需要,深入贯彻落实国家"兴国必先兴教,兴教必先强师"的精神,"坚持把教师队伍建设作为基础工作"。重庆市大渡口区通过完善研训一体培养机制、拓展教师专业发展路径、建立教师专业发展梯队等多种方式不断给老师成长做"加法",已基本构建起名校长、骨干校长、校级正职储备干部、校级副职储备干部、优秀青年干部等从高到低的"干部队伍五梯队",建立了教育家型教师、学科名师、学科带头人、骨干教师、教学能手、教学新秀的"教师成长六层级"。目前,全区教师队伍建设目标明确、路径清晰、方式多元、效果显著。

四、区域教育科研工作转型发展的不竭动力

教育科研作为实施素质教育的重要载体,不仅是促进教师专业发展的有效方法,而且是提高学校教育教学质量的有效途径。② 在教师专业发展的进程中,教师的教育教学行为依赖于教育科研。要想发挥教育科研对课堂教学的支撑、驱动和引领作用,

---

① 冯玉军.培养高素质专业化教师队伍[N].淮南日报,2021-03-05(003).
② 辉进宇,褚远辉.中小学教师教育科研素质的结构及培养[J].教育理论与实践,2015(8):30—32.

需要广大教师增强科研意识,把教学与科研相融合。

随着课程改革的不断深入,近年来,重庆市大渡口区实施了"全覆盖教师素质提高工程""千名人才培养工程""三名工程",进一步优化教科研训一体的运行机制。大渡口区教委遴选骨干培训者、学科带头人和优秀教研员组建区级教师培训者团队,按照全区教师数的30∶1组建区级教师研训指导团队。在"研究、指导、服务"等核心功能的充分发挥下,重庆市大渡口区教师树立了教学与科研并举的意识,广大教师专业素质和日常课堂教学能力、教研能力和课题研究能力有了明显提高,尤其是骨干教师的专业发展迅速提升。

重庆市大渡口区域教育科研的转型,对于提升区域教育教学质量,加快建设教育强区,转变教育发展方式,推动学校教育实践改进等方面具有不可替代的先导作用与基础力量。

五、实现学生综合素质全面发展的根本保障

教师承担着传播知识、传播思想、传播真理的历史使命,肩负着塑造灵魂、塑造生命、塑造人的时代重任。教师是除家长外,第一个在儿童生命中扮演重要角色的成人,教师不仅是学生学习的发动者,更是帮助学生树立正确的价值观和道德观,直接影响学生个性全方位发展的重要他人。教师的一言一行备受学生关注。在实际教学过程中,教师既要指导学生掌握知识和学习方法,还要激发学生的学习兴趣。教师通过精心设计多种教学情境,调动学生的学习积极性,引导学生参与学习互动,并使之有进一步主动探究的动力。

聚焦教师师德师能发展,塑造一支高素质专业化、创新型教师队伍是提高教育教学质量的根本保障。服务学校、成就师生是大渡口区教师进修学校的不变初心。重庆市大渡口区通过完善研训一体培养机制、拓展教师专业发展路径、建立教师专业发展梯队等多种方式不断给老师成长做"加法"。区域面向新时代做好做实教师教育工作,注重教师职业道德、理想信念的引领和师德师风的建设,铸牢为师之魂;做实做强教师职业技能的培训,筑牢为师之基;加强教师教育信息化应用能力提升的培训,为教师培训工作开拓新思想、提供新方法。

用心关注、用智引领,大渡口区教师进修学校引领一大批教师走上专业化发展道路,也为实现学生综合素质全面发展提供了根本保障。

第二节　师德师能同步提升的教师发展体系的构想

2018年9月10日,全国教育大会在北京召开。中共中央总书记、国家主席、中央军委主席习近平出席会议并发表重要讲话。他在讲话中明确了教育的首要问题、教育工作的根本任务,提出了教育改革中的"九个坚持"和今后开展教育工作的"九个要求"。随后,重庆市大渡口区召开了教育大会,学习贯彻全国教育大会精神。尤其是大渡口区教育大会擘画了区域教育改革发展目标任务,为加快推进重庆市大渡口区教育现代化、建设教育高品质发展区、办好人民满意的教育指明了前进方向、提供了根本遵循。

重庆市大渡口区教委坚持以习近平新时代中国特色社会主义思想为导向,抓住优先发展教育的大好机遇,笃行笃用"九个坚持"和"九个要求",全面贯彻教育大会精神,把国家意志、人民需求、区域位置、学校历史、办学定位等要素综合研判。

在进一步梳理区域办学历程的基础上,重庆市大渡口区根据师生核心素养培育和形成规律以及师生成长规律,结合重庆市大渡口区当前教育发展的客观现状,提出了师德与师能同步提升的教师发展体系,按照"多元素参与、多角度判断、多领域合作、多立场融整、多指向发展"的总体思路构建,积极服务支撑"多维一体,教育大渡"区域教育理念,努力办有品质、有内涵、有情怀的大渡教育。

一、师德师能同步提升的教师发展体系的指导思想

大渡口区教委"多维一体,教育大渡"区域教育理念源于对中华优秀传统教育文化的有机传承和对国际视野下的现代化教育的有机融合,其主要内涵是"助推生命成长、促成全面发展、凸显健康和谐、夯实内涵发展、突出多元载体"的五大基本属性的和谐统一,相容共生。

"多维一体,教育大渡"区域教育理念固有的"五大基本属性"决定了重庆市大渡口区必须系统构建起"德智体美劳全面发展的人才培养体系""师德与师能同步提升的教师发展体系"等教育五大体系,更好地体现其传承性、统整性、创新性、包容性,推动区域教育更加高位优质发展,使教育成为大渡口区的又一张亮丽名片。

长期以来,大渡口区委、区政府围绕"好环境、好学校、好教师、好学生、好课堂、好文化"教育发展,以全区"教育一盘棋"为指导思想,以"高中引领、初中护航、小学奠基"

为工作路径,出台一系列持续推动师资发展,提高教师质量的方针、政策,厚植教师发展的沃土。作为区域教师成长的发动机,大渡口区教师进修学校在大渡口区委、区政府和区教委的领导下,树立"教师是教育发展的最大变量"的教育观念,明确"培训就是为了每一位教师的专业成长"的教师培训理念,提炼"教委强化组织保障,进修校联合学科教研室和培训部做项目规划,基层学校重视实施操作"的管理模式,采取构建教师梯队、打造"三名"工程、助推片区发展等多种方式,不断创新教师教育路径,开启了教师队伍专业成长与发展的新航程。

在区教委"多维一体,教育大渡"区域教育理念的指导下,重庆市大渡口区初步确立了破解当前本区教师专业发展困境的策略,建立健全师德与师能同步提升的教师发展体系,简称"1268发展策略"。

二、师德师能同步提升的教师发展体系的主要内容

百年大计,教育为本,教育大计,教师为要。大渡口区教师进修学校始终不忘初心,牢记使命。大渡口区教师进修学校积极主动响应国家和社会的迫切需要,深入贯彻落实中央"兴国必先强师"的精神,围绕区教委"多维一体,教育大渡"文化理念,构建了大渡口区师德与师能同步提升的教师专业发展体系,带领更多的教师看见教育的无限可能,挖掘教师成长背后的力量。

(一) 一个目标

重庆市大渡口区师德与师能同步提升的教师发展体系旨在立足于新时代背景下的教育新样态,立足于"多维一体,教育大渡"的区域教育理念,全面深化新时代教师队伍建设改革,全面贯彻党的教育方针,遵循教育规律和教师成长发展规律,全面提升教师素质能力,着力建成一支有理想信念、有道德情操、有扎实学识、有仁爱之心的"四有"好老师队伍,培养造就一支师德高尚、业务精湛、结构合理、充满活力、党和人民满意的高素质专业化创新型教师队伍,造就一批重庆知名的名教师、名校长和教育家型的高层次教育人才。

在促进教师专业发展的同时,实现学校内涵发展、学生全面发展、教师专业发展,不断完善区域教育体系,不断提高区域教育质量,努力办好"有品质,有内涵,有情怀"的人民满意的教育。

(二) 两大维度

教育事关贯彻党的教育方针,事关培养什么人、怎样培养人、为谁培养人这个根本

问题,是落实立德树人根本任务的关键课程。为此,重庆市大渡口区师德与师能同步提升的教师专业发展体系紧紧围绕教师政治素养(师德)和教师专业能力(师能)两大维度,答好时代教育课题,增强教师政治素养,激活教师生命成长。

1. 师德要崇高

德之不厚,行之不远。教师要加强职业道德的修养,忠诚于新时代教育事业,热爱教育、献身教育、爱岗敬业、教书育人、为人师表。要遵守师德规范,自觉做到以德立身、以德立学、以德施教、以德育德,争做"四有"好教师和学生健康成长的"四个"引路人。

2. 师能要提升

教师是教育工作的核心主体,是教育品质高低的关键因子。教师是站在知识最前沿的人,要树立终身学习的观念,成为学习型社会的践行者;要自觉加强人文学习,厚重文化底蕴,推动中华优秀传统文化创造性转化、创新性发展,充分发挥以文化人、以文育人功能;要广泛摄取科技发展新成果,学习新知识、掌握新本领,优化知识结构,不断提升认知能力和育人能力;要积极更新观念,增强国际视野;要提升专业的敏感性和吸收、转化能力,做到教书与育人相统一、言传与身教相统一、潜心问道与关注社会相统一、学术自由与学术规范相统一。

(三) 六大要素

重庆市大渡口区师德与师能同步提升的教师专业发展体系按照教师专业发展序列,构建"合格教师、骨干教师、学科名师、学科带头人、教育家型教师"五层级的纵向教师教育课程体系,按照教师职业素养构建"理想信念、高尚师德、育德意识和能力、专业精神、专业知识、运用和发展能力"六大要素的横向教师教育课程体系,改变教师教育的碎片化、分散化、无序化的现状,增强培训的针对性和实效性,为教师专业成长助力。

1. 理想信念

坚定理想信念,牢记初心使命。重庆市大渡口教师要增强"四个意识"、坚定"四个自信"、做到"两个维护",做先进思想文化的传播者、党执政的坚定支持者、学生健康成长的指导者。热爱教育事业,有教育理想和教育情怀,有立德树人的担当,坚守教育初心,牢记育人使命。

2. 教育理念

教育理念与时俱进。重庆市大渡口区教师要主动学习教育理论和教育政策法规,洞悉国内外教育改革与发展动态,厚重理论功底;遵循教育规律和学生身心发展规律,坚持德智体美劳"五育"并举;深谙课程改革基本理念,增强课程意识,全面提升课程建设力与执行力。

3. 师德师风

自昭明德，大爱善行。重庆市大渡口区教师要努力锤炼新时代人民教师高尚师德，讲政治明大德，恪守道德底线，坚守职业操守。以仁爱之心教书育人，以大爱精神立德树人。提升人格修为，以强大的人格力量和专业精神担负起"传播知识、传播思想、传播真理，塑造灵魂、塑造生命、塑造新人"的时代重任。

4. 学习能力

善教者必善学。重庆市大渡口区教师要牢固树立终身学习理念，从教一辈子书转变为一辈子学教书。加强人文学习，厚重文化底蕴，推动中华优秀传统文化创造性转化、创新性发展，充分发挥以文化人、以文育人功能；广泛摄取科技发展新成果，学习新知识、掌握新本领，优化知识结构，不断提升认知能力和育人能力；积极更新观念，增强国际视野；提升专业的敏感性和吸收、转化能力。

5. 育人能力

着力提升育人能力。重庆市大渡口区教师要全面提升教师教书育人能力，落实立德树人根本任务和全员育人、全程育人、全方位育人理念，提高学科育人、实践育人、课程育人能力，做好学生健康成长的指导者和引路人。广泛搭建平台、拓展渠道，创新教师专业发展方式，提升教师教育艺术，丰富教师教育智慧，百家争鸣，学思并举，培养智慧型教师。

6. 创新精神

培养创新精神，推动创新行动。重庆市大渡口区教师要努力用创新的思维构建"互联网+""大数据+""人工智能+"等新时代背景下的教育新样态，培养教师创新精神，推动教师创新发展。坚持问题导向，科研推进，鼓励教师锐意进取、大胆探索，不断推进理论创新、实践创新。

三、师德师能同步提升的教师发展体系的实施要点

重庆市大渡口区师德与师能同步提升的教师发展体系的构建，按照"多元素参与、多角度判断、多领域合作、多立场融整、多指向发展"的总体思路构建，立足于"多维一体，教育大渡"的区域教育理念，旨在立足于新时代背景下的教育新样态，全面深化新时代教师队伍建设改革，全面贯彻党的教育方针，坚持社会主义办学方向，遵循教育规律和教师成长发展规律，全面提升教师素质能力。

师德与师能同步提升的教师发展体系的顺利实施,要在以下方面下功夫:一是确保方向,确保党牢牢掌握教师队伍建设的领导权;二是强化保障,把教师工作置于教育事业发展的重点支持战略领域;三是突出师德,把提高教师思想政治素质和职业道德水平摆在首要位置;四是深化改革,把管理体制改革与机制创新作为突破口;五是分类施策,根据各级各类教师的不同特点和发展实际,考虑区域、城乡、校际差异,采取针对性的政策举措。

重庆市大渡口区师德与师能同步提升的教师发展体系以期为教师主动适应信息化、人工智能等新技术变革,积极有效开展教育教学,制定专业发展目标规划和自主学习与发展提供依据,为教师研训机构诊断教师需求、设计培训目标与课程提供依据,为教育管理部门评估教师发展水平提供依据。

第三节 师德师能同步提升的教师发展体系的探索

重庆市大渡口区正按照"多维一体,教育大渡"区域教育理念的要求,分步骤、有阶段地实施师德与师能同步提升的教师发展体系,通过深化师德师风建设、加强理想信念教育、加强思政课教师队伍建设、完善研训一体培训机制、拓展专业发展途径、构建多元化培养体系、加强教研员队伍建设、搭建教师智能研修平台的八大举措,提升教师专业精神、增强教师专业修养、强化教师专业技能、拓展教师专业知识,推进区域教师的专业发展,为办有品质、有内涵、有情怀的大渡教育和人民满意的教育服好务,奠好基,开好路。

一、深化师德师风建设,提升教师职业道德素养

为人师表,以德为先。教师不仅要对学生有知识能力上的影响力,而且还要有人格上的感召力。只有这样,学生才会"亲其师而信其道"。弘扬高尚师德,育有德之人,需有德之师。重庆市大渡口区始终坚持把师德师风建设放在教师队伍建设首位,着力创新师德教育,完善师德规范,坚守师德底线。

教师职业道德是教师的处世准则,只有不断提高教师的师德修养,才能为学生思想品德的形成和发展提供示范,促进学生在德、智、体、美等方面的健康发展。[①] 重庆

---

① 赵培举.加强师德师风建设　培养高素质教师队伍[J].中国高等教育,2013(Z2):66—68.

市大渡口区大力开展做新时代"四有"好老师和"四个"引路人表彰活动和学习实践活动,设立"大渡口区班主任节",加强学校德育工作核心队伍的建设。引导广大教师以德立身、以德立学、以德施教、以德育德。此外,重庆市大渡口区积极建立健全师德师风建设长效机制,注重加强对教师思想政治素质、师德师风监察监督,强化师德考评,体现奖优罚劣,推行师德考核负面清单制度,建立教师个人信用记录,完善诚信承诺和失信惩戒机制,着力解决师德失范、学术不端等问题。

图 7-1 "立德树人—做新时代四有好老师"演讲比赛

重庆市大渡口区还注重教师先进事迹的宣传和报道。古语有云:"不忘初心,方得始终。"教育的初心是什么？教育的初心,是引导和激发,是鼓励从善,是温暖心灵。为深入学习贯彻习近平总书记关于教育的重要论述和建党 100 周年庆祝大会重要讲话精神,展示广大教师爱党爱国、仁爱奉献的精神风貌,团结凝聚广大教师更好担负起立德树人根本任务,大渡口教育开设"新时代好教师"特别专栏,宣传展示新时代大渡口区教师风采,引导区教育系统广大教师增强教书育人的使命感、荣誉感和责任感,为办好人民满意的教育做出积极贡献。

(一)"时代楷模"——育才小学王红旭老师

王红旭老师是重庆市教育系统涌现出的杰出代表。重庆市大渡口区育才小学的操场上,孩子们正在上体育课。可是,他们敬爱的王红旭老师再也不会出现了。他的"最后一课",留在了长江之滨。百米冲刺,纵身一跃,用生命托举落水儿童——滔滔江水,见证了 2021 年 6 月 1 日傍晚的那一幕。在热心市民的协助下,跳入江中的王红旭先后救回两名不慎落水的孩子。在最后关头,他把孩子推向岸边,自己却因体力不支被江水冲走,生命永远定格在了35岁……

图7-2 《光明日报》报道王红旭老师事迹

王红旭,男,汉族,1986年12月出生,中国共产党入党积极分子,生前系大渡口区育才小学体育教师、校人事干部。2021年6月1日18时许,两名儿童于重庆市大渡口区茄子溪万发码头长江段意外落水。正带着3岁儿子在江边玩耍的王红旭听到呼救声后,快速冲到江边,第一个跳进江中,先救起1名女孩,传递给身边接应的市民后,立即转身游向已被江水冲远的另1名男孩,回游途中体力严重透支,耗尽全力将男孩推向接应的市民。2名落水儿童成功获救,王红旭却被卷入江中牺牲。6月2日,王红旭遗体在出事水域附近被打捞上岸。

王红旭同志12年教师职业生涯中,始终忠诚党的教育事业,爱岗敬业、潜心育人、忘我奉献,在平凡的教学工作岗位上创造出了不平凡的业绩。他始终将学生放在首位,关心学生身心健康,及时为学生排忧解难,是深受师生和家长喜爱的好老师。他潜心育人,积极探索教育教学规律,注重培养学生健全人格和强健体魄,改革课堂教学,取得了明显效果。他心怀大爱,舍己救人,在危难时刻舍身勇救儿童,用实际行动书写了一名人民教师的价值追求和责任担当,践行了人民教师的光荣职责和神圣使命,塑造了新时代人民教师的光辉形象。

图7-3 "时代楷模"王红旭同志先进事迹首场报告会

王红旭老师是党的十九大后全市教育系统涌现出的重大典型,是传承家训师风、书写教育情怀的优秀典范,是长期乐于助人、弘扬中华传统美德的模范榜样,是在全党学党史、干实事中涌现出的青年教师杰出代表。他用自己的实际行动和英雄壮举生动践行了习近平总书记提出的"有理想信念、有道德情操、有扎实学识、有仁爱之心"好老师要求,树立了新时代党和人民满意的好教师形象。

为弘扬无私奉献的大爱精神,致敬新时代的"四有"好老师,重庆市组建了"时代楷

图7-4 "时代楷模"王红旭同志先进事迹报告会现场

模"王红旭先进事迹报告团,以巡回宣讲的方式,激励全市广大党员干部群众践行社会主义核心价值观,培养良好的社会风尚。王红旭感动了一座城,也温暖了一座城。报告会现场,英雄的事迹催人泪下。"时代楷模"王红旭同志先进事迹报告会市级部门专场在市委礼堂举行,至此巡回报告会在举行22场后顺利结束。王红旭老师也被评为2021年重庆市教书育人楷模。

英雄离去,师魂永存。王红旭以师者仁心,深情地镌刻了师爱永恒的不朽丰碑!"直到6月1日牺牲那天,王老师的工作台上还放着第二天的教学计划。"重庆南开(融侨)中学数学老师周强说,这个细节让他印象深刻。"危难时刻跳江勇救落水儿童,这是王老师爱生如子最生动的注脚。今后我将以王红旭老师为榜样,将责任与爱注入每一天的教学中。"

"非常遗憾,用这样的方式认识王老师。"潼南区上和镇中心幼儿园园长邓小芳表示,王红旭老师是用生命在诠释"四有"好老师标准。"尤其是听到王老师妻子陈璐希讲到的,养育小孩不仅要养更要育,这也是老师想要传递给家长的理念。"

(二)重庆市2021年教书育人楷模——育才小学胡伶俐老师

胡伶俐,女,汉族,1981年1月生,中共党员,重庆市大渡口区育才小学教师。从教23年,始终坚持立德树人,在担任班主任工作期间,所带班级多次被区、学校评为

"先进班集体",坚持定期举办"沟通从心开始,家校因爱精彩"家长学校大课堂,获得学生和家长的广泛认可。

图7-5 育才小学胡伶俐老师演讲活动

致力打造"三生三力"课堂,努力拓宽课堂的广度和深度,做有"解读文本力、高阶思维力、与生共情力"的师者,专业能力和师德修养在全区、全校范围认可度高。积极为学校语文学科发展、集团发展、教育发展建言献策,并协助校长做好日常教学管理、课程实施、课题开发与研究、集团教师队伍建设以及其他工作。

曾获重庆市优秀班主任、市优秀中队辅导员、市最美班主任、区优秀党员、区优秀女性等荣誉称号。参加各类教育教学竞赛获奖20余次。指导教师参加市、区级各类比赛获奖近8人次,指导学生参加市、区级各类竞赛获奖20余次。主持市级课题2项,区级课题12项,开展区域讲座10次。论文发表16篇,撰写论文获市区级一、二等奖20余篇。

(三)重庆市2020年教书育人楷模——育才小学教师何敏

育才小学四年级语文老师何敏,扎根基层教育26年,她爱生如子,用心关爱每一位学生;她传承师风,言传身教,培养和帮助年轻教师成长;她在平凡的工作岗位上默默耕耘,践行着一名人民教师的职责。

教育就是耕耘,洒下爱的种子,静待开花结果!在生活中,何敏喜欢养花,她也喜欢用"花"来比喻自己的学生们,在她看来,每一朵"花"都有自己的花期,或早或晚,自己所做的就是细心呵护,帮助他们长大。因此,何敏教书育人的理念和方法便是尊重孩子的本性,遵从学生成长的自然规律,以自己的言行来影响他们,使孩子们的行为习惯在潜移默化中逐渐形成。

图7-6 教师何敏课堂活动现场

正因为这样的育人理念,何敏对待孩子们总是真诚、亲切、温文儒雅,喜欢面带微笑地倾听。在课堂上,何敏喜欢和同学们互动,给他们畅所欲言的时间和空间,对同学们的进步给予表扬。课后她也喜欢和孩子们待在一起,和他们谈心、交朋友。久而久之,她成了同学们口中的"何妈妈"。课间的时候,孩子们总喜欢去帮何敏捶捶背,接点热水,虽然都是一些小事,但却很温暖。问到和同学们相处的秘诀,何敏笑着说:"主要是走心,有爱。"

课余时间,何敏经常鼓励同学们去参加各种各样的活动,通过有趣的游戏与比赛,培养孩子的各项能力,而不是刻板的说教与灌输。"国家宪法日"宣传教育活动培养学生的爱国精神;"经典美文诵读比赛"让学生感受浓浓的文化气息;"爱心在行动中成长"主题教育实践活动培养孩子们的爱心,落实责任感……何敏教过的班级,有荣获

"重庆市书香班级"荣誉称号的,也有被评为大渡口区优秀班集体的;她的学生参加科技、征文、演讲、朗诵、书法、手抄报等竞赛活动成绩斐然;她也被评为重庆市优秀班主任,选树为重庆市优秀少先队辅导员。

图7-7 教师何敏与学生在一起

勤奋,是平日里同事们给予何敏最多的评价。为了给孩子们更好的教育,何敏不断地刻苦钻研,认真研究教材教法,研究新课程标准,积极参与课题研究,撰写经验文章,《我的"课堂观察"故事》等近20篇论文荣获全国奖和市级奖。

2016年初,何敏临时接到"一师一优课、一课一名师"录像课评选活动通知。"时间紧迫,这种新颖的教学形式对我来说是个巨大的挑战。"何敏回忆,当时参加录像课的学生也不是她自己班上的,学生学习情况、知识接受程度等都需要了解。为充分了解学生,何敏每天利用中午时间与同学们交流。同时,为了让自己做好准备,每天除了完成正常教学任务之外,她还利用课余时间"充电","恶补"知识,办公室书桌上、家里枕头边都摆满了相关书籍;课堂教学需要PPT展示,当时还不熟悉PPT制作的何敏就到处向人讨教,一张图片她就要斟酌半个多小时。不到两周,何敏就整理出100多篇参考资料。"过程很辛苦,但坚持就是胜利。"何敏笑着说。

最后,何敏采用"目标让学生清楚,疑问让学生提出,结论让学生得出"教学策略,《从烽火台到互联网》录像课荣获教育部"一师一优课、一课一名师"评选活动部级"优课"和重庆市"优课"。

图 7-8　教师何敏与新教师一起学习研讨

一枝花开不是春，满园春光方为真。作为重庆市五一奖章获得者、重庆市骨干教师、学科带头人和首批教师培训团队成员，何敏重视团队建设，形成良好的"传、帮、带"团队文化，不断发掘、指导和培养身边的青年教师，为他们搭桥铺路，助推他们在教学、教育和科研等方面全面成长。不仅如此，何敏还是大渡口区的"学科带头人"。在她的带领指导下，许多年轻教师如今都已成长为市区级骨干教师，在全市、全区思政课竞赛中多次获得一等奖。

让校园每一个生命都精彩。这是大渡口区育才小学的办学理念，也是何敏心中的教育真谛。她表示，自己只是众多普通人民教师中的一个代表，践行着教书育人的使命，希望自己撒下的爱的种子，能在所有孩子心里生根发芽、开花结果。

二、加强理想信念教育，提升教师政治思想素质

重庆市大渡口区始终坚持立德树人这个根本，扎牢"为党育人，为国育才"的政治基础。在"十四五"期间，探索形成"12356"的教师师德师风建设"大渡"范式。坚持"一核心引领"，以习近平新时代中国特色社会主义思想为指导，将社会主义核心价值观贯穿师德师风建设全程；实施"双培养策略"，坚持在优秀教师中培养发展党员，把党员教师培养成教育教学骨干；建设"三支队伍"，建设好党支部书记、思政课教师队伍和德育骨干队伍；开展"五大工程"，重点实施师德师风建设五大系列活动；形成"六大机制"，

完善师德师风建设六大长效机制。

（一）坚持教育核心理念

习近平总书记明确提出了人民教师的"神圣使命"，这既是对教师在人类历史上重要贡献的肯定，又是对教师在社会主义中国的崇高职责的强调。教师是古老的职业，它本身就担负着传承文明、培育人才的神圣职责，而在社会主义中国，教师又被尊称为"人民教师"，这就更加突出了其使命和责任的神圣性。重庆市大渡口区始终以习近平新时代中国特色社会主义思想为指导，将社会主义核心价值观贯穿师德师风建设全程。

（二）实施教师双培养策略

新时代，加强高校教师队伍建设，是贯彻党的教育方针，落实立德树人根本任务，培养社会主义合格建设者和可靠接班人的一项重要工作。教师的专业学习，要求共同体给予支持，主要是促使知识能够在外部世界与内部认知结构间成功构建起关联，并产生多重转化，进而达到思维碰撞、深化理解、知识充实并增值的目的，这也可以看作是差异变为合作发展的资源的历程。为贯彻落实新时代高校教育的总体要求，培养造就一支政治素质过硬、师德师风优良、专业能力突出的教师队伍，重庆市大渡口区严格建设党员队伍，搭建教师成长平台，坚持在优秀教师中培养发展党员，把党员教师培养成教育教学骨干的双培养策略。

重庆市大渡口区选拔政治立场坚定、忠诚教育事业、熟悉教育管理、勇于担当有威信的优秀党员教师担任支部书记。严格按照党员发展标准，抓好入党积极分子培养，重视发展优秀青年教师、学科带头人入党。成立青年教师成长沙龙，搭建年轻教师成长平台，不断健全把骨干教师培养成党员、把党员教师培养成教学和管理骨干的"双骨干双培养"机制。

（三）重点建好"三支队伍"

为充分发挥党委（总支、支部）的领导和引领作用，确保党牢牢掌握发展教师的主导权，保证教师发展正确的政治方向，实施在优秀教师中培养发展党员，把党员教师培养成教育教学骨干的双培养策略，重庆市大渡口区以党支部书记、思政课教师、德育骨干"三支队伍"建设带动全区教师发展。

重庆市大渡口区各所学校在发展中始终不忘初心、牢记使命，健全思政工作体制机制，加强教师理想信念教育，提升育德意识和能力，实施"五育"并举，让立德树人落地、落细、落实。一是建设好党支部书记队伍，把党支部建在年级里，选拔党性强、业务精、有威信、肯奉献的优秀党员教师担任党支部书记,强化教师党支部书记"双带头人"作用。二是建设好思政课教师队伍,打造政治强、情怀深、思维新、视野广、自律严、人格正的中小幼一体化的思政课教师队伍,同时,协同培育思政课教师和课程思政教师。三是建设好德育骨干队伍,推进中小学名班主任、区级班主任、校级班主任工作室建设,设立"大渡口班主任节",以学校德育工作核心队伍建设带动全区德育教师队伍建设。

图7-9 "名校长工作室"授牌仪式

为加强教师队伍和教育管理人才队伍建设,促进中小学校内涵发展,发挥名校长、名班主任、名教师的示范引领作用,大渡口区教师进修学校于2015年创建和启动了教育"三名"(名校(园)长、名师、名班主任)工程专业发展新模式,以促进教师、班主任、校长专业发展为核心,以教育、管理、科研为先导,打造融科学性、实践性、研究性于一体的研修团队。"三名"工程即建立以"三名"人才命名的工作室,成为"一位名师+同一领域优秀教师"(即"1+N")的集教学、科研、培训等职能于一体的教师协同成长共同体,实践探索"示范引领、团队研修、共生共享、互助提高"的区域优秀教师培养策略和有效方法。在实施过程中,坚持管理与督导共行、研究与研训并行、共生与共享同行的行动策略。

到目前为止重庆市大渡口区已成功举办两期,共有18名"三名"人才,组织面向全区同学科教师的研训开放日活动22次,市区级研究课题18个,开展各类研训活动298

图7-10 "名园长工作室"结业典礼

次,推送报道135篇,各类教学、科研等获奖156人次,极大地促进和推动了区域高层次教育人才队伍的建设。

图7-11 名师工作室成员聆听国学讲座

用心关注、用智引领,大渡口区教师进修学校引领一大批教师走上专业化发展道路。目前全区已拥有13名市级特级教师、8名市级中小学学科名师、1名市级教书育人楷模、3名未来教育家培养对象及提名人选、167名市级骨干教师、18名区级教育"三名"人才、24名区级学科带头人、194名区级骨干教师,一支思想素质高、业务能力强、创新精神足的高水平教师队伍正在形成。

(四) 深入开展"五大工程"

为使全区教师把爱国情、强国志、报国行自觉融入坚持和发展中国特色社会主义事业、全面建设社会主义现代化强国、实现中华民族伟大复兴的奋斗之中,增强思想政治工作的针对性和实效性,重庆市大渡口区深入开展"五大工程"。

重庆市大渡口区的"第一个工程"是开展教书育人标兵涵养工程。每年开展校、区两级的教书育人标兵评选,形成校校有典型、全区有楷模、身边有榜样的可学可仿的教师发展新局面。重庆市大渡口区的"第二个工程"是开展思想政治和师德师风基地建设工程。全区建设3类基地,设立2—5个"中小学思想政治教育工作室",由政治素质好、理论素养高、教育情怀深的专家教师作为主持人,每个工作室遴选6—10名学员进行3年周期培养。此外,重庆市大渡口区分幼儿园、小学、中学等学段建设区级师德师风示范校,完善学校师德师风建设标准;建设一批思想政治教育实践基地,充分利用区内外的博物馆、纪念馆、红色教育基地、新农村等作为教师思想政治教育基地,强化教师社会实践参与,推动教师充分了解党情、国情、社情、民情,增强思想政治工作的针对性和实效性。

图7‑12 大中小学思政课一体化建设教学研讨会

重庆市大渡口区的"第三个工程"是积极开展中小学学科育人工程,引导广大教师守好讲台主阵地,将立德树人放在首要位置,深入推动课堂育德,融入渗透到教育教学全过程,彰显教师的思想政治素质,充分发挥课堂既育学生又育教师的主渠道作用。

书本是人类传递知识的重要载体,而教师最基础的任务就是教书育人。虽然社会在不断进步,教师不再是知识的权威,在社会中逐渐丧失了知识层面的优势。但是教师作为职业,它的本质特征就是拥有知识。教师工作具有复杂性、创造性和不稳定性,阅读可以帮助教师不断地汲取知识,解决教学实践活动中的实际问题。教师的示范性,也要求教师具有阅读的习惯,这可以为学生树立良好的榜样。在知识结构上,社会更加强调教师专业素养的多层次复合性。为了提升教师的专业水平和知识底蕴,重庆市大渡口区开展了第四个工程——"大渡教师阅读致远"。各学校成立教师阅读沙龙,组织教师定期举行读书交流会,分享近期的读书心得。引导教师阅读致远、潜心育人,每年在世界读书日举行"大渡教师阅读达人"表彰活动。

重庆市大渡口区的"第五个工程"是思想政治和师德宣讲工程。重庆市大渡口区组织区级思想政治理论宣讲团,把党史、新中国史、改革开放史和社会主义发展史学好、讲好,把爱国情、强国志、报国行自觉融入教书育人之中。学校积极开展大渡教育名人名家师德故事宣讲,现任教师为人为师为学平常故事讲述等活动。

(五)建立健全"六大机制"

在教育教学活动中,教师的工作往往具有潜移默化的示范性,教师在教书育人过程中表现出来的思想信念、道德品质、敬业精神以及工作作风,会直接感染和熏陶学生,学生总会在不知不觉中把教师看作模仿、学习的榜样,教师的一言一行、一举一动,会直接或间接地影响到学生心灵的成长和发育。教师需要从自我做起,教书育人,以高尚的品格、整洁的仪表、丰富的学识、博大的胸怀率先垂范,为人师表。[1] 只有这样,在良好的师德师风的影响和带动下,学生才会亲其师,信其道,进而乐其道。

为此,重庆市大渡口区积极健全师德师风建设"六大机制"。多年来,区域注重加强对教师思想政治素质、师德师风监察监督,强化师德考评,体现奖优罚劣,推行师德考核负面清单制度,建立教师个人信用记录,完善诚信承诺和失信惩戒机制,着力解决师德失范、学术不端等问题。

重庆市大渡口区一是建立思想铸魂的引领机制。引导各学校要建立健全学习制度,推进理论学习系统化、经常化。坚持价值导向,引导教师践行社会主义核心价值

---

[1] 赵培举.加强师德师风建设 培养高素质教师队伍[J].中国高等教育,2013(Z2):66—68.

图 7-13 教师节先进教育工作者表彰活动

观。二是建立舆论导向的宣传机制。在新时代要运用新载体选择新途径,推进"'互联网+'思想政治学习、师德师风建设",在教育城域网和各学校校园网开设师德师风建设专栏,利用微信公众号等广泛宣传全区的标兵事迹和示范校经验,充分发挥典型引领和示范带动作用。三是第一标准的考评机制。坚持思想政治和师德师风作为所有学校和教师考核的第一标准,实行思想政治和师德考核负面清单制度,作为教师准入、退出和职称评审、评先评优的重要依据;在教师培训中,把提升参培者的思想政治素质作为必修内容,在党员干部培训中,以增强党性和加强党性党风教育为重点,突出党性锤炼与管理实践。四是客观科学的督导机制。探索构建由政府、学校、教师、学生、家长和社会广泛参与的"六位一体"思想政治和师德监督体系,探索建立教师思想政治素质和师德素养监督员制度,建立家长参与学校思想政治工作和师德师风建设制度,定期开展监督评议。五是内外结合的激励机制。教育系统外,狠抓政策导向和舆论激励;教育系统内部,做到顶层设计与具体实践相统一,形成学风端正、校风良好、学术行为规范的教学氛围和制度环境。六是建立防惩兼备的约束机制。重庆市大渡口区全面贯彻落实《关于加强和改进新时代师德师风建设的意见》《中小学教师违反职业道德行为处理办法》等系列文件精神,细化负面清单,进行适时警示,查处不端行为,强化师德考核结果运用。

三、加强思政课教师队伍建设,发挥立德树人关键作用

思政课教师被誉为"筑梦人""系扣人""引路人",为了更好地担当起培养民族复兴大任的时代新人的政治使命,必须造就高素质的教师队伍,师德师风建设是首要任务。习近平总书记在北京大学师生座谈会上的讲话中指出,"评价教师队伍素质的第一标准应该是师德师风。"教师是人类灵魂的工程师,良好的师德师风在学生的价值塑造、德性培育、品行涵养等方面起着潜移默化的作用。[1] 为贯彻落实习近平总书记"思政课是落实立德树人根本任务的关键课程"重要论述,切实解决好"培养什么人、怎样培养人、为谁培养人"根本问题,重庆市大渡口区以思政课教学教研为抓手,积极探索区域思政课整体推进的育人策略。

(一)思想先行,找准思政育人新时代定位

2019年3月18日,习近平总书记主持召开学校思想政治理论课教师座谈会并发表重要讲话,从党和国家事业长远发展的战略高度出发,深刻阐明学校思政课的重要意义,就如何办好新时代思政课作出部署、提出要求,为做好新时代学校思想政治工作、培养担当民族复兴大任的时代新人提供了重要遵循。

新时代背景下,各地如何布局中小学思政一体化建设、如何切实保证思政课在立德树人中落地落实,都是亟待解决的问题。在大渡口区看来,思想是行动的先导,区域中小学思政课整体推进的第一步是要厘清思路,从战略上、方向上"把好舵""立好帆"。

源浚者流长,根深者叶茂。大渡口区认为,办好思政课,要放在世界百年未有之大变局、党和国家事业发展全局中来看待,要从坚持和发展中国特色社会主义、全面建设社会主义现代化强国、实现中华民族伟大复兴的高度来对待。

"教育的首要问题是'培养什么人',要培养'德智体美劳全面发展的社会主义事业建设者和接班人',核心要求是强调中国特色社会主义制度下的教育培养目标。"大渡口区教师进修学校负责人表示,"青少年阶段是人生的'拔节孕穗期',最需要精心引导和栽培。"

过去很长一段时间内,学校内外思政育人体系缺乏一体化和系统化,存在教师队伍兼职率高、稳定性低,课程应试性强、时效性弱,教研培训缺乏专业支撑力,重智轻德等问题。基于这样的认识,大渡口区牢固树立"浇花浇根,育人育心"的意识,以"区域中小学思政课整体推进策略和实效性研究"为契机,从区域全局高度定位,从厘清思路

---

[1] 康沛竹,艾四林.建设高素质思政课教师队伍[J].中国高校社会科学,2019(3):15—18.

到体系建构、实践探索、凝练总结全过程建设,从统筹协调、资源整合、队伍打造、课程建设、实践创新等维度全方位推进。

一方面,重庆市大渡口区建构了以国家课程为主体,以思政小课堂与社会大课堂为两翼、以地方课程和校本课程为补充的"一体两翼"课程理念,将理论教学与实践教学有机结合。同时,创造更多条件让教师积极参加社会实践活动,引导教师增强对国情、党情、社情、民情、世情的了解,在社会实践中汲取养分,增强理论联系实际的能力,提高思政课教学的针对性。

图 7‐14 《重庆日报》宣传报道大渡口区中小学思政课

另一方面,重庆市大渡口区积极建立了中小学思政课教师多主体、多途径、多方式的立体研训模式。在对教师的培养培训中,重庆市大渡口区注意提高针对性,提高教师培养培训的质量。对新进思政课教师的培训,重在增强其专业素养和教书育人的使命和责任;对骨干思政课教师的培养培训,重在提升其理论素养和教学能力。重庆市大渡口区在实践中以"让有信仰的人讲信仰"思政课教师演讲比赛、承办或参加市级小学道德与法治教研会暨新教材培训会、开展送教到区县系列活动等形式,一体化打造思政课教师队伍,提高思政课教师综合素质。

(二) 区域协同,夯实中小学思政育人根基

办好新时代思政课,功夫在课上也在课下,责任在校内也在校外。大渡口区教师进修学校在区委、区政府的领导下,在区教委的直接指导下,以"区教师进修校——区思政课研究与指导中心——中小学校"为主体,构建了以学校教育、基地教育、社区教育、家庭教育等共同参与的思政课协同育人机制,研制配套制度,健全管理服务体系。

内容上,统筹融入中国特色社会主义和中国梦教育、社会主义核心价值观教育、中华优秀传统文化教育、统战教育、法治教育、感恩教育、家庭教育、劳动教育、心理健康教育等思政育人元素,实现"全员、全方位、全过程"育人,创立了区域中小学思政课实践教学与理论教学一体两翼、思政小课堂与社会大课堂相结合的新理念。

经师易求,人师难得。办好思想政治理论课,关键在教师。在这样的理念指引下,大渡口区通过组建专业队伍、创新教研路径、强化科研引领、分层跟进培养等方式,打造了一支党委统一领导、党政齐抓共管、专兼结合、社会各方协同配合、数量充足、素质优良的思政课教师队伍。

形式上,一方面,大渡口区教师进修学校深度统整资源,整体推进以培养具有核心素养的新时代公民为目标,以国家思政课程、地方必修课程、区域(校本)选修课程为架构的"1+2+X"思政课课程体系。"1+2+X"思政课课程体系的"1"是指国家思政课程,主要包括"道德与法治""思想政治"等,是中小学思政课整体推进的主阵地、核心载体。"2"是指地方必修课程,主要包括"公共安全""法治"。"X"是指区域(校本)选修课程,主要包括"榜样的力量""四个自信""我们的中国节""统战课程""童规课程""四史课程""法治辩论""义渡研学"等。

在国家课程和地方必修课程之外,指导全区各中小学结合自身特色,开设如"中国共产党党史""统战知识教育""我们的榜样""我们的节日"等选修课程。通过创建资源库、开发"中小学在线思政微课程"、开通"大渡口思政"公众号等,丰富思政课程资源。

另一方面,大渡口区教师进修学校系统构建了课内和课外、校内和校外、感性活动与理性活动有机统一的思政实践教学模式。先后开展了"思政论坛""思政教师演讲""思政优质课展示""主题班会评选""爱国主义教育优质课例推送""法治征文""征集优秀家训"等丰富多彩的思政实践活动,强化思政实践教育。

如今,大渡口区中小学思政课整体推进成效显著,不仅实现了中小学思政课育人全覆盖,而且思政课程正逐步向体系化、精品化迈进。大渡口区思政课建设推动了区域内中小学"三全育人"健康发展,研究成果在四川、新疆、内蒙古等地推广使用。

四、完善研训一体培养机制,提升教师专业素质能力

科研、培训和教研作为教师教育工作的三大模块,均能在一定程度上促进教师的专业成长或教师内在专业结构不断更新、演进和丰富。① 在传统区域教师教育过程中,科研、培训和教研三者呈相互分离、各自为政的状态,各自独立发挥对教师专业成长的作用。然而,科研、培训和教研三者一体化发展是提升教师研究能力和品质的重要手段。

重庆市大渡口区深化教研工作改革,从侧重课堂向侧重课程转型,从侧重研教向侧重研学转型,从精英炫彩向大众参与转型,从经验研究向实证研究转型,从岸上指导向下水示范转型,从学理解释向对策构设转型,从碎片组合向系统构建转型。重庆市大渡口区建立教研员学校联席制度,做实常规教研,突出进学校、进课堂的蹲点教研,重视对随堂课的诊断与指导,锻造课堂品质,从根本上夯实教研工作的基础,整体提升区域教师的教研水平。

(一) 强化教研转型

为完善研训一体培养机制,进行"教科研训"综合改革,重庆市大渡口区有效整合培训、教科研等部门职责职能,借智借力,创新培养机制。实施分层研训,建立"培训学分银行",执行培训学分考核制度;借力"大数据+",做好"云端的研训"。区域聚焦"核心素养",推进教师培训、教学研究、教育科研三个融合,以"六要素四阶段研训一体"模式为基础,做实"预培训—正式学习—实践反思—汇报交流"四个阶段,贯穿"有课程目标、有项目规划、有任务驱动、有合作交流、有技术应用、有文化内涵"六大要素,严格过程管理,凸显研训实效。

为给区域内每一位教师提供多维度参与教研的多样化平台,重庆市大渡口区积极建设立体教研组织,完善区级、教育集团、学校教研组三级教研体系,建立区域教研联盟。区域积极与市内外教科研机构和高校开展合作教研,形成以传统教研打基础、新型教研见优质、合作教研促发展、线上教研广覆盖的立体教研网络,把准学校教研方向,以促进教师发展为目标、创新育人方式为重点,着力实践研究为路径,聚焦突出德育实效、提升课堂效益、强化体育锻炼、增强美育熏陶、加强劳动教育等教育关键问题,创新德智体美劳全面育人、全程融合实践策略。

此外,重庆市大渡口区积极夯实校本研修基础,加强学校教研能力建设,以教研中的问题作为培训的主题,对学校教研管理干部和教研组长实施系统的教研能力提升专题培训,提升学校校本研修管理干部的教研规划力、实践力、评价力。大渡口区因地制

---

① 唐西胜.现代区域研训教一体化教师教育模式的有效路径与创新机制[J].中小学教师培训,2019(10):6—10.

宜地组织开展实证式、主题式、课例式、对比式、研修式等多种形式的实践研究,大力探索区、校级自主选学研训模式,满足各类、各段老师的专业发展需求。

(二) 推进科研创新

重庆市大渡口区还注重信息技术的助力,积极实施"智慧教研"工程,探索"互联网＋教研活动"形式,以大数据、云计算、人工智能支撑大教研,拓展线上线下融合的混合式教研,实现信息技术与教学研究融合创新,推进教师培训、教学研究、教育科研三者融合,将重庆市大渡口区建成全市"智慧教研"先行示范区。

此外,重庆市大渡口区在区域内部开展"研、训、赛、展"活动,开展"教研成果展示月"活动,以"六要素四阶段研训一体"模式为基础,做实"预培训—正式学习—实践反思—汇报交流"四个阶段,贯穿"有课程目标、有项目规划、有任务驱动、有合作交流、有技术应用、有文化内涵"六大要素,严格过程管理,凸显研训实效。通过赛备课、赛上课、赛作业、赛解题、赛命题等"赛一赛"系列活动、年度"读书人物"评选活动、"爱上阅读,点亮生命"阅读节主题活动,将全区教师带入教学研究实践中,整体提升教师教书育人实践能力,实现全区教师"人人搞科研、个个有课题"的目标,推进教师专业素养的深度发展和教育教学实践的深层变革。

大渡口区教师进修学校推行研训一体化,让教师成为幸福的研究者。大渡口区教师进修学校通过小课题全员参与行动,规划课题重点引领,奖评举措推动等方式,引领教师走上高水平专业发展之路。全区近3年教育科学规划课题立项的有国家级1项、市级45项、区级47项,其中市级重点课题11项;市区级课题目前结题的有56项。连续8年开展全区教师小课题研究,从1836项小课题成果中评选出882项优秀成果进行了表彰奖励,发放资助奖补金20余万元,助力教师们逐步走上"在工作中研究,在研究中成长"的专业发展道路。

(三) 深化课程改革

为精准教学改革方向,认真贯彻落实《中共中央国务院关于学前教育深化改革规范发展的若干意见》《中共中央国务院关于深化教育教学改革全面提高义务教育质量的意见》《国务院办公厅关于新时代推进普通高中育人方式改革的指导意见》等基础教育改革重大文件精神,重庆市大渡口区坚持"五育"并举,着力在坚定理想信念、厚植爱国情怀、加强品德修养、增长知识见识、培养奋斗精神、增强综合素质的改革创新上下功夫,着力做好"四新",即新课标、新方案、新教材、新高考的培训研究,创国家级课改实验区、市级新教材示范区。

为加强课程体系建设,重庆市大渡口区遵循国家课程方案,扎实开展全面育人课程体系培育,积极开发建设学校特色课程,为学生提供多样化、可选择的校本选修课程和活动课程体系,实施"课改特色"创建工程,争创市级课程创新基地3所、精品选修课程6门、优秀学生社团10个、新课程示范校6所。

为推进重庆市大渡口区学前教育个性化发展、义务教育特色化发展和普通高中多样化发展,区域突出课堂教学创新,探索基于学科的课程综合化教学,采取基于真实生产生活情景的研究型、项目化、合作式学习方式,全面推行启发式、互动式、探究式教学方式,注重差异化教学和个别化指导,强化学生观察、发现、思考、辩论、体验和领悟的过程,提升学生发现问题、提出问题、思考问题、寻找资料、得出结论的技巧和能力,创新学科核心素养的课堂落实路径,着力构建卓越课堂。

与此同时,重庆市大渡口区还探索教学评价改革,树立科学的教育质量观、学生发展观,坚决杜绝单纯以学生考试成绩、升学率考核评价教师,克服重教书轻育人、重成绩轻成长等现象,改进结果评价,强化过程评价,探索增值评价,健全综合评价,系统提升学校评价教师、教师评价学生的科学性、专业性、客观性。

数据显示,近年来重庆市大渡口区教师参加优质课、课件制作、微课、论文、教师技能等各级各类竞赛获国家级奖90多项、市级奖460余人次,教学与科研成果获市、区级人民政府及重庆市教育科学研究院奖15项。这些成绩,有力促进了老师的专业成长,推动了教育教学的改革创新。

五、拓展专业发展途径,促进教师全方位专业成长

《国家中长期教育改革和发展规划纲要(2010—2020年)》明确提出"提升教师素质,努力造就一支师德高尚、业务精湛、结构合理、充满活力的高素质专业化教师队伍"。教师专业化是教师经较长时间的培训逐步向专业性职业标准接近的过程,实际包括了两个同步进行又各自独立的过程,即提高行业地位的专业性职业化以及职业实践所需要的知识和技能的专业性职业化。教师要通过终身学习,不断提高科学文化素养、知识水平,优化自身知识结构,使自己不仅具有扎实的自然科学、社会科学、技术科学的基础知识,还有精深的专业基础理论、专业技术知识、实践知识,专业学科的前沿知识,广博的相关学科知识以及教育科学、心理科学、管理科学等综合知识,以适应知识经济时代和现代社会不断发展变化的需要。

重庆市大渡口区全区形成了"国培、市培、区培、校本培训"四级培训体系和"校级干部—管理干部—骨干教师—普通教师"层级培训架构,彰显了"一个主题""四个阶段"和"六项要素"的"146"区域培训特色,实施了新教师岗位培训、青年教师培训、骨干教师培训、教育优秀人才培养、"三名"工程、片区教师协同发展项目、中小学教育教学管理干部高级研修等系列培训,全区教师的专业素养得到了持续提升。

(一)严格新教师入职培训

新教师是一所学校可持续发展的源头活水,是一所学校的未来。如何帮助新教师尽快度过角色适应期,迅速融入学校,更好地适应教育教学工作,是许多学校面临的共同问题。针对传统新教师培训中存在的供需不对接、新教师学习动机被忽视等问题,重庆市大渡口区以全区新入职教师为对象,遵循基于学校、师德为先、分类施训、知行合一原则,连续开展3年的递进式培训。其中,集中培训3年内累计不少于30天;跟岗学习每学年1—2次,累计时间不少于1个月;在岗实践由新教师所在学校采取师徒结对、同伴互助、案例研究、自我反思和工作坊研修等方式组织实施;跟踪指导由区里和学校指导教师通过总结提炼、成果展示、自我反思、对比改进等方式协同实施。

图 7-15　重庆市大渡口区新教师培训现场

此外,重庆市大渡口区统一遴选建立5—8所新教师跟岗实践基地校,统一遴选组建区校两级指导教师团队,严格对新教师培训成效和能力现状进行考核评价,不合格者不上岗,提炼形成大渡口区新教师培训范式。

(二)开展青年教师胜任培训

在提高人才培养质量被视为教育改革核心要素的背景下,促进青年教师的教学能力发展,提高青年教师的教学水平成了教学型培养高素质应用型人才的第一要务。[①] 重庆市大渡口区在五年内对任教三年以上的青年教师开展不少于10天的师德和师能轮训,助力青年教师实现从合格到胜任的转变。大渡口区的青年教师培训聚焦青年教师专业发展必备品格和关键能力,围绕师德修养、专业理念与学科知识、学科育人与教学反思、信息技术与学科融合等维度设置培训课程。

重庆市大渡口区青年教师的培养按学科组班,按照"诊断示范、集中研修、研磨提升、规划成长"等流程开展培训,并将教师工作坊贯穿于培训全过程。引导青年教师制定职业发展规划,特别是从合格到胜任的成长计划,助力青年教师持续发展。为提高教师语言艺术,强化语文学科情感教育、审美教育、素质教育功能,提升大渡口区语文教师朗读教学能力及所在班级学生的朗读能力。

图7-16 小学语文教师"开口即美"有声语言能力培训

区教师进修学院与寻声朗读培训团队合作,针对区域首批40名教师学员及40个班级开展了专业朗读指导,全面提升小学语文教师对雅正语感的审美力和创造力。经过近200天的训练,大渡口区小学语文教师"开口即美"有声语言能力提升培训班正式结业,培训活动从正确、流利、有感情等方面,帮助教师全面提升语言能力。

(三)实施骨干名师高端培训

骨干教师培训是一项重要的系统工程,它通过认定前的成长培训和认定后的实践

[①] 何阅雄,蒋云良,马志和,等.教学型高校青年教师教学能力"三阶段四协同"发展模式的探索[J].高等工程教育研究,2013(6):97—102.

锻炼,使教师成长为有一定风格、有研究习惯的骨干教师,并向专家型教师迈进。重庆市大渡口区积极构建市、区、校"骨干教师、学科名师、学科带头人、教育家型教师"三级四类名师梯队。五年内,重庆市大渡口区计划打造5名左右的教育家型教师、十余名学科带头人、数十名学科名师、数百名各级骨干教师。遴选区内优秀教师和教研员为对象,分类型进行不少于20天(120学时)的学科教学创新能力培训,重点围绕职业信念与教育情怀、教学创新与学生发展、信息素养与技术应用、教学反思与教学研究等维度设置培训课程,按照"能力诊断、集中培训、名校访学、实践创新、总结提升"等流程组织开展培训,并将工作坊研修和导师带教贯穿全程。

重庆市大渡口区每年举行的学科管理干部及骨干教师课程指导力提升研训,采取理论研修与实践研讨两种研训形式,聚焦师德教育、理论研修、实操演练、交流展示、学员送教5个模块,有效推进了国家关于教育的顶层设计在区域内的落地生根,老师直呼"培训效果好,受益大"。

此外,成立"三名"工作室是大渡口区近年来提升教育管理和教学水平的一项创新举措。大渡口区"三名"工程建设的目标,是通过工作室这种工作平台和研究平台,着力培养部分政治素养过硬、管理水平一流、办学业绩优异、人格魅力突出、学术造诣较高,在全市乃至全国知名的教育家型校(园)长;部分师德高尚、业务精湛、业绩突出、学术水平较高、榜样示范作用好,在全市、全国有较高知名度和影响力的市级名师、名班主任和一批优秀的教育后备人才。

图7-17　骨干教师培训现场

自2015年起,重庆市大渡口区扎实开展"三名"工作室建设,着力建设市区校三级名校长、名教师、名班主任工作室,精准优选理念领先、教艺精湛、风格独特、业绩卓著、业界公认的名优校长、教师、班主任为工作室主持人,基于"项目带动、智慧共生、抱团发展、成人达己"理念,构建"N+10N+100N"。其中,N为市区级名工作室数量,名工作室示范市区级骨干教师,市区级骨干教师指导一般教师。重庆市大渡口区的教师专业链式成长体系,引领区域教师高位优质发展。

(四)强化紧缺薄弱学科教师补短培训

为提升区域劳动教育实施力,强化学校劳动教育课程建设,加强中小幼劳动教育高位实施,重庆市大渡口区积极探索劳动教育阵地联建共享,构建一支数量充足、专业的心理健康教育和生涯规划教育教师队伍。区域设立了专门的学科教研员,成立区内学科中心组,建立三级教研机制,实施专业教师引进与培养,实施转岗教师内培外学,采用师徒制、帮带制、领雁制培养。

重庆市大渡口区还建立了学院劳动教育研究指导中心,设立劳动教研员,把握劳动教育的实践导向、育人导向,人人皆可成为劳动教育师资。截至目前,大渡口区已建好15所家校共育学校,培养了一批教师、家长和社会贤达成为家校共育的骨干力量。

(五)推进信息技术应用能力整校培训

随着现代信息技术的飞速发展和计算机的普及,现代信息技术在教育领域的应用,使原有的教学模式、教学环境、教学方式方法发生了一系列的变革。教师作为教育教学活动中的主体因素之一,扮演着不可替代的角色,只有具备较高专业素养,敢于创新的教师队伍,才能提升教育质量,有效地促进学生发展。

近年来,重庆市大渡口区加强对5G、人工智能、大数据等新技术在教育教学中的应用研究,结合智慧课堂、智慧校园建设、云课堂试点项目,支持有条件的学校主动应用互联网、大数据、虚拟现实、人工智能等现代信息技术,探索跨学科教学、智能化教育等教育教学新模式,提升校长、教师面向未来教育发展进行教育教学创新的能力。

为提升全区教师的信息技术应用能力,重庆市大渡口区按照"统筹规划、分层实施、整校推进、应用驱动"的实施策略,构建起分层培训、实践应用、精准测评一体化的教师信息素养发展新机制,分类开展校长信息化领导力提升培训,教师信息化教学能力培训、培训团队信息化指导能力培训,全面促进学科教师信息技术与教育教学融合实施力。截至2022年底,重庆市大渡口区全区所有中小学教师信息技术应用能力培训每人5年不少于50学时,其中实践应用学时不少于50%。

六、构建多元化培养体系,建立教师专业发展梯队

重庆市大渡口区多年来借助国家平台,依托"双城古道教育协同发展联盟"积极搭建深入推进成渝地区双城教育圈建设,根据各级各类教师的不同特点和发展实际,考虑区域、城乡、校际差异,采取针对性的政策举措。通过专家咨询、访学研修、项目共施等方式,加强与市内高水平区县教师发展机构之间的交流合作,为区域教师搭建立体化的专业发展平台。

(一)借力国家平台

重庆市大渡口区积极参与重庆市"国家教师发展协同创新实验基地"建设工作,在国家基地统筹指导下创建"教师教育改革实验区",探索构建区域教师整体发展新模式。此外,重庆市大渡口区联合申报"国培计划"示范性综合改革等高端教师培训项目2—3项,每年在区培项目中规划设置100万左右的教师发展协同创新培训项目,建立"高校—区教委—区教师进修学院—中小学校"多元联动教师培养培训新机制,促进职前培养、入职教育、职后培训一体化,进一步提升重庆市大渡口区教师培训工作的专业水准和创新能力。

(二)强化成渝协同

协同育人已经成为现阶段区域教育创新发展的关键和抓手。协同育人有利于相关方形成利益共同体。推动"产教融合",有利于促进教育教学资源共建共享,提高"教育效益",有利于加强行业院校合作,密切"外部对接",探索构建现代教育体系,实现"内部衔接"。

成渝地区双城经济圈位于长江上游,地处四川盆地,东邻湘鄂、西通青藏、南连云贵、北接陕甘,是我国西部地区发展水平最高、发展潜力较大的城镇化区域,是实施长江经济带和"一带一路"倡议的重要组成部分。

重庆市大渡口区深入推进成渝地区双城经济圈建设,依托"双城古道教育协同发展联盟",与简阳市、大足区、广安区、长寿区、江津区、梁平区联合推动教师协同发展。面向七区(市)教育部门、教师发展机构、中小学校,分层、分类、分科遴选50名左右优秀教研员、名师、名校长,组建"双城古道教师培训专家资源库",为重庆市大渡口区教师发展提供优质专家资源支持。

此外,重庆市大渡口区积极构建多元培养体系,和师范院校、科研院所等协同建立培养基地,加强教师职前、职中、职后"一体化"培训,变一次性、终结性的培养为连续

图 7-18 大渡口区、巴南区、荣昌区联合开展区域生态文明主题教育交流活动

性、终身性的教育。探索"线上＋线下"、影子培训、跟岗培训等培养新形式,建立实践研训基地,加强实践运用能力指导,增强培训针对性和实效性,切实提高教师专业发展水平。目前,重庆市大渡口区与成渝地区共同遴选建设 20 所左右教师发展示范学校,探索构建教师整校提升新范式。五年内协同实施 10 项左右中小学教师培训项目,实现协同施训、共同提升。

最后,重庆市大渡口区积极建立培育教师专业发展基地,建立中小学学科教育教学研究基地,选择一批中小学作为学科教学研究实验学校。以大渡口区优秀教师为主体建立大渡口区"教师教育专家库",集聚和培育教师教育专业团队。建立教师专业人才梯队选拔机制,坚持"公开、公平、公正"的选拔原则,健全各级各类优秀教师的评选机制,构建贴合师资队伍结构现状的评选标准体系。

(三) 开展区域协作

重庆市大渡口区加强与市内高水平区县教师发展机构之间的交流合作,通过专家咨询、访学研修、项目共施等方式,进一步提升重庆市大渡口区教师研训团队专业能力和研训工作水平。五年内区聘请教师教育专家来区指导不少于 20 人次,研训团队外派访学研修不少于 30 人次,联合实施教师研训项目不少于 10 项。

此外,重庆市大渡口区充分利用区域优质中小学资源,建设 5 所区级中小学教师发展基地学校,分层、分类、分科遴选打造一批教师发展指导团队,开发建设一批教师

图 7-19　钰鑫小学教育集团互助小学授牌仪式

培训课程资源、培育一批精品教师研修项目,提高教师培训的精准度和实效性。

在做好区域协作的基础上,大渡口区教师进修学校推行研训一体化,让教师成为幸福的研究者。学前教育部成立项目组开展"幼儿活动化课程"研修,带动全区公、民办幼儿园协同发展。小教部和中教部立足"课程整合,素养奠基",聚焦中高考招考制度改革、学生评价改革和学生生涯教育规划,引领"建胜—八桥"学区、"片区协同发展项目"学校、研训基地学校进行集体研训。职教部深入企业调研,结合到外地考察学习的经验,为区域"校企合作""产教融合"献计献策。

(四) 发挥家校联合

自劳动教育纳入中小学国家课程方案和职业院校、普通高等学校人才培养方案以后,成为当前教育领域的高频热词。如何从劳动教育入手,补齐素质教育短板成了教育工作的重难点。重庆市大渡口区开展了"一主多元,协同育人"区域劳动教育实践探索,构建区域劳动教育联合、协作、融合的育人格局,确保劳动教育的有效实施,更好地促进学生全面发展。

重庆市大渡口区深化家庭教育机制,完善家校共育课程,搭建家校共育平台。分层分类完善家校共育课程,做好课程的开发、设计、实施、管理和评价,使家校共育课程更有系统性、针对性、实效性,建立"教育大渡"家校共育课程体系。此外,重庆市大渡口区还积极推进劳动教育课程和评价的进阶式体系构建,强化新时代劳动教育的校本

图7-20 "有义方·大渡教育"家校社协调育人改革项目推进会

化、课程化、生活化,引导中小幼劳动教育贯通一致、分层递进、螺旋上升。

七、加强教研员队伍建设,提升指导服务师生能力

教育教师的专业发展和专业成长离不开扎实的保障服务体系。为突出教育教学实绩,把认真履行教育教学职责作为评价教师的基本要求,引导教师上好课、关爱学生,推进教师全面育人、全程育人,重庆市大渡口区从区教师进修学院建设、教师发展基地建设、教育培训制度、教师培训课程资源、教师智能研修平台和教师动态评价制度等维度助力,不断提升为全区"教育服务、教学服务"的能力,助推建设高品质的"大渡教育"。

(一)建强区级教师进修学院

教师教学素养的提高,是教师教学综合能力提高的关键。教学素养可通过多种途径得以提高。为教师提供构建多元研修共同体的机会与环境,使教师在研修过程中,与同行、专家共同学习,以不断取得进步。

重庆市大渡口区教师进修学院积极做好学院转型发展,根据新时期教育发展需要,充分发挥"教科研训合力",优化教科研训一体的运行机制,突出"研究、指导、服务"等核心功能,体现"数据、实证、育人、转型"等时代特征。此外,重庆市大渡口区教师进修学院拓展和完善教师进修学院功能,着力建成教育科学研究中心、教师发展中心、教

图7-21 教师进修学院揭牌仪式

育质量评估中心、信息化教学创新中心的"四大中心",形成"五位一体"教师发展体系,全面提升学院治理能力现代化水平,切实提高干部队伍思想政治素质和专业化水平。

与此同时,重庆市大渡口区教师进修学院积极健全完善学院规章制度体系,加强学院文化建设。结合大渡口区教育发展定位和学院"十四五"规划,基于重庆市大渡口区教师进修学院自身发展特点,区域对学院文化重新定位,在共性文化基础上,构建具有个性化特点的学院文化,建设成为在主城区域具有一流影响力的教科研训特色机构。

建校30多年来,大渡口区教师进修学校多次获得市、区有关部门授予的"先进基层党组织""文明单位""重庆市继续教育先进单位""重庆市教师教育培训工作先进单位"等荣誉称号,与此同时也涌现出一大批为人师表、兢兢业业的教研员、科研员教师。

1. 何明蓉:做教研路上的无悔追梦人

2000年,已经在学前教育教学一线整整奋斗了15年的何明蓉,带着丰厚的"嫁妆"——丰富的教学经验、对学前教育教研工作的挚爱和教育梦想,"嫁"给了学前教育教研员岗位。18年的教研员生涯,凝结了她无私付出的点点滴滴:无论天晴下雨,每学期开学前两周,走遍片区内所有幼儿园,进行关于课程、活动等方面的指导;在以赛促提上示范引领,带领全区幼儿园分别开展各项活动、比赛,更新教育观念,规范保教工作……

曾经有一次,何明蓉带领五人小组参加幼儿园环境创设比赛。因为要在比赛现场设计幼儿园主题性区域环境创设,连续两个月,何明蓉和她的团队每天都废寝忘食地备战。从制定计划、抽测情况,到动手制作、反复修改、严抠录像、琢磨细节,再到呈现结果、正式参赛……何明蓉和团队的坚持不懈、团结协作有了回报,最终捧回5个一等奖的荣誉。

"路漫漫其修远兮,吾将上下而求索。我将继续以不断追求卓越的精神,精益求精的业态,为学前教育发展贡献我的一份力量。"何明蓉说。

2. 牟敏:老师的成长就是我的勋章

走进牟敏的办公室,映入眼帘的是她办公桌上摆放的一沓沓听课评课本,以及书柜里整齐放满的书籍和期刊。"每周有三四天,我会浸泡在学校的教学一线,进行听课、评课、磨课、检测。平均一学期要记六七本。"牟敏说。

每天踩着晨曦到进修校工作,或是去往学校蹲点指导,奔波于比赛、活动现场……是牟敏18年来的常态。一次,牟敏到大渡口区较偏远的一个小学检测五、六年级的数学课质量,其中一个班的消沉上课情况令她心忧。牟敏想,这样的情况必须得到改善。于是,牟敏当起"临时老师"给学生上课。她创造性地将数学教学与生活融合,并用游戏的形式把数学知识巧妙蕴藏,点燃学生的学习热情。课后,牟敏对原授课老师提出改进建议,并进行跟踪式指导,帮助他实现了教学蜕变。

类似的故事有很多。每当老师们的教育教学问题得到解决,每当他们取得一些好成绩,牟敏总是乐在心头。她说,老师的成长、发展让她感到职业幸福,这样的勋章是最好的回报。

3. 李恩泉:根植在教研沃土中的桑树

在老师们心中,她是严格又和蔼的"泉姐"。她用十八年如一日的专注投入、示范引领、不断学习、不断研究,为大渡口区的历史老师们带去"历史营养"。有一次,李恩泉送教去茄子溪中学,在观摩学校历史老师的试卷讲评课后,她对学校所有历史老师进行当场示范。课上,她从一道材料解析题入手,串起历史相关知识,进行深入浅出、生动有趣的评讲,不仅让学生掌握不再做错题的方法,还纠正了学校历史老师"讲试卷等于对答案"的观念。

同时,她还指导茄子溪中学的历史老师们搞教研、做课题。如今,茄中历史名师工作室成员已参加市级课题4个(主持课题2个),区级重点课题1个,开发重庆市精品选修课1门,入选重庆市学科名师1人,接受市级骨干培训2人……除了平时工作,李恩泉在假期也不会松懈,比如在今年寒假和暑假,她完成了论文的写作与对新版历史教材研究。

"如果把老师比作春蚕,那么教研员就是一棵桑树,一方面用自己的枝叶让春蚕迅速成长,同时要不断从土壤中汲取养料,让自己根深、枝繁、叶茂,才能勤学不怠,真正做好教研工作。"李恩泉说。

4. 刘应奎用心用情播洒美术的芬芳

和片区内的美术老师一起研课、磨课,还定期开展全区性的研修活动;严格、严肃对美术老师们的专业基本功进行考核,并给出指导意见……在美术教研工作中,刘应奎演绎着"真知真行,严谨求实"的精彩。

从2013年起,大渡口区全面推行"体艺工作一盘棋"的发展策略,更加激励她"时刻准备着、实践着"。2020年,刘应奎指导重庆九十五中学美术老师喻妍以摄影作品《瞬间的精彩——毕业季手机随手拍》参加第十四届全国中小学校园影视奖角逐。准备过程中,刘应奎指导喻妍老师一遍遍打磨上课的每一个环节,一次次采用更好更先进的教学方法上课……这堂课因将传统教学与新媒体教育紧密结合,构思、题材、内容、拍摄技巧等方面都有巧创意、高质量、美展现,获得了"最佳教学片奖金犊奖"。

"师之师,这个神圣的称呼,像明灯那样指引我脚踏实地地去修炼。当一名合格教研员,就要站起来能讲,坐下来能写,到教研活动能实践,到教学一线能指导……"在教研路上寻找诗和远方,刘应奎乐此不疲。

(二)建好教师发展基地学校

重庆市大渡口区十分注重教师培训的实践性和应用性。近年来,重庆市大渡口区分批次遴选5所左右实施素质教育实、教育教学效果好、示范性作用强的优质中小学作为教师研修基地校,每三年一次考核,形成动态管理机制,保持基地校一流水准。

此外,重庆市大渡口区教师进修学校每年对基地校建设提供专项建设经费,每年开展一次基地校骨干教师专题培训,同时搭建市级交流平台,各级各类表彰评选等项目向基地校倾斜,助推基地校和骨干教师同步发展。此外,重庆市大渡口区充分发挥基地校在学科建设、育人方式、校园文化等实践性研修方面的优势,创新研修模式,加快教师专业发展,逐步形成以区教师进修学校为主导、优质中小学为基础的广覆盖、高质量、有特色、开放灵活的教师研修基地网络体系。

(三)建优区级教师培训团队

为着力推动研训队伍培养,优化学院研训员遴选渠道,重庆市大渡口区教师进修

图 7-22 大渡口区片区教师协同发展项目(小学段)总结会

学校遴选骨干培训者、学科带头人和优秀教研员组建区级教师培训者团队,按照全区教师数的 30∶1 组建区级教师研训指导团队。对此教师团队,重庆市大渡口区教师进修学校坚持动态管理,制定三年一周期的考核制度,完善进出机制,考核结果与教师年度考核、骨干教师任期考核等挂钩,确保专兼职研训队伍数量充足、结构合理、素质精良、专业精湛,能够带领学科教师有效开展教师培训、教学研究、教学指导、教学服务等工作。

此外,重庆市大渡口区采取混合式研修方式,融合采用理论集中培训、主题式工作坊研修、团队行动学习、实战训练提升等培训方式,以培训者职业道德修养、培训专业理论、培训专业技能为重点,组织实施每年一主题不少于 5 天(30 学时)的引领性集中培训,提高组织实施分层分类培训的能力。

(四) 建设教师培训课程资源

基于教师培训真实需求,重庆市大渡口区积极构建多类型、多层次、多学段的教师分层分类培训课程资源,建成 100 门区级优秀精品培训课程。为突出"多维一体"的课程体系,重庆市大渡口区积极采取项目制、订单制、申报制等方式,统筹规划课程目录,准确定位课程模块目标和实施模式,突出以问题解决为核心、以培训对象为主体、以实践应用为导向的课程内容开发。

与此同时,重庆市大渡口区积极建立优秀培训课程资源使用推广机制,每个区级教师培训项目必须从区级课程资源中至少遴选一门课程,同时把区级课程资源作为教师自主选学课程纳入学分登记,充分发挥区级课程资源优势,满足教师发展需要。

(五) 搭建教师智能研修平台

在全球化时代的"核心素养"教育的新形势、新高考新课程的新改革、教育信息化对教师专业素养的新要求、《教师教育振兴行动计划(2018—2022年)》提出的新行动等背景下,教师发展作为教育发展的重要因素备受重视。① 教育信息化是一个动态的、复杂的系统过程,需要基础设施、信息资源的建设,更需要教与学的组织、管理与评价方式的变革。② 因此,持续推进教育信息化,促进信息技术与教学融合,创新教育教学方式成为变革教育教学、实现信息化教育的关键。

依托区智慧教育平台,重庆市大渡口区积极建立开放、交互、动态的教师网络研修平台,拓宽培训的时空界限,提供必修和选修的课程学习资源,真正实现教师的自主选学、交互协同学习、发现学习和研究学习。首先,重庆市大渡口区开展教师专业知识监测评价。建立教师的学生发展知识、学科知识、教育教学知识、通识性知识监测评价机制,每年分别组织一次教师专业知识考核,四年为一个周期。

其次,重庆市大渡口区推动专业能力监测评价。深化教师专业能力监测评价改革,中小学教师突出教育教学实绩,"双师型"教师充分体现技能水平和专业教学能力。职业学校专业教师每年必须赴行业企业学习实践,每五年有在行业企业学习实践一定时间的经历,并把学习实践情况与教师资格注册、职称晋升、评优评奖等挂钩。

最后,重庆市大渡口区利用现代信息技术,计划两年内建立全区教师专业发展电子档案,记录教师培训学习和成长轨迹,为精准培训和教师队伍建设决策等提供大数据支持。实现教师研训的全程信息化管理,通过大数据行为分析和实时反馈,提高教师研训成效。

八、完善考核评价保障机制,提高教育教学质量

为发挥考核评价"指挥棒"和"助推器"的作用。坚决克服唯分数、唯升学、唯文凭、唯论文、唯帽子"五唯"的顽瘴痼疾,重庆市大渡口区建立了中小学教育质量综合评价指标框架,不断提高区域的教育教学质量。

---

① 王又新,王中华. 核心素养视角下教师文化变革研究[J]. 中小学教师培训,2017(4):6—8.
② 左明章,卢强. 区域教育信息化协同推进机制创新与实践[J]. 中国电化教育,2017(1):91—98.

重庆市大渡口区首先构建了以分层分类为导向的教师评价标准。根据教师专业发展的层级和阶段,构建以师德修养和专业成长为核心的"新教师、青年教师、骨干教师和名师名家"评价体系。其次,重庆市大渡口区实施以行为改善为导向的教师培训评价,积极探索建立"学员中心、产出取向、持续改进"的教师培训评价内涵,在参与状态的反应层面、培训收获的学习层面、行为改变的行为层面、组织绩效的成果层面进行系统评价的基础上,着力强化对教师培训后行为改善的评价。最后,重庆市大渡口区实施以立德树人为导向的教师工作评价,树立科学的教育质量观,坚持"五育并举"和"全面发展",进一步落实立德树人根本任务,全面落实教师职业行为准则,把师德师风作为教师评价第一标准。

用心关注、用智引领,大渡口区教师进修学校引领一大批教师走上专业化发展道路。目前全区已拥有13名市级特级教师、8名市级中小学学科名师、1名市级教书育人楷模、3名未来教育家培养对象及提名人选、167名市级骨干教师、18名区级教育"三名"人才、24名区级学科带头人、194名区级骨干教师,一支思想素质高、业务能力强、创新精神足的高水平教师队伍正在形成。

数据显示,近年来组织指导大渡口区教师参加优质课、课件制作、微课、论文、教师技能等各级各类竞赛获国家级奖90多项、市级奖460余人次,教学与科研成果获市区级人民政府及重庆市教育科学研究院奖15项。这些成绩,有力地促进了老师的专业成长,推动了教育教学的改革创新。

不仅如此,教师的成长还极大地促进学校实现特色发展、高质量发展。实验小学、钰鑫小学、育才小学等教育质量走在全市前列,九十五中、九十四中教育质量一路领跑,两所国家中等职业教育改革发展示范学校(重庆市旅游学校、重庆市商务学校)已成为全市响当当的中等职业教育品牌。一大批学校以特色文化铸就学校品牌,三十七中的"自得教育"、九十五中的"立人教育"、长征学校的"4R教育"、大渡口区实验小学的"启慧教育"、大渡口区育才小学的"生命教育"等特色教育在重庆乃至全国产生积极影响,全区"一校一(多)特""一校一(多)品"办学特色更加凸显,育人质量进一步提升。

重庆市大渡口区教师进修学校随着办学实力、知名度和美誉度日益提升,充分发挥引领辐射作用,为重庆教育发展贡献力量。在办学中,学校积极发挥对外带动辐射作用,教研员多次受邀到其他省市以及忠县、城口县等区县作专题讲座、教学交流,展示了大渡口区教师进修学校良好的教研水平。近3年,大渡口区教师进修学校教研员引进市级以上教研活动和学术会议27次,到市外和区县为一线教师作专题学术讲座

300余场,学校社会声誉和影响力不断扩大。

站在新的历史起点,重庆市大渡口区将不忘初心、牢记使命,努力在全市率先成为示范性进修院校和优秀级区县教师发展机构,为实现"努力办有品质、有内涵、有情怀的大渡教育"添智献力。

第八章　自得教育下的教育评价

第一节　人本与科学的教育评价体系的背景

一、教育评价是大渡教育改革的发展方向

2020年中共中央、国务院正式印发《深化新时代教育评价改革总体方案》，开启了中国教育评价改革的大幕。教育改革必须紧抓教育评价改革的"牛鼻子"，这也是构建高质量教育体系要解决的关键问题。

我国教育评价实践与制度建设的初步探索兴起于新中国成立以后，在改革开放的时代转折中快速发展起步。作为一项有效的教育质量监督管理手段，教育评价在我国庞杂的教育体系中早已得到普遍应用，在党和政府部门的大力推动下，经过几十年的快速发展已经形成了涵盖各学段、各层次、各类型教育的评价制度体系。虽然我国的教育评价制度建设已经取得了诸多成绩，但是也必须认识到，我国教育评价制度仍处在不断发展的过程中，也表现出了与新时代教育事业内涵式发展和高质量教育体系建设不相适应的突出问题。由于我国教育评价体系庞杂、内容众多，其存在的问题必然更加纷繁复杂，因此对我国教育评价制度发展存在问题的分析就要抓住其核心与关键。评价目标、评价主体、评价内容、评价标准、评价方法以及评价结果作为我国教育评价制度的核心要素，分别对应了"为什么评""谁来评""评什么""依什么评""怎么评"以及"评价结果如何运用"等教育评价的基本问题。而这些核心要素所反映的问题也正是新时代教育评价改革必须要准确面对和有效解决的关键问题。

继承和发展我国教育评价制度建设和评价实践的成功经验，特别是正视功利主义和工具主义下的教育评价功能错位带来的突出问题，是当前新时代教育评价改革的最

大现实背景。功利主义教育价值观和教育评价中的工具主义思维,使得教育评价在实践发展中倾向于追求形式化,而忽视教育的实质内容,评价目的和评价过程的工具化趋向明显,教育评价实践逐渐陷入注重结果、标准化、简单化的效率至上的管理主义窠臼。其存在的突出问题主要表现在以下6个方面:

第一,教育评价价值目标的异位与缺位。尽管我国已在各级各类政策文件中,对教育评价的目标追求与价值理念做出了明确的规定,但是在各项教育评价活动的具体实践中,很多评价只是为了评价而评价,根本没有价值取向和追求。例如,在对学校的评价上难以摆脱的排名情结,导致部分学校以提升排名为目标部署安排学校的各项工作,对于学校本身办学水平的提升则并没有发挥太大作用,简单的排名思维迷失了教育评价的初心。在对学生的评价上则往往热衷于通过考试分数与成绩排名给学生贴上不同的标签,难以体现学生的全面发展情况,偏离了人才培养的目标。对于教师的评价存在重教书轻育人、重科研轻教学等情况使得教育评价的目标偏离了正确的方向。因此,在缺乏明确且合理的教育评价价值目标的情况下,实施评价活动本身就成了教育评价的目的,教育评价价值目标的异位与缺位使得教育评价沦为一个指标编制、数据堆积以及名次排列的过程。

第二,多元评价主体的参与程度不均衡。我国教育评价是一个由多元评价主体协同参与的过程,但是各主体对教育评价的参与程度以及在教育评价过程中功能作用的发挥却是不均衡的。2015年5月教育部出台的《关于深入推进教育管办评分离促进政府职能转变的若干意见》正式将各类专业协会、专业组织和机构纳入教育评价的主体范围,虽然我国已经在政策层面明确了第三方社会主体在教育评价中的参与地位,但是社会评价主体对教育评价过程的参与仍然受到诸多限制。一方面,国家依然拥有更多的评价权力,而学校和社会作为评价主体的地位不显,同样作为利益相关者的学生、家长以及用人单位在教育评价中少有参与;第三方教育评价组织的参与虽然较为广泛,但是却往往与政府具有密切联系,自身的独立性弱且依赖性强。另一方面,在不同的教育领域,多元社会评价主体的参与情况也存在较大差异,我国在高等教育评价以及职业教育评价领域已经建立众多专业的评价机构、行业组织等,而在基础教育评价领域,教育评价工作主要由地方各级教育行政部门以及教育督导部门负责,教育评价的行政化色彩比较重,社会化评价主体的参与则较少。

第三,教育评价的实质性内容匮乏。教育评价的实质性内容指的是能够切实体现被评价对象价值内涵的部分。实质评价则是力图反映评价对象实质特征的评价理念和模式,倡导按照评价对象本身的特性来评价它,且所有指标的制定都要反映对象本身的特性。从这个意义上来讲,我国大部分教育评价活动多停留在形式层面,对各评价对象的考察只是通过一些简化的指标进行数量上的描述与总结。例如,在对高校教师进行评价时,对其评价的内容往往仅在于课时总数、发表论文的数量、申请项目的数量、获得经费的多少等,然后分别对每一项内容作出一个简单的评判后基本就可以得出评价结果。然而对于教师教学的效果与作用、发表论文与申请项目的价值贡献等能够真正反映教师教学水平、学术贡献、社会贡献以及人才培养情况的实质性内容却没有做出相应的评价。再比如,在对基础教育进行评价时,往往只重视学生的升学情况,将升学率作为核心的评价内容,却忽视了在升学率背后,学校对学生全面发展的培养情况的评价,而促进学生的全面发展才应该是学校的根本任务,因此其评价内容同样仅停留在形式上。

第四,对教育评价标准的异化扭曲。《总体方案》明确提出,要扭转不科学的评价导向,但"五唯"是我国教育评价质量标准异化扭曲的根本体现,主要表现为评价标准的单一化、标准化和绝对化。所谓"单一化",主要是指忽视评价对象间的特色和差异,而采取统一的评价标准,评价的指挥棒作用导致评价对象的同质化;所谓"标准化",则倾向于采用量化评价、客观指标对评价对象进行一次性的简单化衡量;"绝对化"是对"单一化"和"标准化"的进一步升级,把单一指标和一次性评价作为评价的唯一标准。不可否认,分数、升学、文凭、论文、帽子等的确是实施教育评价时需要参照的重要指标。然而导致问题出现的并不在于这5项指标本身,而在于"唯",过度依靠以上5项指标的作用,陷入了"绝对化"的境地。

第五,教育评价方法使用的不均衡。目前在教育评价过程中,从工具主义逻辑出发,教育评价重视的是教育之外的目的或结果,服务和服从于评价主体的管理目标的实现,教育评价过程只是达到外在目的的手段,而不考虑教育培养人的本质目的。因此,以一次性评价和末端评价为主要形式的结果评价则成为教育评价的主要形式。而过程评价、增值评价和综合评价等形式没有得到应有重视,即表现为"四个评价"的地位和作用的不平衡,除了结果评价外的其他三个评价的作用发挥不充分,这必然导致评价结果无法反映人才成长的本质规律,导致片面化评价。一好百好的"标签化"现象和"五唯"甚至更多"唯"顽瘴痼疾愈演愈烈,无不与评价方法的单一化、不均衡有着密切关系。

第六,教育评价结果使用的功利化取向。教育评价结果的使用之所以会功利化,直接原因在于将评价结果与被评价对象的切身利益进行了挂钩。对于政府、学校、教师以及学生等被评价对象而言,对其进行评价的结果会分别影响到政府的教育政绩、学校得到的资源支持,教师的职称晋升、荣誉称号、学术权力,以及学生的升学就业等情况。教育评价本质上是评价主体的一种主观价值判断,从这种意义上说,评价主体的手中掌握了对被评价对象进行利益分配的权力。每一个评价主体与评价对象从理性经济人出发,在教育评价过程中必然会追求自身利益的最大化,通过人情关系、权钱交易等不正当的竞争手段快速获取短期利益和回报,则成为被评价对象的可能选择,从而也对教育评价的公平性与公正性产生了不利影响。[①]

综上所述,在当前教育评价实践中,教育评价的指挥棒作用已严重异化,使得评价对象不得不迎合教育评价指挥棒的导向作用,而不管这个指挥棒到底指向何方。这些问题日趋严重,已严重偏离了教育评价的本质,也明显不适应新时代教育高质量发展的现实需要。因此,教育评价改革势在必行。重庆大渡口区教委积极响应国家号召,根据地方办学现状,提出完善教育评价体系,建设人本与科学相结合的评价系统。

二、教育评价是教师教学能力提升的重要指引

教师评价是指"根据教育方针、政策、法规和学校的目标、要求,运用教育评价的理论、技术和方法,对教师的素质、工作过程及效果做出价值判断,并对教师素质的提高、教师工作的改进给予指导的过程"。教师评价作为教育评价的重要组成部分,与教师发展密切相关,对教师发展有着重要影响。一定意义上,有怎样的教师评价,也就会有怎样的教师发展生态格局,最终也就会有怎样的教师发展。但当下的教师评价还存在着许多问题,不适合于素质教育阶段下教师综合能力的提升,具体有以下问题:

第一,量化指标过多,缺乏软性指标。 目前教师评价内容包含众多量化的刚性指标,如学生的学习成绩、教师的科研成果、工作时间、家校沟通的次数……这些量化的刚性指标便于统计分析呈现结果,但忽视了动机、态度、效能感、职业忠诚等与教师职业密切相关的软性指标。发挥教师的积极性,促进教师自我学习和自我提升,需要结合使用定性和定量的评价手段,充分体现避免一步步将教学中应该体现的批判精神、创造性、人性关怀、责任感、宽容、尊重信任等淡化或弱化,建立更具有包容性、差异化的评价指标体系,强调不同维度、不同层次评价指标的相对独立性以及内在逻辑的一

[①] 袁建林,熊颖. 我国基础教育评价制度的结构、问题及完善路径[J]. 中国考试,2022(1).53—62.

致性,让教师的优势放大,潜能释放,实现以评促建。

第二,评价目的和手段倒置,失去育人价值。教师评价工作中会遇到很多问题,第一种问题是问题很明确,解决问题的方案很明确,属于技术性问题;第二种问题是问题较清楚的,但是没有非常明确的解决方案,这叫适应性问题;第三种就是问题和解决方案可能都不太明确,问题错综复杂,称为探究性问题。而教师评价中适应性问题和探究性问题占大多数,这种模糊就给我们的工作带来了一种悖论,即评价者过度地依赖评价手段,失去了评价的初心,忘记了评价原本的目的,也就是目的和手段倒置。在教师评价开展的过程中,为了避免评价目的与手段倒置,教师评价追求的不是把各级好老师的行为用指标固化达到一种实现全局的价值标准,而是追求指标背后所秉承的育人价值。[①]

综上所述,为了充分发挥教师评价的作用,激励教师的主体意识,促进教师的专业发展,需要重新改革教师评价体系,遵循育人的基本价值,落实师德师风建设。

三、教育评价是学生综合素质发展的内在要求

坚持德育为先、能力为重、促进学生的全面发展是当前教育改革发展的三个重要方面。在教育改革深化发展的态势下,为了保障教育效果,学校一般需构建教育评价体系来进行检验和监督,充分发挥出教育评价这一指挥棒的作用。但目前,学生的教育评价还存在着很多问题,不能很好地满足推动学生综合素质发展的要求。其中主要存在以下问题:

首先,教育评价内容还是倾向于单一化,缺乏对学生进行多方面的考查与评价,尤其是偏向于考查学生学习成绩的现象依旧存在。这不利于促进学生的全面发展和提升学生的全面素质,还会在一定程度上限制学生的积极性,难以让学生充分发挥自身的主体优势,在素质教育的环境下获得多方面的健康发展。也有的教师所引入的教育评价方法仍旧不够新颖和有效,很难对学生的真实发展水平进行有效的衡量,也就很难让学生有足够的动力去促进自身素养与能力的发展。例如,教师更多的是采取鼓掌、奖励小红旗或小红花等方式来激励学生的发展积极性,但收效甚微。

其次,有些教师尚未将促进学生全面发展贯彻落实到实际的教育评价过程中,尤其是学生在德、体和美等方面的发展不足,而教师对学生这几方面的发展缺乏足够的

---

① 汪珊珊,王洁.迈向新时代的教师评价——第二届全国教师教育发展论坛述评[J].比较教育学报,2021(5):132—140.

关注。在这样的情况下,教师所推进的教育评价活动难以真正达到提升学生的综合素质这一评价目的。

最后,在当前的教育评价过程中,学生的被评价地位尚未彻底朝着评价的主体地位进行转变,这意味着教育评价依旧以教师为主。[①] 由此看来,学校加强教育评价改革势在必行,并且要注重迎合新时期的教育评价改革趋势,对现有的教育评价问题进行合理解决,以充分发挥教育评价的教育功能。

第二节 人本与科学教育评价体系的构想

一、坚持以立德树人作为教育评价活动的根本目的

教育评价是人类的一种实践活动,属于人类教育实践活动的组成部分。由于评价对象的不同,现实中的教育评价活动又可分为教师评价、学生评价、学校评价、学科评价,等等。

教育评价作为人类的实践活动,必然带有一定的目的性和指向性。马克思说,人在"劳动过程结束时得到的结果,在这个过程开始时就已经在劳动者的表象中存在着,即已经观念地存在着"。教育评价活动也不例外,评价过程结束时得到的结果,在评价开始时就已经在评价者的表象中存在着,表现为评价者的目的性和指向性。这种目的性和指向性在教育评价实践会因评价类型和评价活动开展的时期而存在差异。一方面,不同类型的教育评价活动的目的性和指向性存在差异。学校评价的目的性和指向性通常在于促进学校全面贯彻落实党的教育方针,加强国家对学校教育活动的管理和指导;教师评价的目的性和指向性则更多在于管理教师,对教师进行奖惩;学生评价活动的目的性和指向性通常表现为对学生进行测评,以了解学生知识、素质和能力发展状况。另一方面,同一类型的教育评价活动在不同时期的目的性和指向性也存在差异。以高等教育评价为例,它经历了从水平评估到审核评估的发展——审核评估的目的性和指向性在一定程度上继承了水平评估的目的性和指向性,但更多体现了基于高等教育新发展阶段的现实关切和面向未来的追求。

各类具体的教育评价活动目的杂错交织,导致各种教育评价活动自行其是,甚至存在评价目的之间的冲突。例如,高校教学评估的目的在于引导学校和教师把主要精

---

① 张燕萍.以多元评价方式促进学生全面发展[J].考试周刊,2020(31):13—14.

力投入教学工作,但高校教师评价活动却总把教师的主要精力引向科研工作。在这种情况下,需要有一个根本目的来统摄各种教育评价活动的总目的。这样的总目的,在教育评价活动发展到一定程度之前,在对中国特色教育活动规律有足够的认识之前,是无法被充分认识的。只有教育评价实践发展到一定程度,对中国特色教育规律有了充分的认识,才能在理论上提出统摄各种教育评价活动的根本目的。党的十八大以来,习近平总书记针对教育作出了一系列重要论述。这些论述是新时代中国特色社会主义思想的重要组成部分,是教育评价工作的根本指针。在新时代教育评价活动中,教育评价的使命与教育的使命是一致的,即立德树人、为党育人、为国育才。在这一总体使命下,教育评价的根本目的是发挥指挥棒作用,引导确立科学的育人目标,确保教育的正确发展方向。这就明确了新时代教育评价活动的根本目的和目标,各种教育评价活动都要以这一根本目的为指引,从而使不同教育评价活动的具体指向得到统一,为新时代教育评价活动达成共识提供了理论前提和实践基础。

育人为本,德育为先。全国教育大会提出,我们的教育要紧紧"围绕培养什么人、怎样培养人、为谁培养人这一根本问题"。重庆三十七中对这一重大问题进行了深入的思考和实践,结合区情、校情、生情,基于"尚自得,展个性"的校训,多层面搭建平台,创设场景,让学生去体验,去经历,去感受。学校在"自得文化"的引领下,近年逐渐形成了具有重要区域影响力的"自得教育"办学特色,构建起了"237"(两翼三阶七维)自得德育课程体系,并以此为核心构建起配套的人本与科学并重的评价体系,推动师德师风建设和德育建设。

二、建立科学有效的教育评价体系

(一)强化质性与过程性评价,促进评价意义的积极建构

对于教育评价而言,量化评价的优势在于操作性强,能将复杂的教育现象简化为可测的指标,运用问卷调查等方法得出精确的数据,从而直观地说明教育现状。然而量化评价不仅忽视了教育过程中那些难以测量的方面,如人的情感、思维方式、价值观念,而且无法解释量化数字背后的深层意义。量化方法具有更高的精确性和数字上的可操作性,而质性方法能够更加丰富和深入地解释那些难以转化为数字的现象;因而,评价应该在自然清静下进行,更多地使用质性评价,而不能为了追求评价的精确失去了评价应有的深度和意义。中小学教育尤为如此,比起量化的结果,挖掘现象背后的原因更为重要。质性评价与过程性评价聚焦评价的情境和对象,从理解的视角而非批

判的视角进行评价,更有利于工作的进一步改善和推进。

"质性评价方法就是力图通过自然的调查,全面充分地揭示和描述评价对象的各种特质,以彰显其中的意义,促进理解。"哲学诠释学是质性评价的理论基础,强调理解是意义生成,理解双方不同的"先见",通过"同化"或"顺应"的方式建构并生成新的意义。因此,质性评价注重理解和对话,关注不同个体对评价内容建构出的不同意义,力图为每个个体的行为表现及其原因提供最合适的解释。不仅如此,质性评价还强调评价的情境性,要求评价者置身于评价对象生活的情境(课内、课外、生活场景等)或环境(学校、家庭、社会等)中,分析他们生活的社会环境和文化背景,通过对文化背景的剖析揭示行为背后的真实原因,与文化理解视角下教育评价的主张不谋而合。最后,需要强调的是,不能彻底否定量化评价。正如赖卡特(C. S. Reichardt)和库克(T. D. Cook)指出的,"方法的选择不应该由对任意范式的忠诚来决定,这既是因为范式与一套方法并没有内在的联系,也是因为在选择方法时,特定研究环境的特征与范式的属性同样重要。"对于任何一项评价活动而言,不应机械地将量化和质性两种范式对立开来,而是"应当从这两种范式中选择适合自己研究问题的具体方法进行混合,从而更好地解决当前研究的问题"。① 因此,教育评价应以质性评价为主导,量化评价为辅助,二者相互利用、取长补短,共同协助教育评价发挥"指挥棒"作用。

(二)更新评价手段,人工智能助力教育实践

互联网信息技术是一把双刃剑,在教育评价领域同样如此。一方面,增值评价等理念的实现在很大程度上有赖于互联网信息技术。大数据可实现结构化数据与非结构化数据的同时分析与处理,为精准评价学生个体发展提供了有效的解决方案,为项目反应式评价提供了技术条件。另一方面,人工智能技术在评价上可能成为部分人控制学习者更为强大有效的工具,迎合了人性中的某些弱点,使用人工智能弱化人的智能发展。因此,互联网信息技术需要被以有利于人的成长发展为原则进行合理利用,以提高评价的便捷性。

教育管理部门需要合理运用信息技术和高新科技,为创新教育评价方法赋能。特别是在强调"探索增值评价,强化过程评价"的大前提下,信息技术和大数据能够为全过程追踪教育评价对象并进行纵向的评价赋能提供有效支持;同时大数据还能为不同的评价对象之间的横向比较评价提供技术支持。教师、学生、家长、学校、教育行政部

---

① 伍远岳,程佳丽. 文化理解视角下的教育评价[J]. 中国考试,2022(2):31—38.

门乃至全社会要进一步树立智能化教育评价理念,改变过去传统的纸笔测试评价思维,主动适应、应对甚至创新面向人工智能时代的教育。数据是人工智能时代教育发展的基础,需进一步消除数据壁垒,搭建和提供开放共享平台和服务,在保护隐私的前提下,合理利用数据和公共信息服务智能教育评价。

为此,教育管理部门在宏观上需要把好尺度,紧跟新的教育评价理论,运用信息技术,而不是被信息技术牵着被动、盲目地运用于教育评价。

三、构建面向多元主体的评价体系

教育评价活动的主体性,要求教育评价实践要从主体角度出发,从主体的需要、利益、能力出发去进行评价。从教育活动看,它的主体是错综复杂的,具有多个层次和多个维度。从主体层次看,至少可以区分出人类主体、群体主体和个人主体。每个层次又有不同的维度,比如群体主体至少有国家主体、学校主体、教师群体、学生群体等,个人主体至少有教师个体、学生个体等。

在多层次、多维度的主体情境下,从哪个主体出发就成为教育评价活动不得不面对的问题。在既往教育评价实践中,主体性问题在理论上存在一定的不彻底,在实践中也存在一定的误区,主要有以下三种表现:第一,国家主体和社会主体模糊不清。由于国家通常具有政治统治和社会管理两项职能,而"政治统治到处都是以执行某种社会职能为基础",这就使得人们容易混淆国家需要和社会需要。诚然,在教育评价中,国家主体和社会主体的需要和利益有很多相通之处,但并非完全一致。如在人才培养这一目标上,社会通常需要培养一般意义上的人才,作为阶级统治工具的国家则需要培养为自己阶级服务的人才,而非泛泛意义上的人才。第二,政府主体取代学校主体。教育评价活动一直是政府对教育活动进行调控和管理的重要手段,管理者容易以管理主义思维进行教育评价活动,把政府追求的价值目标看作唯一的价值目标。以高等教育教学评估为例,尽管教育部明确要求贯彻"以评促改、以评促建、以评促管、评建结合、重在建设"的原则,但在评估过程中,这一原则贯彻得并不彻底,反而出现被评高校被动迎评、盲目追求"优秀"的局面。第三,社会主体压倒个人主体。长期以来,我国教育评价活动坚持目标导向,而对目标的界定,更多是指教育的社会需要和社会价值,把教育是否能为社会服务即社会效用的大小作为唯一的价值尺度,导致教育评价活动忽视人的发展与人的价值。比如:在教师评价中,只强调教师对学生发展的价值,对知识增长的价值,忽视教师自身的价值;在学生评价中,片面强调学生对社会需求的满足程度,忽视学生自身发展的价值。因此,要避免教育评价活动在主体性问题上产生误区,必须对教育评价活动的主体进行精准定位,同时要协调主体间的需要,兼顾不同主体的需要和能力。

第三节　人本与科学的教育评价体系的探索

一、完善政府履行教育职责评价

健全区委教育工作领导小组牵头,政府督查、纪检监察、组织人事、教育督导、宣传、审计等多方参与的联动督查机制。将各级各类学校师德师风建设长效机制落实情况作为重要督查内容。完善党政主要负责同志深入教育一线调研、为师生上思政课、联系学校和年终述职必述教育工作等制度,建立区级有关部门和单位履行教育职责清单,有力解决教育事业改革发展各项问题。

二、改进学校办学质量评价

建立整体性、多维度的学校办学质量评价体系,完善学校办学质量评价标准,建立各级各类学校办学质量数据库,研制区域学校办学质量标准模型,实施过程、增值、综合与结果统一的评价。开展本辖区各类幼儿园质量评估,定期通过政府门户网站等向社会公布评估结果。完善中小学教育质量监测、反馈与改进机制,定期开展质量监测。扎实推进区域中小学教育质量评价试点项目,实施中小学校办学质量效能提升评估。

三、实行校长办学星级评价

实行校长办学星级评价,将评估结果作为考核校长、管理干部和绩效评定的重要依据。建立政府主导,行业企业、学校、社会等共同参与的职业学校质量评价机制,实施职业学校教学工作诊断评估。健全学校内部质量保障体系,引导学校和校长更加关注每一个学生的发展。

四、推进教师评价改革

教师评价改革以立德树人为根基,坚持把师德师风建设放在教师队伍建设的首位,着力创新师德教育,完善师德规范,坚守师德底线。大力开展做新时代"四有"好老师和"四个"引路人表彰活动和学习实践活动,设立"大渡口区班主任节",加强学校德育工作核心队伍的建设。引导广大教师以德立身、以德立学、以德施教、以德育德。健全师德师风建设长效机制。注重加强对教师思想政治素质、师德师风监察监督,强化师德考评,体现奖优罚劣,推行师德考核负面清单制度,建立教师个人信用记录,完善诚信承诺和失信惩戒机制,着力解决师德失范、学术不端等问题。

推进教师评价改革旨在构建以分层分类为导向的教师评价标准。根据教师专业发展的层级和阶段,构建以师德修养和专业成长为核心的"新教师、青年教师、骨干教师和名师名家"评价体系。实施以行为改善为导向的教师培训评价,积极探索建立"学员中心、产出取向、持续改进"的教师培训评价内涵,在参与状态的反应层面、培训收获的学习层面、行为改变的行为层面、组织绩效的成果层面进行系统评价的基础上,着力强化对教师培训后行为改善的评价。实施以立德树人为导向的教师工作评价,树立科学的教育质量观,坚持"五育并举"和"全面发展",进一步落实立德树人根本任务,全面落实教师职业行为准则,把师德师风作为教师评价第一标准。突出教育教学实绩,把认真履行教育教学职责作为评价教师的基本要求,引导教师上好课、关爱学生,推进教师全面育人、全程育人。

在评价的具体实施方面,制定教师评价指导意见,建立品德、能力和业绩三位一体的评价制度。定期开展教师专业知识和专业能力监测,开展每年一次教师专业知识和专业能力考核,建立教师的学生发展知识、学科知识、教育教学知识、通识性知识监测评价机制,每年分别组织一次教师专业知识考核,四年为一个周期。在评价方法上,扎实推进基于"大数据+"嵌入式中小学教师述评试点项目,落实中小学教师教学述评制度,将任课教师每学期对学生学业述评纳入教师年度考核内容。落实中小学教师家访制度,有条件的幼儿园新生入园时开展一次家访,将教师家校联系情况计入工作量并纳入教师考核内容。同时,制定全区教学成果奖励办法,建立教学成果推广制度。

完善教师评价体系实施的监测评估机制,还需要强化督导评估,进一步分解目标任务,落实责任分工,开展年度总结、中期检查和周期评估。将教师发展情况纳入对学校办学水平综合督导评估的重要内容,并将结果作为学校党政领导班子和有关领导干部综合考核评价、奖惩任免的重要依据。加强跟踪问效,注重宣传引导,不定期发布教师发展动态,总结推广成功经验,督促整改发现的问题,确保全区教师发展各项工作措施落实到位并取得实效。

五、创新学生发展评价

完善学生综合素质评价标准,建立学生立体评价体系,坚决改变用分数给学生贴标签的做法。构建大中小幼一体化、系统性学生德育评价机制,探索学生、家长、教师以及社区等参与评价的有效方式,实施学生品德行为动态监测。建立全区学生艺术素养评价标准,实施分类分级评价,将艺术代表作纳入毕业考核,颁发艺术毕业证。建立大中小幼体育特长贯通培养机制,健全日常参与、体质监测和专项运动技能测试相结合的考查机制,探索学生体育特长认证制度。定期开展学生体质健康监测和心理素质测评。建立各年龄段学生劳动清单,加强劳动教育过程性评价,建立公示、审核等制度。开展职业学校学生学业水平和专业技能测试,建立健全质量监测结果反馈和报告发布制度。设立学生社会实践学分,鼓励学生参与长江文化艺术湾区等各种文化艺术实践活动。

六、探索教育智能评价

基于人才培养质量标准与核心素养要求,系统制定人才培养方案,推动各级各类教育衔接融通。加快推进教育考试治理现代化,探索建立"评价-反馈-改进"为一体的育人体系,健全"两依据、一参考"的多元录取机制。建设区域教育智慧评价平台,健全区域教育质量常态化监测机制,运用智能化、信息化手段采集学校办学、教师发展、学生发展数据,构建区域教育质量大数据库。建立以学生为中心的数字社区,为每一个学生、每一个班级、每一所学校进行"数字画像",实现学生个体和群体的学习与成长状况可视化。建立学生数据使用服务体系,根据学生客观、真实、全面的评价数据为教师、学生提供个性指导建议。深化应用无纸化测评、虚拟现实类测评技术,推动5G技术、传感技术、物联网技术等在数据采集、挖掘、呈现、反馈中的广泛应用。系统开发学生评价专业工具,着力开发学业测试、问卷调查、招生选拔、选用匹配等立体评价工具,不断丰富评价工具箱,逐步完善基于学生立体评价改进学习、优化教学、强化管理、科学选用、教育决策等策略库。加强教师教育评价能力建设,培养一支教育评价的专业人才队伍。

第九章 自得教育的成效与展望

基于孟子的"自得"思想,"自得教育"在重庆市大渡口区得到了适应现代化社会的发展。自得教育思想和"大渡教育"两者密不可分,一方面,"自得教育"孕育于大渡口区这片土地,首先在重庆市第三十七中学校生根发芽,并茁壮成长;另一方面,"大渡教育"致力于发展助推生命成长的人本教育,促成全面发展的素质教育,夯实内涵发展的未来教育,凸显健康和谐的生态教育以及突出多元载体的现代教育,这是其发展愿景和目标,也体现着"自得教育"的理念。在重庆三十七中的努力之下,"自得教育"理念逐渐清晰和明朗,探索出一条可供实践的教育之路,而这条"教育之路"将加快促成"大渡教育"的实现。自得教育思想也将会不断完善和发展,进一步扩大其影响力。

第一节 自得教育的辐射影响

大渡口区濒临长江,是一座历史厚重、人杰地灵的滨江城区。在这里,自古就有诗书耕读的传统和"井水磨墨中状元"的美谈。近年来,大渡口教委秉承"多维一体,教育大渡"的区域教育发展理念。"多维"即指多个维度,包括教育思想、课程改革、教师发展、学习空间、教育资源和教育手段等。而"一体"则是指围绕立德树人形成的教育生态。这一理念是在大渡口区的历史、文化和地域等特点的基础上提出的。

教育生态是教育观念的外在表现,是由于教育思想和社会关系的相互作用而形成的一种教育"场"或氛围,时时刻刻都在对教育产生影响。为了追求教育的科学发展,那么教育生态系统必须是和谐平衡的,但现实中总会存在实然和应然的差距。若教育生态环境刻板固化,失去创新的活力,那么教育出来的人也将是呆板而没有活力的。大渡口区追求构建良好、和谐的教育生态,形成了一种"合规律性与合目的性"的社会生态系统。即坚持以人为本的教育理念,以育人为根本宗旨,发挥学生的主体性、创造性,强调亲身体验性和个人的反思性。构建起"五育并举"的人才培养体系、师德师能同步提升的教师发展体系、人本与科学的教育评价体系、守正与出新的党建工作体系和自得教育下的终身教育体系,致力于打造"有品质、有内涵、有情怀"的"大渡教育"。

人类教育行为之所以发生,是为了使个人掌握生产、生活的本领,接受、认同和践行社会规范,促进人类自身更好地生存、生活与发展。[①] 大渡口区对教育的本质和价值进行了思考,在发展大渡教育的过程中,形成了"自得教育"的特色,"自得教育"在大渡口区落地生根。

一、自得教育的学术研究成果

"自得教育"在重庆第三十七中学萌芽,实践并传播开来。作为大渡口区"自得教育"的起点,有许多关于"自得教育"的学术研究成果。重庆市第三十七中因为其特色和品牌项目,在社会上有着热烈的反响。

表9-1 重庆市第三十七中学媒体报道情况

报道日期	媒体名称	媒体报道题目
2019年7月	中国德育	自得其乐,幸福一生
2018年1月	华龙网	以"自得文化"为引领,着力培养学生"七维素养",推进素质教育进入新时代
2018年12月	中国教育报	自得德育唤醒生命成长的力量——重庆市第三十七中学校"37公里徒步行"研学旅行活动的"台前幕后"
2018年3月	大渡口报	引自得体系素质教育超越梦想
2018年2月	大渡口报	让学生在37中收获自得
2018年1月	重庆科技报	重庆市第三十七中学校校长伍平伟:一个务实校长的教育"舞台剧"
2017年5月	重庆日报	自得其乐,幸福一生——破译"最美三七"背后的幸福密码
2016年10月	重庆日报	徒步行37公里纪念红军长征胜利80周年
2015年12月	重庆日报	用"自得文化"托起教育之魂
2015年6月	重庆日报	菁菁三七 日知月能——纪念重庆市第三十七中学校60华诞
2015年3月	中国教育报	幸福,为了你我他——重庆大渡口"幸福教育"区域特色实践浅谈

---

① 范国睿.后大流行时代的教育生态重建[J].复旦教育论坛,2020(4):12—28.

上表呈现了三十七中的研究成果及媒体报道和宣传。一些对"自得教育"较为深刻的研究也向外界展现了"自得教育"的魅力。如沈维安在《"自得"文化:让教育流淌生命光芒》一文向我们展示了重庆三十七中学生因年级而异的学生活动:初一"灿烂之旅",初二"审美之旅",初三"释放之旅";高一"科技之旅",高二"理想之旅",高三"休闲之旅",构建了自己以"自得"为文化主题的文化体系。① 我在《自得其乐,幸福一生》一文中深刻阐述了"自得"的渊源及"两翼三阶七素养"的自得教育体系。"自得教育"围绕着立德树人的根本任务,以学生为主体,通过课堂内外的教学和活动来帮助学生自我体验、自我反思和自我成长,从而提高自身在"忠、善、和、真、美、健、法"方面的素养。② 余位河、刘隆华和尚军在《因材施教,幸福自得 高质量教育的三十七中行动》一文中表达了在"十四五"开局之际,三十七中对高质量教育的梦想和蓝图。三十七中将继续推动自得教育高品质发展,以构建"五育"融合的自得教育体系为主线,以促进教学变革、队伍发展、研训转型、特色建设、教育开放、治理创新为重点,以改革创新为动力,提升教育品质,强化学校办学特色,努力开创学校高品质发展新局面,为大渡口教育强区建设提供坚强支撑。③ 三十七中将从了解学生的基础、满足成长需求和提升教育品质、强化学校特色两大立足点出发,为办好老百姓满意的教育以及区域领先、重庆一流和西部知名的现代化教育强校而奋斗。

二、自得教育中的典型案例展示

"自得教育"在重庆市三十七中实践开来,以学生为主体,构建了自得教育体系。并且在课堂内外,联合社会参与,在"自得教育"的实践中涌现了许许多多例子。

(一) 在徒步行中"尚自得,展个性"

金秋十月,大渡口区的山川田野之中会出现一队浩浩荡荡的人马。他们是谁呢?他们在干什么?他们要往哪里去?他们心中的目的或是信念又是什么呢?这一群人来自重庆三十七中,学生构成了队伍的主体。此外,校长、老师、家长和社会人士都纷纷加入这场距离三十七公里的拉练中,他们的徒步行成为大渡口区的一道亮丽的风景线。持续十小时的徒步并不轻松,也许在路上可以看见美丽的霞光,感受到朦胧的夜色,从废旧工厂到新兴工业园区见证经济的发展,看到过田野也体验过繁华。但是,也

---

① 沈维安."自得"文化让教育生命光芒[J].今日教育,2013(12):26.
② 伍平伟.自得其乐,幸福一生[J].中国德育,2019(17):49—52.
③ 余位河,刘隆华,尚军.因材施教,幸福自得 高质量教育的三十七中行动[J].今日教育,2022(01):32.

许让他们铭记一生的是跨过终点时的成就感。

这样一幅画卷其实是"自得教育"中的一场德育实践,而这一活动也获得"2018年全国中小学德育工作典型""重庆市研学旅行先进学校""重庆市立德树人特色项目研究基地""重庆市研学旅行优秀活动案例一等奖"等多项荣誉,获得了社会的关注与认可。37公里的徒步行虽然消耗了大家大量的体力,但是短暂的筋疲力尽换来了学生自身素养的提高。这一行动有利于塑造学生健康的体魄,也能够健全学生的人格。这和"自得教育"的理念是相契合的,正如我曾说的:"教育应提升孩子的生命质量,让每一个孩子发现自我,绽放出生命的精彩。"而这样声势浩大的群体的活动,能让每个个体在其中更好地认识自我,在艰苦中鼓励自我,锻炼自我。在实践中体验、磨砺,展露风采,实现自我教育,自我成长。

(二)大渡口区学校学生社团的大量涌现

"自得教育"倡导的是自我的主体性、个体的创造性、亲身的体验性以及个人的反思性。学生社团对于学生来说十分重要,能够让学生在社团活动中亲身体验,并在体验中学习成长。学生社团是依据学生的兴趣爱好自愿组成并按照一定章程自由开展活动的学生组织,是校园文化的重要载体,是学生身心发展、拓展兴趣以及开拓视野的主要阵地。也是完善学生个性、发展学生特长、内化学生能力的课堂,能够培育学生品行、修炼健康个性。①

"自得教育"的"实践地"三十七中的社团采取"自主管理、自我服务、自觉提升"的形式,鼓励学生参与到社团活动中去,在自主参与中体验,在体验中提高自己的管理能力,展现个人风采。其中,"莎姐"社团带来了很大的社会影响。

学生作为社会公民,也需要树立法治观念,要尊法、学法、用法。为挽救误入歧途的未成年人,避免未成年人权益受到侵犯,保障未成年人的合法权益,大渡口区的"莎姐"社团进入多个学校,为学生们送去了法律知识。2015年,大渡口区第一个"莎姐"法律社团在三十七中成立,大渡口区的其他几所中学也引进了"莎姐"社团。通过学生的自己亲身组织、参与活动,培养学生自觉守法、遇事找法、解决问题靠法的思维习惯,提高青少年的法治观念和法律意识。"莎姐"社团开展的活动多样,有情景剧、法律电影、辩论赛、法律知识竞赛等等。在这些活动中,学生能充分地调动自主性,并有所得,提高自身的法律素养。这是一种参与式、体验式的法律教育模式,通过这些活动,枯燥

---

① 胡全亦.学生社团活动的育人功能[J].教育观察,2020(11):89—90.

的法律知识变得生动起来,学生们必然受益匪浅。

大渡口区学校,从小学到中学都设有多姿多彩的社团,给予学生广阔的自主实践舞台。在大渡口区影响范围比较广的还有许多实践活动,其中大渡口区整合区域资源,实施了"我们的中国节"中小幼主题教育活动课程。以"春节、元宵、清明、端午、中秋、重阳"六大传统节日为主,继承中华优秀传统文化,激发学生的家国情怀。以"中国节孔子诞辰日"为例,学生在礼仪学习和丰富的实践活动中感受传统文化的精髓。开展君子六艺、书香传经典、孔子故事漫画等实践体验活动,学生们在内容丰富的社团活动之中,在学习课堂之外传承经典、感受中华传统文化。

当然,"自得教育"所产生的影响不仅表现在外在的活动和人物事迹中,更是对人们内在思维习惯的一种深刻和持久的培养。对于学生来说,最重要的就是他们的学习方式转变,具有主动学习的精神。他们能够运用更加灵活和丰富的学习方法,勇于去探究,能够学会利用各种资源,例如课堂内外的资源,书本或是网络资源等去学习,拥有了与他人合作的能力等等。"自得教育"激发起了学生"自得"的热情,培养了学生"自得"的意识,更是提高了学生"自得"的能力。

对于教师来说,自得教育思想对教师教学行为带来了影响。教师们会有意识地创设活跃、和谐、民主、平等的课堂氛围,采用合作、参与、讨论,实践等教学组织形式,精心设计教学内容,充分挖掘教材中的开放因素,拓宽学习渠道,激发学生的学习兴趣,培养学生思维的积极性、敏捷性和创造性。

总之,在自得教育思想的影响之下,大渡口区开展了丰富的课堂内外活动,更重要的是培养了学生"自探自得"的学习习惯,在社会上形成一股"自探自得"的学习风气。

第二节 自得教育的未来展望

重庆三十七中建立起了自得教育体系,可以提供好的教育提供参考。社会环境的变化和新的教育政策的出台,都会对教育的多个维度带来影响。2021年4月以来,教育部和国务院办公厅先后发布《关于加强义务教育学校作业管理的通知》、《关于进一步减轻义务教育阶段学生作业负担和校外培训负担的意见》等,为使学生获得全面的发展,为学生减负,营造良好的教育生态,为义务教育阶段的学生减轻过重的作业负担和校外培训负担。而"自得教育"的设想就是通过课堂内外的活动帮助学生自我获得成长,那么在这一背景下,"自得教育"的意义将进一步凸显。

一、构建充满活力的自得教育体系

（一）自得教育体系在重庆市大渡口区的建立

重庆市第三十七中秉持着"自得其乐,幸福一生"的"自得教育"理念,凝练出"自得"文化体系,逐渐形成"自得教育"办学特色,多年来逐步探索出了一条多维立体的、可供实践的教育之路。

"自得"一词出自《孟子·离娄下》,浸润"自得"的教育境界在于内心要不断进行深入的、多层次的学习加工、反思提升,以达到精深博大、运用自如的境界。故"自得教育"坚持以人为本的教育理念,以育人为根本宗旨,主张通过强化学生自我的主体性、个体的创造性、亲身的体验性和个人的反思性,最终达成与万物浑然一体而又洞照其间的意向性。[①] 在这样的文化理念指导下,三十七中形成了"自得其乐,幸福一生"的文化主题、"激扬生命,得法自然"的办学理念和"尚自得,展个性"的校训,形成了三十七中的共同价值观。

校训:尚自得,展个性。

"尚自得"就是在内心不断进行深入的、多层次的学习加工,以达到精深博大、运用自如的境界。"展个性"对学生而言,就是要有不断超越自我、全面发展的内在追求,体验多彩生活、成就精彩人生。

校风:同舟共济,德业自馨。

重庆市第三十七中学校由三所学校合并汇聚而成,有着得天独厚的"义渡文化"滋养,三十七中人当秉承义渡的风范,精诚团结,共同为莘莘学子的求学之舟助力,以德业双馨的良好形象立于大渡口畔。

教风:迷津问渡,启悟自行。

三十七中打破"满堂灌",追求"启发式",把"启悟"作为最重要的教学策略,通过"指点迷津",唤醒和激励学生"自我探究"。

学风:百炼成钢,互学自成。

大渡口因钢城而设区百里钢城,第三十七中校园文化中因而有了一个与众不同的文化基因——"百炼成钢",强调一种坚定的信念和"共铸成就"的合作精神。

---

① 伍平伟.自得其乐,幸福一生[J].中国德育,2019(17):49—52.

在三十七中的带头示范下,自得教育理念逐渐被师生群体和社会所知晓,所践行。三十七中围绕"自得",尝试建立了自得教育体系。三十七中以课堂教学和课外活动为"翼";成长分三阶:一阶自行,以体验为基石;二阶自省,以唤醒为要义;三阶自成,以成长为方向;从忠、善、和、真、美、健、法七个维度来培养学生的素养。

重庆市第三十七中一直在践行办人民满意的教育,致力于培养具有责任意识、自信意识、合作意识的自主发展型新人。三十七中在奔向重庆市乃至全国具有较高美誉度和影响力的学校的征途中阔步向前,将"自得教育"的甘露洒向更多的地方。

(二)重庆市大渡口区自得教育的未来

大渡口区自得教育体系已在三十七中初步形成,未来将形成更具有活力的自得教育体系。但是在教育体系的构建、创新和发展区域教育上都面临着诸多挑战与机遇。如前章节所述,在经济全球化的背景下,加强人才培养能够增强国家的人力资本,从而提升国家的核心竞争力;我国对教育高度重视,不断推进素质教育,促进"五育融合"。自得教育体系有益于培养这种全面发展且有个性的人,并且促进个体的终身成长。

大渡口区的区域教育要以国家发展大局为重,积极响应国家政策。区域教育的发展根据国家、重庆市国民经济和社会发展的情况,再结合大渡口区自身的实际进行规划。因为从育人的角度来说,教育产品、教育对象对于发展格局会产生重要的影响。[1] 坚持以习近平新时代中国特色社会主义思想为指导,统筹推进"五位一体"总体布局,协调推进"四个全面"战略布局,把习近平总书记对重庆的殷殷嘱托全面落实在巴渝大地上,全面贯彻党的教育方针,坚持教育优先发展战略,落实立德树人根本任务。大渡口区在构建自得教育体系的过程注重对教育行政体制进行改革创新、调动自下而上的创新等等。通过增加区域下学校办学的活力来增强区域自得教育体系的活力。

大渡口区为向人民提供更加美好的教育、建成教育强区做了大量的努力。大渡口区为构建更加充满活力的区域自得教育体系,正在完善守正与出新统一的党建工作体系、健全多元与特长并举的人才培养体系、建设高质量和宽领域的终身学习体系、创新人本与科学并重的教育评价体系上付出努力。

首先,这有利于激发地方活力。党的十八大以来,我国教育工作取得重大历史性

---

[1] 王淑清.如何构建更加充满活力的区域教育体系[J].中小学管理,2021(02):27—29.

成就,正逐步构建起具有"中国特色、世界水平"的教育体系。中国特色之"特",特在坚持社会主义办学方向,坚持党的领导,坚持扎根中国大地办教育。因此,所有教育改革都有一个根本前提,就是要加强党对教育工作的全面领导,以党的领导统领我们的教育改革,构建起充满生机活力的现代化教育体系,最终为办好人民满意的教育、为实现中华民族伟大复兴有效助力。① 大渡口区教委工作领导小组的指导,协调好各部门,明确好工作职责,保护和调动工作人员的工作积极性,鼓励以自上而下和自下而上相结合的方式完善自得教育体系。而大渡口区就是通过加强党对教育工作的全面领导,来建设具有区域特色、高水平的教育体系。

其次,多元与特长并举的人才培养体系建设与"自得"的教育理念相契合,因为"自得教育"中对个人成长的尊重是"五育并举"的一种形式。构建充满活力的自得教育体系,其中的活力从哪里来?最重要的是激发主体身上的活力,即尊重学生,激发学生身上的活力,使他们不是为了拿到一个分数而学习,而是激发起他们"我要学,有所得"的意识,获得德智体美劳多方面发展。这样才能有助于建立一个主动性、能动性和有活力的自得教育体系。

再次,在"自得教育"下建立终身学习体系,有利于激发教师活力、学生活力乃至社会活力。② 通过提倡终身学习,促进每个人的自我成长。以三十七中为例,学校开展教育工作不仅依托学校教育各方的合作,也依托社会各界、各领域的密切协同、配合和支持。大渡口区也重视区教育设施的完善,为儿童、青少年乃至成年人提供全天候学校和终身学习的场所。通过营造终身学习的氛围,打造良好的教育生态。通过区政府主导、社会参与、更加多元的办学主体以及形式更加多样的办学形式,在全社会形成充满活力的自得教育体系。

最后,在教育评价体系上更加的科学与民主,创造了一个更为宽松的发展环境。细化区政府履行教育职责评价标准,落实教育事业改革。对于学校办学质量评价是注重进行整体性和多维度的评价,摒除由于外在评价对学校带来的各种各样的弊端,给学校带来内在的动力和活力。而健全学校内部质量保障体系,将会引导学校和校长关注每一位学生的成长,也将会进一步充实和完善自得教育体系;教师对于调动学生学习的主动性和积极性来说至关重要,所以如何对教师进行评价,激发教师的活力,从而

---

① 杨银付.构建充满生机活力的现代化教育体系[J].中小学管理,2020(11):1.
② 杨银付.双轮驱动,构建充满生机活力的现代教育体系[C]//广东省教育研究院.南方教育评论.广州:广东高等教育出版社,2016:30.

增加自得教育体系的活力也是大渡口区在实践的事情,我区建立品德、能力和业绩三维一体的评价制度,尊重、支持和促进教师成长,拓宽教师成长路径,最终促成自得教育体系的积极发展;而学生评价采取综合素质评价标准,进行动态评价,全面评价,鼓励学生成为一个乐在"自得"的人。

二、提供可借鉴的自得教育模式

重庆市在建设现代化教育强市上正稳步推进,而大渡口区作为其中的一分子,其教育特色鲜明,对重庆市教育发展起着重要作用,也通过区上下的努力取得了很多成就,为重庆市教育发展作出了巨大贡献。

(一)自得教育思想借鉴与学习的价值

三十七中所建立的自得教育思想对大渡口全区来说具有重要意义。自得教育思想融入到教育教学以及生活中都能更好地提高学生的能力,能够指导建立一套培养学生且行之有效的教学方法。相信未来自得教育思想作为大渡口区的一个教育特色能够成为一张亮丽的名片。

借鉴和学习自得教育思想能够适应培养德智体美劳全面发展的人的需要。长期以来,"唯分数"是我国考试制度的一个关键特征,[1]深刻影响着社会中的每一个人。随着教育改革的不断深化,人们有意识地去突破唯分数论。自得教育思想有益于将人们的注意点从成绩转到个人的自身成长上,促进学生身心健康的发展。

借鉴和学习自得教育思想能够提高学生终身学习的能力,有利于建设学习型社会,适应社会发展的需要。"自得教育"不仅关注学生在课堂上知识的积累和运用,也鼓励在课堂外展示和培养学生的能力。"自得教育"对自我学习能力的要求比较高,需要学生在学习生活中发掘可学习之物,再进行深入的思考或者实践,最后达到掌握这个事物并且运用自如的程度。在当代知识更迭速度不断加快的时代,能够不断地提升自己进而适应社会的发展非常必要。而自得教育对自我主体性、反思性、体验性和创造性的强调,是对建设学习型社会的响应。

借鉴和学习自得教育思想,反对了学习的短期功利主义观、走马观花似的表面学习以及机械唯物主义的知识观。[2]"十年树木,百年树人"。每个人的成长与改变不是

---

[1] 张会杰.考试招生"唯分数"的两难困境:观念及制度的根源[J].中国考试,2019(1):10—14.
[2] 卓进,王建军.论"自得"之学的批判指向及其内涵界定[J].五邑大学学报(社会科学版),2015(1):72—75,95.

一朝一夕就能够被看到的。一些家长和教师追求短期目标,例如告诉孩子要考上好中学、好大学,使得学生就为了拿到一个文凭而学习,这样很容易挫伤他们学习的兴趣。教育是要使得学生追求自身的发展,通过学生自身的发展来促进社会的向前进步。而表层学习,是不利于学生获得真正的发展的。"自得教育"提倡的是一种深造自得的深度学习。"为学最紧要、最重要的,就是每件事,无论大小远近,只要是自己碰到的,都要仔细思考其中的道路,辨明其中的是与非"①。抛弃机械唯物主义知识观,选择把自得教育思想作为指导,能够让主体自身的自然力量被注意到。"自得教育"对自我思考、自我反省的强调,能够帮助学生发挥出人本身所具有的天然的学习力量,帮助学生达到左右逢源、深造自得的境界。

(二)自得教育思想的运用

两千多年前的孟子的"自得"的教育思想在重庆市第三十七中学校和大渡口区得到了传承和发展。从古至今,这一思想饱经了沧桑。但是这一思想给予我们的启示仍然是巨大的,可见这一思想生命力之顽强、扎根之广之深。

传统的教育暴露了许多问题。例如,我们的课堂通常是教师教,学生学。这样就导致了学生处于被动之中,学生养成了一种思维惯性和惰性,老师疲于奔命,但对于培养人来说却收效甚微。自得教育思想可以帮助解决这一个问题。教师积极地从多方面采取措施,调动起学生的积极性。这样,学生就会从被动接受知识的状态转变为主动去"自得"知识。而且,自得教育思想能够让我们更加从容面对新情况和快速发展的现代社会。

在线教学,是一种以学习者为中心的教学。学生们居家学习,需要锻炼学生的自主学习能力。在这样的情况之下,如何引导学生自主学习,实现自求自得就非常重要了。突发的情况会给教育带来挑战,所以出现相应的教学形式,但我们本身也应该不断思考如何在课堂内外提高学生的自主性。

2021年4月以来,教育部和国务院办公厅先后发布《教育部办公厅关于加强义务教育学校作业管理的通知》《关于进一步减轻义务教育阶段学生作业负担和校外培训负担的意见》为学生减负,营造良好的教育生态。"双减"指的是针对义务教育阶段的学生一减过重的作业负担,二减校外培训负担。减负和建设良好教育生态两者相辅相成。一方面,学生负担过重是教育生态失衡的关键表征,减轻学生负担是创建良好教

---

① 朱汉民,周之翔. 朱熹的"自得"思想[J]. 社会科学战线,2011(6):39—43.

育生态的应有之义;而另一方面,创建良好教育生态才能使减负真正取得实效。"双减"政策使得学生有更多的时间去关注自身的发展,在学习课堂知识以外,拥有更多的方面发展的可能性。

在教育资源丰富化、全球化和共享化的今天,"互联网+教育"俨然成为教育研究的一个热点问题。在"互联网+教育"的模式下,微课、慕课、翻转课堂、手机课堂等新的教学形式与方法不断出现。"互联网+教育"有利于加快终身教育的实现和构建学习型社会,因为在"互联网+"的时代,人们可以随时随地学习,接受教育。另外,"互联网+"也对自主化和个性化提出了更高的要求。由于技术水平的提高,人们可以在互联网上找到丰富多彩的学习资源,可以对教材、学习材料甚至是教师进行多样的选择,学习方式、学习进度的快慢和知识的深浅等都由学生自己来把握。[①]

自得教育思想在包括但不仅限于上述情况下,都能发挥巨大的价值,使得孟子的"深造自得"这一古老的命题变得有生命力。总之,重庆市第三十七中形成的"两翼三阶七素养"在当今时代,对培育德智体美劳全面发展的社会主义建设者和接班人有着深刻的意义,即"自得教育"可以提供一个可借鉴的模式。自得教育思想成为大渡口区区域特色,有利于帮助建设良好的教育生态,促进"大渡教育"的实现!

---

① 张忠华,周萍."互联网+"背景下的教育变革[J].教育学术月刊,2015(12):39—43.

主要参考文献

［法］保罗·朗格让.终身教育导论[M].滕星,等译.北京:华夏出版社,1988.

［美］霍华德·加德纳.多元智能[M].沈致隆,译.北京:新华出版社,2003:

［美］罗杰斯.自由学习[M].伍新春,管琳,贾容芳,译.北京:北京师范大学出版社,2006.

［美］约翰·杜威.杜威教育论著选[M].赵祥麟,王承绪,编译,上海:华东师范大学出版社,1981.

［美］约翰·杜威.学校与社会·明日之学校[M].赵祥麟,等编译,北京:人民教育出版社,1994.

［苏］赞科夫.教学与发展[M].杜殿坤,张世臣,俞翔辉,等译.北京:人民教育出版社,1985.

《教育规划纲要》工作小组办公室.教育规划纲要辅导读本[M].北京:教育科学出版社,2010.

陈乃林.构建江苏终身教育体系研究[M].南京:东南大学出版社,2002.

单中惠.现代教育的探索:杜威实用主义教育思想[M].北京:人民教育出版社,2002.

龚鹏程.中国传统文化十五讲[M].北京:北京大学出版社,2006.

中国共产主义青年团中央委员会,中共中央文献研究室.毛泽东邓小平江泽民论青少年和青少年工作(增订本)[M].北京:中国青年出版社,2003.

郝克明.视野、战略、实践——郝克明终身学习研究文集[M].北京:高等教育出版社,2015.

何齐宗.终身教育的理论与实践[M].北京:科学出版社,2020.

陶行知.陶行知文集[M].南京:江苏教育出版社,1991.

李弘祺.学以为己——传统中国的教育[M].上海:华东师范大学出版社,2017.

罗炽,简定玉,李太平,等.中国德育思想史纲[M].武汉:湖北教育出版社,1998.

毛礼锐.中国教育史简编[M].北京:教育科学出版社,1984.

钱穆.现代中国学术论衡[M].北京:生活·读书·新知三联书店,2001.

邱磊."偷师"杜威开启教育智慧的12把钥匙[M].北京:中国轻工业出版社,2014.

孙培青.中国教育史(修订版)[M].上海:华东师范大学出版社,2000.

陶行知.陶行知全集(第4卷)[M].成都:四川教育出版社,2005.

王炳照,郭齐家.中国教育史研究(宋元分卷)[M].上海:华东师范大学出版社,2000.

续润华.苏霍姆林斯基和谐发展教学思想研究[M].北京:中国档案出版社,2004.

张惠芬,金忠明.中国教育简史[M].上海:华东师范大学出版社,1995.

周德昌,陈汉才,王建军.中国教育史纲[M].广州:广东高等教育出版社,1998.

Carl R. Rogers. Freedom to Learn: A View of What Education Might Become [M]. Columbus, Ohio: C. E. Merrill, 1969.

Howard Gardner. Frames of Mind: The Theory of Multiple Intelligences [M]. New York: Basic Books, 1983.

Howard Gardner. Intelligence Reframed: Multiple Intelligences for the 21st Century [M]. New York: Basic Books, 1999.

Howard Gardner. Multiple Intelligence: New Horizons [M]. New York: Basic Books, 2006.

李银川.庄子"自适其适"思想的教育价值研究[D].四川师范大学,2018.

曲丙燕.论王阳明的自得之学[D].华东师范大学,2017.

郝敏.陈献章"自得之学"思想研究[D].曲阜师范大学,2011.

龚平.终身教育与学前教育一体化的建构[D].辽宁师范大学,2002.

张华晁.试论朱熹的书院教学思想[D].华中师范大学,2003.

戴庆."孔颜乐处"与儒学的内圣化转向[J].枣庄学院学报,2021,38(3):48—53.

重庆市第三十七中学校　自得其乐幸福一生[J].人民教育,2020(20):81.

邓红红.学前教育在构建终身教育体系中的地位与作用[J].陕西广播电视大学学报,2014(1):65—68.

邓泽民.加拿大终身学习理念下职业教育与培训体系构建及启示[J].职教论坛,2019

(1):155—160.

董新良,陈汉明.学生指导:"新高考时代"学校教育变革的新趋向[J].教育理论与实践,2018(01):29—32.

董雪.幸福是一种感觉[J].新教育,2011(3):64.

范国睿.后大流行时代的教育生态重建[J].复旦教育论坛,2020(4):12—28.

范正吉.建立和谐师生关系的策略初探[J].现代教育科学(中学校长),2007(3):36—37.

方红梅."自得"说的哲学内涵及美学意义[J].孔子研究,2012(4):13—21.

苟小泉.陈白沙自得教育思想及其历史成就[J].西部学刊,2015(11):18—23.

郭思乐.经典科学对教育的影响及其与教育生命机制的冲突[J].教育研究,2003(2):15—21.

侯怀银,王晓丹.终身教育理论在中国的引进及其影响[J].教育科学,2021(5):2—11.

胡全亦.学生社团活动的育人功能[J].教育观察,2020(11):89—90.

辉进宇,褚远辉.中小学教师教育科研素质的结构及培养[J].教育理论与实践,2015(8):30—32.

霍益萍,黄向阳,李家成.多样、开放、灵活:普通高中教育体系的构建[J].教育发展研究,2009(18):15—18.

《教育研究》记者.为"生命·实践教育学派"的创建而努力——叶澜教授访谈录[J].教育研究,2004(2):33—37.

李其龙.交往教学论学派[J].外国资料研究,1989(6):18—24+17.

李奕."五育并举"育新人:开启首都教育新时代[J].中小学管理,2018(10):16—18.

李政涛,文娟."五育融合"与新时代"教育新体系"的构建[J].中国电化教育,2020(3):7—16.

林灵,徐煜.孔子"仁学"思想视角下和谐师生关系构建策略探析[J].湖北师范大学学报(哲学社会科学版),2017(6):119—122.

刘海燕.当代中国与苏格拉底的"认识你自己"[J].教育理论与实践(学科版),2006(3):4—5.

刘黎明.论夸美纽斯的自然教育人学思想[J].武汉科技大学学报(社会科学版),2020(6):668—677.

刘霞.中国传统文化与公民教育[J].高等教育研究,2015(7):5—11.

刘宇文,侯钰婧.我国五育思想的百年演变、基本遵循与未来展望[J].中国人民大学教育学刊,2021(4):111—124.

孟万金.构建立德树人幸福教育新体系[J].中国特殊教育,2019(11):10—15.

宁本涛,杨柳.以"五育融合"之力撬动基础教育高质量发展——来自第二届全国"五育融合"研究论坛的观点[J].中国电化教育,2021(6):1—6.

尚航,张德祥.剑桥大学学业指导体系的构成、特点及启示[J].现代教育管理,2019(1):119—123.

沈光辉,陈晓蔚.正规教育融入终身教育体系若干问题探讨[J].福建论坛(人文社会科学版),2013(5):180—185.

沈胜林.党建引领学校教育治理现代化的理论思考与实践策略[J].黄冈师范学院学报,2021(2):16—21.

沈维安."自得"文化让教育生命光芒[J].今日教育,2013(12):26.

唐西胜.现代区域研训教一体化教师教育模式的有效路径与创新机制[J].中小学教师培训,2019(10):6—10.

陶西平.关于青少年学生公民教育的若干思考[J].教育科学研究,2006(7):9—11.

王淑清.如何构建更加充满活力的区域教育体系[J].中小学管理,2021(2):27—29.

王志军,刘璐.自下而上:"互联网+"时代终身学习的新形态[J].终身教育研究,2020(1):30—37.

王中立,吕鹏飞.高中学生生活发展指导策略校本研究——以郑州外国语学校为例[J].开封教育学院学报,2014(5):240—241.

伍平伟.自得其乐,幸福一生[J].中国德育,2019(17):49—52.

燕良轼,卞军凤.孟子"深造自得"解析[J].大学科学教育,2013(6):92—97.

杨银付.构建充满生机活力的现代化教育体系[J].中小学管理,2020(11):1.

叶澜."生命·实践"教育学派——在回归与突破中生成[J].教育学报,2013(5):3—23.

余位河,刘隆华,尚军.因材施教,幸福自得 高质量教育的三十七中行动[J].今日教育,2022(1):32.

张宏.基层党建工作的守正与创新[J].人民论坛,2019(12):56—57.

张会杰.考试招生"唯分数"的两难困境:观念及制度的根源[J].中国考试,2019(1):10—14.

张俊宗.努力构建德智体美劳全面培养的教育体系[J].中国高等教育,2019,(Z3):70—72.

张力.对《教育规划纲要》中与基础教育相关内容的思考[J].中小学管理,2011(1):20—23.

张良,安桂清.构建适应更高水平人才培养体系的知识学习形态[J].教育发展研究,2021(8):1—6,23.

张伟.普通高中开展学生发展指导工作的实践与思考[J].基础教育论坛,2019(32):10—13.

张忠华,周萍."互联网+"背景下的教育变革[J].教育学术月刊,2015(12):39—43.

钟启泉."整体教育"思潮的基本观点[J].全球教育展望,2001(9):11—19.

朱海坤,王坤.郭象的"自得"思想探析[J].南昌大学学报(人文社会科学版),2017(3):30—35.

朱汉民,周之翔.朱熹的"自得"思想[J].社会科学战线,2011(6):39—43.

朱新均.改革创新体制机制　加强教育系统党建[J].基础教育改革动态,2010(8):6—8.

卓进,王建军.论"自得"之学的批判指向及其内涵界定[J].五邑大学学报(社会科学版),2015(1):72—75,95.

左明章,卢强.区域教育信息化协同推进机制创新与实践[J].中国电化教育,2017(1):91—98.

陈爱莲."二程"教育思想之我见[N].河南日报,2019-3-19(003).

谷小平."大思政品牌"为教育发展增添新动能——重庆市大渡口区教师进修学校为全区思政教育作贡献[N].中国教育报,2020-11-13(008).

谭茭,万芮杉,胡忠英.凝聚教师力量　筑梦"大渡教育"[N].重庆日报,2019-11-20(023).

汪仲启.叶澜:构建"生命·实践"教育学派[N].社会科学报,2013-04-25(001).

伍平伟,蒋勇,宋卉.自得教育　唤醒生命成长的力量——重庆市第三十七中学校"37公里徒步行"研学旅行活动的"台前幕后"[N].中国教育报,2018-12-24(011).

中国政府网.国务院办公厅印发《关于新时代推进普通高中育人方式改革的指导意见》[EB/OL].(2019-06-19)[2021-11-15].http://www.gov.cn/xinwen/2019-06/19/content_5401610.htm.

新浪新闻.三十七中"自得"教育体系升级[EB/OL].(2015-12-05)[2021-12-03]. https://news.sina.com.cn/o/2015-12-05/doc-ifxmhqaa9934735.shtml.

重庆日报数字报.解析重庆三十七中的综合实践活动育人特色之路[EB/OL].(2021-04-14)[2021-12-03]. https://epaper.cqrb.cn/paper/cqrb/202104/14/content_167679.html.

重庆日报数字报.重庆三十七中:让教育充盈"自得"之美[EB/OL].(2019-01-28)[2021-12-03]. https://app.cqrb.cn/zhuankan/2019-01-28/67885.html.

中共中央国务院.深化新时代教育评价改革总体方案[EB/OL].(2020-10-13)[2021-12-26]. http://www.gov.cn/zhengce/2020-10/13/content_5551032.htm.

中国教育新闻网.在党的坚强领导下全面推动做好新时代教育工作[EB/OL].(2021-07-26)[2021-12-26]. http://www.jyb.cn/rmtzgjyb/202107/t20210726_609708.html.